权威·前沿·原创

皮书系列为
“十二五”“十三五”国家重点图书出版规划项目

中国社会科学院创新工程学术出版项目

广州市社会科学院／编

广州经济发展报告（2019）

ANNUAL REPORT ON ECONOMIC DEVELOPMENT OF GUANGZHOU (2019)

主　编／张跃国
副主编／欧江波　唐碧海

社会科学文献出版社
SOCIAL SCIENCES ACADEMIC PRESS (CHINA)

图书在版编目（CIP）数据

广州经济发展报告. 2019 / 张跃国主编. -- 北京：社会科学文献出版社，2019. 5
（广州蓝皮书）
ISBN 978-7-5201-4783-5

Ⅰ. ①广… Ⅱ. ①张… Ⅲ. ①区域经济发展-研究报告-广州-2019 Ⅳ. ①F127.651

中国版本图书馆 CIP 数据核字（2019）第 080721 号

广州蓝皮书
广州经济发展报告（2019）

主　　编 / 张跃国
副 主 编 / 欧江波　唐碧海

出 版 人 / 谢寿光
责任编辑 / 丁　凡
文稿编辑 / 赵智艳

出　　版 / 社会科学文献出版社 · 城市和绿色发展分社（010）59367143
地址：北京市北三环中路甲 29 号院华龙大厦　邮编：100029
网址：www.ssap.com.cn
发　　行 / 市场营销中心（010）59367081　59367083
印　　装 / 天津千鹤文化传播有限公司

规　　格 / 开　本：787mm × 1092mm　1/16
印　张：21.25　字　数：317 千字
版　　次 / 2019 年 5 月第 1 版　2019 年 5 月第 1 次印刷
书　　号 / ISBN 978-7-5201-4783-5
定　　价 / 98.00 元

本书如有印装质量问题，请与读者服务中心（010-59367028）联系

广州经济蓝皮书编辑委员会

主编简介

张跃国 广州市社会科学院党组书记、院长，文学学士，法律硕士，广州大学客座教授。研究方向为城市发展战略、创新发展、传统文化。多次主持或参与中共广州市市委全会和党代会报告起草、广州市重大规划研究编制、广州经济形势分析与预测研究、广州城市发展战略研究、广州南沙新区发展战略研究和规划编制以及市委、市政府多项重大政策文件制定起草。

欧江波 广州市社会科学院数量经济研究所（经济决策仿真实验室）所长，副研究员，经济学博士，广州市人民政府重大行政决策论证专家。主要从事应用经济和决策咨询研究，研究领域包括宏观经济、城市经济、房地产经济等。主持完成国家、省、市一百余项重大课题研究；出版专著三部，编著九部，公开发表论文五十余篇；研究成果获国家、省、市奖励二十余项。

唐碧海 广州市社会科学院数量经济研究所（经济决策仿真实验室）副所长，副研究员，理学博士。主要从事应用经济和决策咨询研究，研究领域包括宏观经济、城市经济、数量经济等。公开发表论文六十多篇，出版专著三部。研究成果先后获国家、省、市奖励二十余项，2007 年获评为广州市优秀专家。

摘　要

《广州经济发展报告（2019）》是“广州蓝皮书”系列之一，是由广州市社会科学院主持编写，由科研团体、高等院校和政府部门的专家学者共同完成的关于广州经济分析预测及相关重要专题研究的最新成果。本书包括五个部分，分别为总报告、改革开放 40 年特辑、专项分析、产业经济和区域经济，共收录研究报告或论文 21 篇。

2018 年广州经济增长稳中有进，完成地区生产总值 22859.35 亿元，增长 6.2%。从产业看，制造业增长有所放缓，服务业增长保持稳定；从需求看，投资增长提速，外贸出口明显回落，消费基本保持稳定增长。展望 2019 年，世界经济有望继续回升，但预计增长幅度将有所放缓；我国将实施稳健的货币政策和更加积极的财政政策，全面深化改革开放，推动高质量发展，经济有望保持平稳增长，但仍面临较大挑战和风险。综合考虑各方因素影响，课题组经模型测算，预计 2019 年广州地区生产总值增速处于 6.2% ~6.8% 区间。

关键词： 经济增长　城市经济　广州经济

目 录

Ⅰ 总报告

Ⅱ 改革开放40年特辑

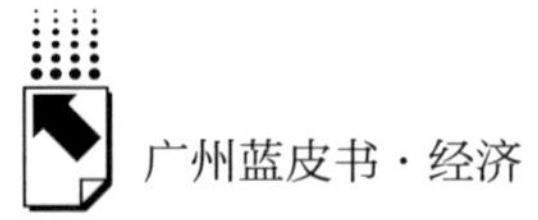

Ⅲ 专项分析

Ⅳ 产业经济

Ⅴ 区域经济

皮书数据库阅读使用指南

总 报 告

General Report

B.1
2018年广州经济形势分析与2019年展望

欧江波 唐碧海 等*

摘 要： 2018年广州经济增长稳中有进，完成地区生产总值22859.35亿元，增长6.2%。从产业看，制造业增长有所放缓，服务业增长保持稳定；从需求看，投资增长提速，外贸出口明显回落，消费基本保持稳定增长。展望2019年，世界经济有望继续回升，但预计增长幅度将有所放缓；我国将实施稳健的货币政策和更加积极的财政政策，全面深化改革开放，推动高质量发展，经济有望保持平稳增长，但仍面临较大挑战和风险。综合考虑各方因素影响，课题组经模型测算，预计2019

* 欧江波，广州市社会科学院数量经济研究所（经济决策仿真实验室）所长、副研究员、博士，研究方向为宏观经济、城市经济、房地产经济；唐碧海，广州市社会科学院数量经济研究所（经济决策仿真实验室）副所长、副研究员，博士，研究方向为宏观经济、数量经济。课题组成员：伍晶、范宝珠、周兆钿、周圣强、邓晓雷。

年广州地区生产总值增速在6.2%~6.8%。

关键词： 经济增长 城市经济 广州经济

一 2018年广州经济运行情况分析

2018年广州经济增长总体表现稳中有进。主要呈现出三大特点：一是经济增速稳中趋缓。主要增长指标基本稳定，但面临较大下行压力，全年实现地区生产总值22859.35亿元，增长6.2%，增速同比回落0.8个百分点。其中，第一、第二、第三产业增加值增速分别为2.5%、5.4%、6.6%（见图1)。二是行业内部分化特征突出。传统产业和企业经营压力普遍较大，新兴产业和企业快速成长，新产业新业态层出不穷。三是虚实经济继续反向变化。制造业特别是新型制造业、商贸业等实体经济稳步增长，受宏观调控及风险管控等政策影响，房地产业明显降温，金融业有所放缓。

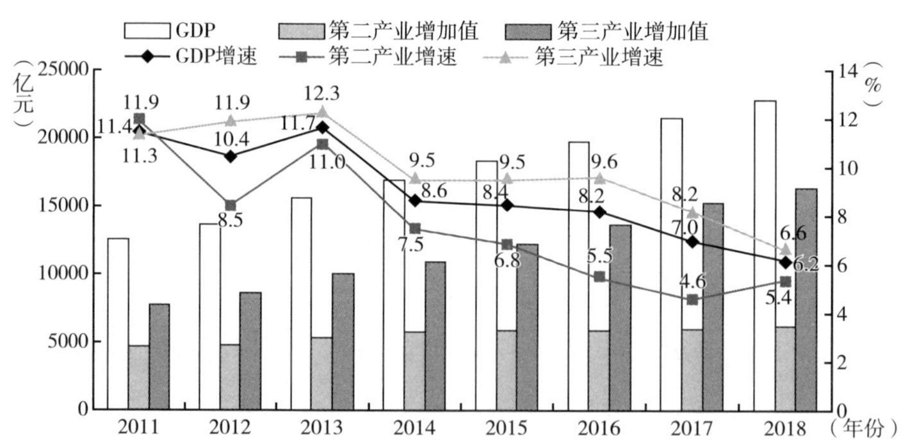

图1 2011~2018年广州GDP及第二、第三次产业增加值情况

资料来源：广州市统计局；本报告后续图表若未特别注明数据来源的，均来源于广州市统计局。

与国内重点城市相比，广州GDP总量低于京沪深位居第四，GDP增速高于天津（3.6%）、重庆（6.0%），低于成都（8.0%）、武汉（8.0%）、南京（8.0%）、深圳（7.6%）、苏州（6.8%）、杭州（6.7%）、北京（6.6%）、上海（6.6%）（见图2）。从主要产业看，广州第二产业增加值低于深圳、上海、苏州、重庆、天津、成都、武汉，位居第八，增速低于深圳（9.3%）、成都（7.0%）、南京（6.5%）、杭州（5.8%）、武汉（5.7%）、苏州（5.6%），高于北京（4.2%）、重庆（3.0%）、上海（1.8%）、天津（1.0%）；广州第三产业增加值低于京沪位居第三，增速低于武汉（10.1%）、重庆（9.1%）、南京（9.1%）、成都（9.0%）、上海（8.7%）、苏州（8.1%）、杭州（7.5%）、北京（7.3%），高于深圳（6.4%）、天津（5.9%）（见图3、图4）。

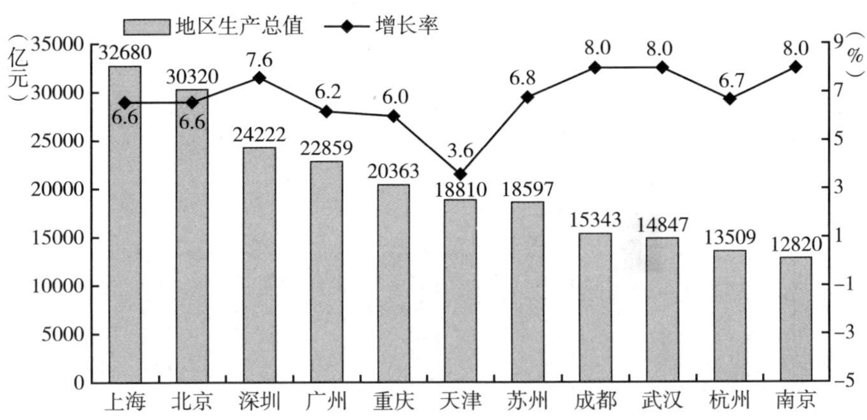

图2　2018年国内重点城市地区生产总值情况

资料来源：各市统计公报。

（一）工业发展稳中有进，转型升级有所加快

工业发展稳中有进。2018年广州完成规模以上工业总产值和工业增加值分别为18234.91亿元和5621.73亿元，分别增长3.8%和5.5%，规模以上工业总产值增速比上年回落0.7个百分点，而增加值回升0.3个百分点

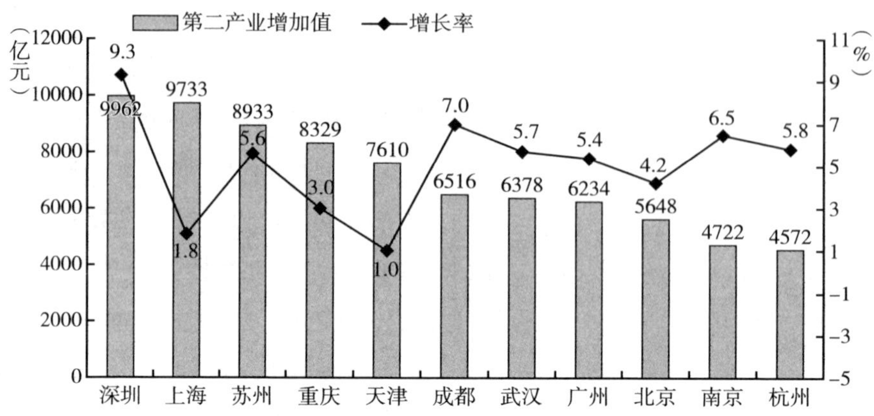

图3　2018年国内重点城市第二产业增加值情况

资料来源：各市统计公报。

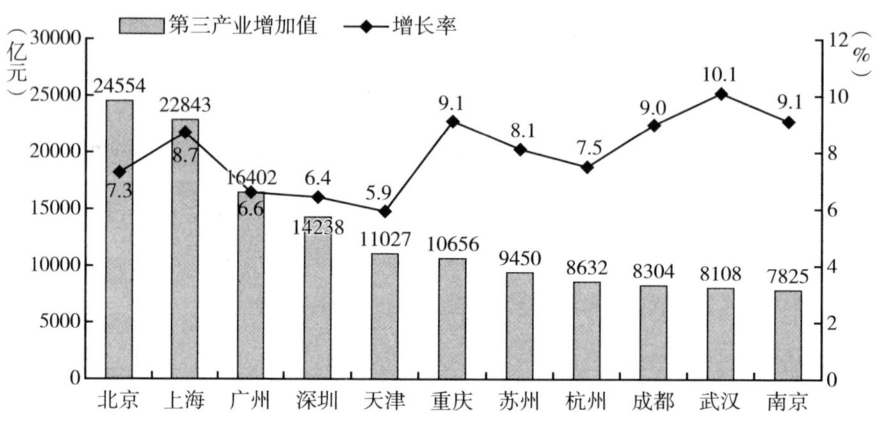

图4　2018年国内重点城市第三产业增加值情况

资料来源：各市统计公报。

（见图5）。企业经济效益有所改善，2018年广州规模以上工业企业利润总额增长7.9%，比主营业务收入增速高出2.9个百分点；工业产销率为98.95%，比上年提高0.2个百分点；主营业务收入利润率为7.6%，分别高于全国、全省1.1个、1.5个百分点；资产负债率为48.8%，分别低于全国、全省9.0个、7.4个百分点。

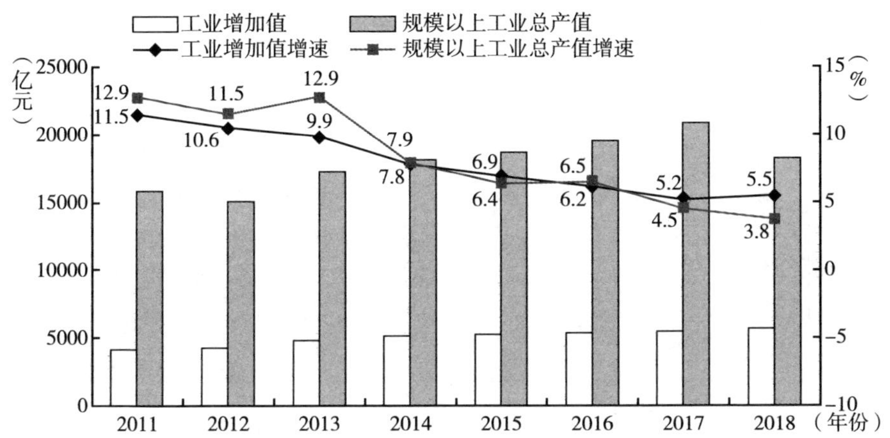

图5 2011～2018年广州工业增加值和规模以上工业总产值增长情况

说明：产值增长率按可比价格计算，下同。

三大支柱产业增速明显回落。三大工业支柱产业完成总产值10113.22亿元，增长4.0%，增速比上年回落4.5个百分点。其中，汽车制造业保持较快增长，全年完成产值5489.89亿元，增长6.1%，但增速比上年回落11.3个百分点；电子产品制造业低速增长，完成产值2670.99亿元，增长2.8%，增速比上年回落0.4个百分点，主要受大企业生产线调整改造、产品价格下降、贸易摩擦等因素影响；石油化工制造业基本持平，完成产值1952.34亿元，下降0.2%，增速比上年提高4.6个百分点，这主要是受油价波动等因素影响（见图6）。

转型升级有所加快。2018年广州高新技术产品产值增长4.3%，增速高于规模以上工业平均水平0.5个百分点，高新技术产品产值占规模以上工业总产值比重48.0%，同比提高1.0个百分点。先进制造业增加值占规模以上制造业比重66.1%，同比提高0.5个百分点，其中IAB产业增加值增长8.7%，增速高于规模以上工业3.2个百分点，电气机械制造业和医药制造业产值分别增长9.2%和8.1%，增速高于规模以上工业5.4个和4.3个百分点。工业新产品中，新能源汽车和集成电路的产值增速均超过200%，医疗仪器设备及器械和移动通信基站设备的产值增速均超过30%。工业投资

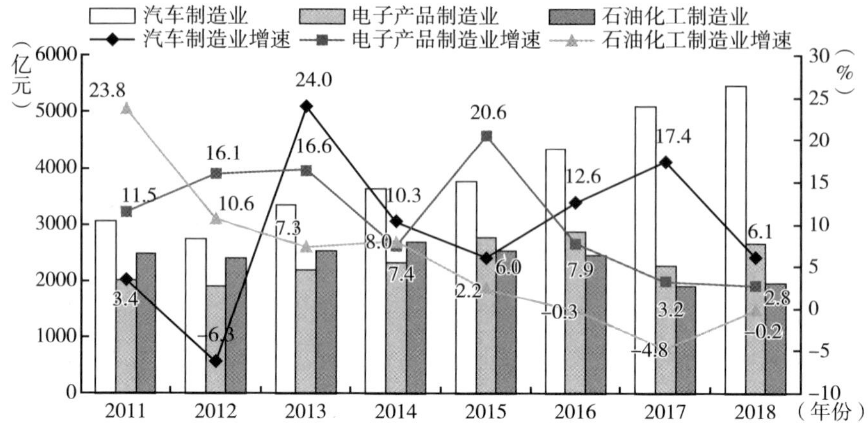

图6 2011～2018年广州三大支柱产业产值增长情况

快速增长，在富士康、乐金OLED等重大项目带动下全年完成工业投资额952亿元，增长53.8%，制造业实际利用外资增长237.1%，制造业新设外商投资企业户数增长33.7%。

（二）商贸业、旅游业保持稳定，交通运输业增长放缓

商贸业稳步增长。2018年广州实现社会消费品零售总额9256.19亿元，增长7.6%，增速同比回落0.4个百分点（见图7）。其中，批发零售业、住宿餐饮业分别增长7.9%和5.8%。消费不断升级，与生活品质改善有关的商品零售额快速增长，日用品类、化妆品类、通信器材类、中西药品类增速均超15%。全年实现批发和零售业商品销售总额65140.81亿元，增长11.7%，增速同比分别回落0.3个百分点。其中，金属材料类、化工材料类、石油及制品类商品销售额分别增长24.7%、23.5%、22.1%。

旅游业总体平稳。2018年广州实现旅游业总收入4008.19亿元，接待过夜旅游者6532.55万人次，分别增长10.9%、4.1%，增速同比分别回落1.4个、1.5个百分点，其中实现旅游外汇收入增长2.7%，接待海外过夜旅游者与上年持平，增速同比分别回落4.9个、4.5个百分点（见图8）。全年实现住宿和餐饮业零售额1174.75亿元，增长5.8%，增速与上年持平。

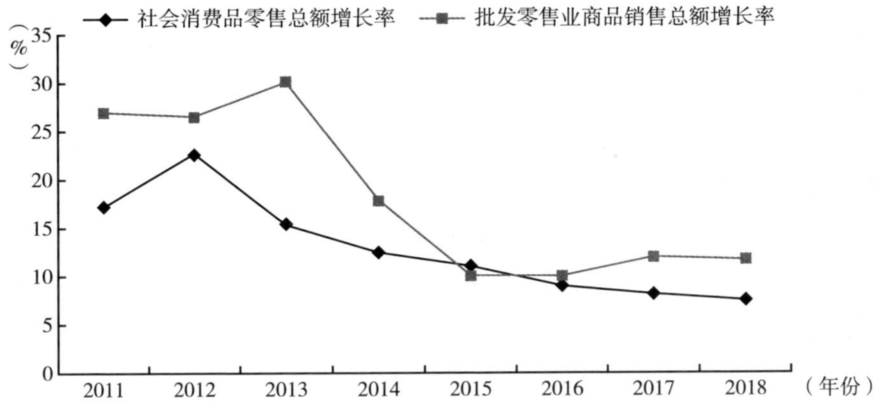

图7　2011～2018年广州消费市场主要指标增长情况

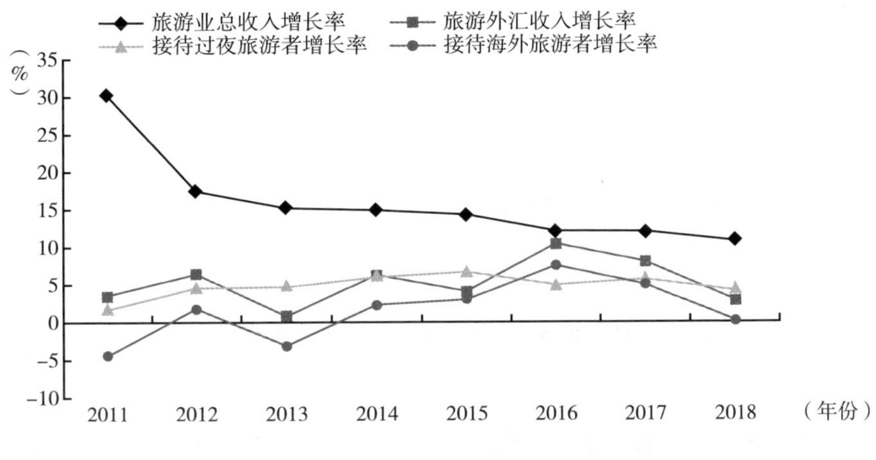

图8　2011～2018年广州旅游业主要指标增长情况

交通运输、仓储和邮政业增长明显放缓。2018年广州实现交通运输、仓储和邮政业增加值1577.95亿元，增长5.3%，增速同比回落6.2个百分点。全年完成货运量12.78亿吨、货物周转量21487.22亿吨公里，分别增长8.8%、1.1%，增速同比分别回落3.1个、38.1个百分点，货物周转量增速大幅回落，主要是受上年中远海运散货入驻广州带来高基数以及重点航运企业因国际市场不景气而调整航线、缩短运距等因素影响；完成客运量

4.80亿人次、旅客周转量2194.88亿人公里，分别增长6.1%、9.8%，增速分别同比回落1.6个和回升1.3个百分点。航空、港口枢纽运行良好，2018年机场货邮吞吐量、机场旅客吞吐量、港口货物吞吐量分别增长6.6%、5.9%、3.7%；截至2018年底，开通集装箱航线209条，其中外贸班轮航线103条；广州港全年完成集装箱吞吐量达2191.18万标箱，排名上升至世界第五位。随着网络购物市场日渐成熟，电子商务对快递业的拉动有所减弱，2018年广州实现邮政业务收入522.87亿元，增长25.7%，增速同比回落8.3个百分点（见图9）。

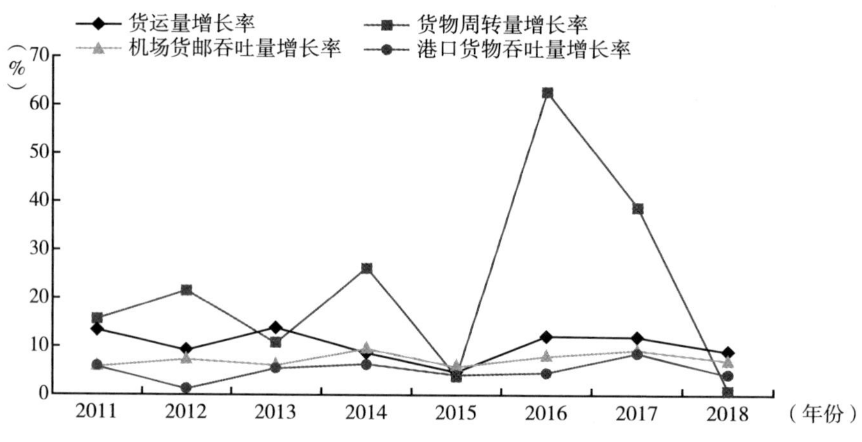

图9　2011～2018年广州货物运输主要指标增长情况

（三）金融业增长有所放缓，房地产市场基本稳定

金融业增长有所放缓。随着我国金融去杠杆和强监管政策的实施，2018年广州金融业增加值比上年增长5.7%，增速同比回落1.7个百分点。银行业机构存贷款余额保持较快增加，2018年12月末，广州地区金融机构本外币各项存款余额达54788.09亿元，同比增长6.7%，增速同比回落1.4个百分点；贷款余额达40749.32亿元，同比增长19.4%，增速同比提高4.3个百分点，全年贷款余额规模增加6612.27亿元，比上年多增2145.04亿元（见图10）。银行业利润出现负增长，全年实现利润702.83亿元，减少

1.8%。证券市场比较低迷，全年证券交易额达到13.17万亿元，减少14.3%，其中股票交易额达5.32万亿元，减少25.1%。保险业平稳发展，全年保费收入1162.86亿元，增长3.2%，其中财产险保费收入为317.71亿元，增长17.8%，人身险保费收入为845.16亿元，减少1.4%。

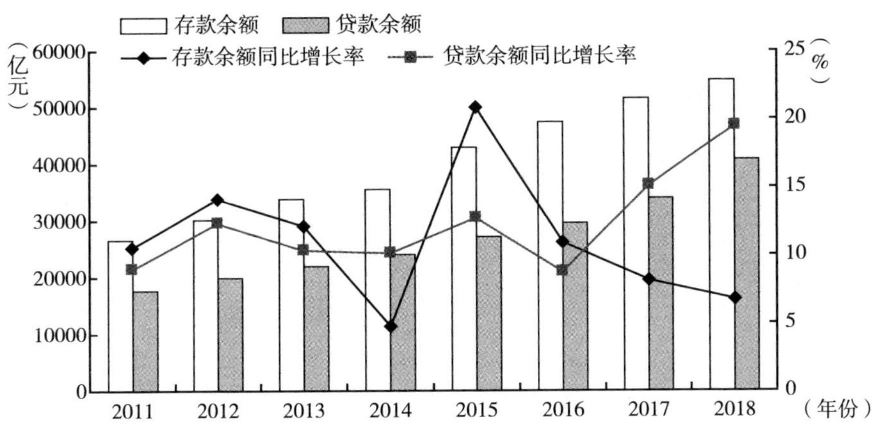

图10　2011~2018年末广州地区金融机构本外币存贷款余额情况

各项金融重点工作顺利推进。一是金融风险防控工作扎实有效，2018年末全市银行机构不良贷款余额346.94亿元，不良贷款率为0.96%，比2017年末下降0.08个百分点，低于全省（不含深圳）0.43个百分点。二是金融主体持续增长，2018年新增川财证券、招商局仁和人寿、玉山银行、合众财产保险、申港证券等一批持牌金融机构。三是金融国际化水平进一步提升，由英国智库Z/Yen集团和中国（深圳）综合开发研究院2018年9月共同发布的第24期全球金融中心指数（GFCI）中，广州全球排名第19位，再次列入“成熟性国际金融中心”。

房地产市场基本稳定。2018年，房地产调控政策持续偏紧，中央强调楼市调控不放松，继续实施差别化调控，落实地方主体责任，不断加大房地产市场监管力度。广州持续优化调控政策，10月，优化新建商品住房预售和网签价格指导机制，严禁开发企业拆分价格报备；12月，发布《关于完善商服类房地产项目销售管理的意见》，明确商服类物业项目限售范围。在此背景下，新建商品房市场保持基本稳定，全年一手房网上签约面积1316.37万平方米，比上年微增0.2%，签约金额2609.24亿元，较上年增长12.6%；其中一手住宅签约面积982.00万平方米，与上年持平，一手商服物业签约面积232.60万平方米，减少0.7%。存量房市场成交明显减少，二手房交易登记面积1083.11万平方米，减少21.0%，登记金额2008.06亿元，减少10.7%；其中二手住宅市场登记面积882.49万平方米，减少24.4%，二手商服物业登记面积67.76万平方米，减少7.0%（见图11）。

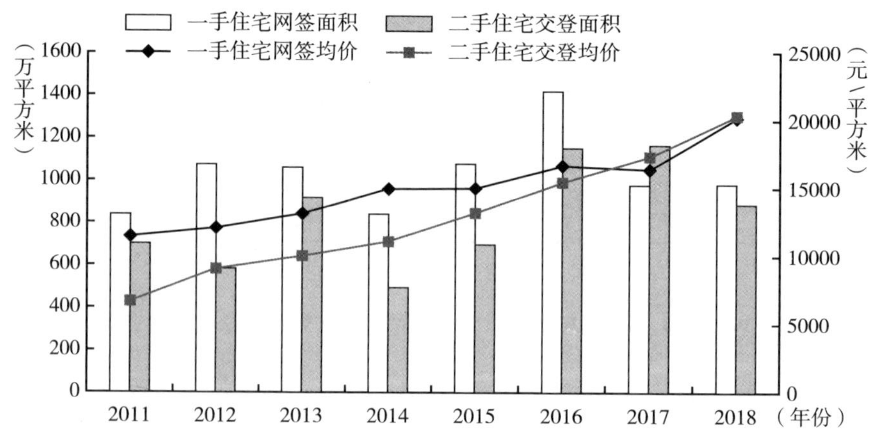

图11　2011～2018年广州住宅市场发展情况

（四）固定资产投资有所加快，投资结构继续改善

固定资产投资有所加快。2018年广州完成固定资产投资5938亿元，比上年增长8.2%，增速同比提高2.5个百分点，高于全国（5.9%）2.3个百分点，但低于全省（10.7%）2.5个百分点。其中，建设改造项目投资增长16.2%，增速同比加快11.1个百分点，是拉动全市投资增长的主力。工业投资增长53.8%，其中制造业投资增长65.6%，高技术制造业投资增长1.5倍。重点项目建设扎实推进，2018年全市将398个重点项目纳入“攻城拔寨”行动，对184个影响大、关注度高的项目进行挂图作战，全年重点项目完成投资2812.8亿元，其中大项目引领作用显著，完

成投资超50亿元的项目共11个，合计完成投资1207.70亿元，比上年增长1.2倍。

投资结构继续改善。2018年房地产投资出现零增长，占全市投资总量的比重为45.5%，占比同比回落0.2个百分点。工业投资占比达到16.0%，同比提高3.6个百分点，重点发展领域投资加速推进，电子信息制造业、医疗设备及仪器仪表制造业、计算机及办公设备制造业投资分别增长1.7倍、60.2%、56.1%；工业技改投资恢复增长，全年投资额增长11.1%，扭转了上年负增长的态势。民生领域、环保投资不断加大，文化体育和娱乐业、教育业、水利环境和技术服务业投资分别增长58.5%、49.5%、40.4%。民间资本“脱虚向实”成效有所显现，房地产业民间投资增速由2017年增长13.5%转为2018年下降5.2%，制造业、租赁和商务服务业民间投资分别实现了12.3%和5.7%的增长，改变了2017年负增长的情况。

（五）进出口增速明显回落，实际使用外资增长放缓

外贸进出口增长速度明显回落。受中美贸易争端不断升级、汇率波动较大、旅游购物方式退出等因素影响，2018年广州实现商品进出口总值9810.15亿元，增长1.0%，增速同比回落12.7个百分点。其中，商品进口4202.57亿元，增长7.1%，增速同比回落8.9个百分点；商品出口5607.58亿元，下降3.2%，增速同比回落15.5个百分点（见图12）。主要外贸市场有所分化，2018年广州对日本、美国、东盟进出口分别增长11.3%、5.1%、4.7%，对欧盟、中国香港进出口分别下降0.4%、4.5%。

实际使用外资增长放缓。2018年实际使用外资66.11亿美元，增长5.1%，增速同比回落5.2个百分点。在一系列稳外资特别是先进制造业外资政策作用下，合同外资形势良好，2018年合同利用外资达399.59亿美元，增长198.4%，新设立外商直接投资企业数增长近1.5倍，不少老牌外资企业增资扩股，共有广汽丰田、壳牌、日立电梯等478家外商投资企业增资，涉及合同外资45.45亿美元（见图13）。

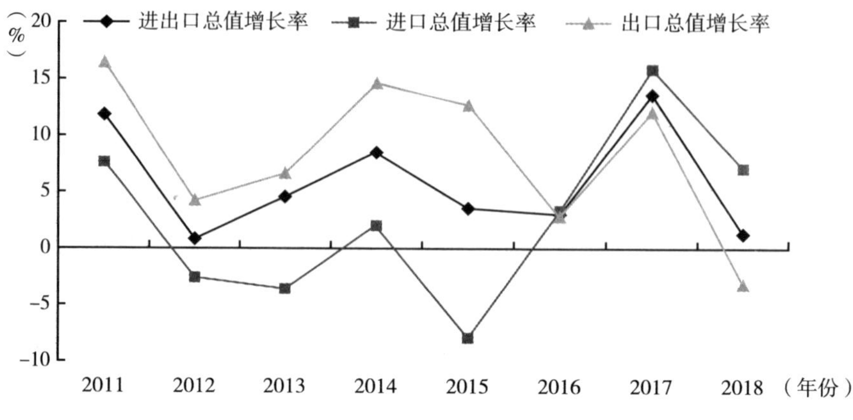

图 12　2011～2018 年广州商品进出口增长情况

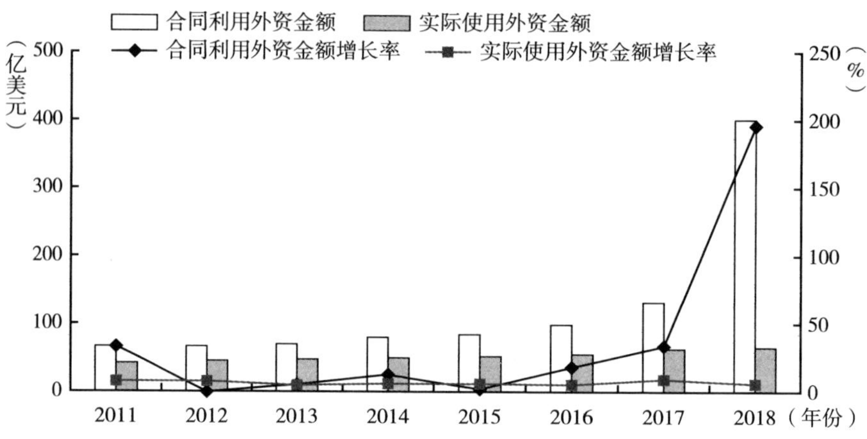

图 13　2011～2018 年广州使用外资增长情况

（六）税收收入增长放缓，财政收支出现分化

税收收入增长放缓。2018 年广州实现国内税收收入 4465 亿元，比上年增长 5.2%，增速同比回落 7.9 个百分点。“营改增”政策全面推行后，全市税收收入以增值税、企业所得税和个人所得税为主，全年三项税种收入占税收收入的 57.8%，税源结构较为稳健。

财政收支出现分化。2018 年，全市一般公共预算收入为 1632.3 亿元，比上年增长6.5%，增速同比回落4.4 个百分点。其中，税收收入 1297.2 亿元，增长 8.4%，占一般公共预算收入的 79.5%，比 2017 年提高 1.5 个百分点（见图 14）。全市一般公共预算支出 2505.8 亿元，增长 14.6%，增速同比提高 2.1 个百分点，与民生相关的教育支出、社会保障和就业支出、医疗卫生与计划生育支出、节能环保支出、住房保障支出等均实现较快增长。地方一般公共预算收入增幅不及支出增幅，主要受税收征收制度变化以及支出刚性影响。

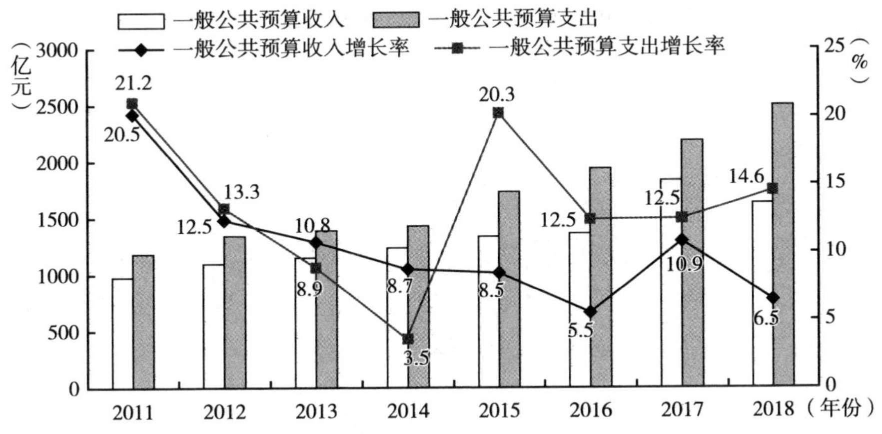

图 14　2011～2018 年广州一般公共预算收支情况

（七）消费价格基本稳定，生产价格继续增长

消费价格基本稳定。2018 年城市居民消费价格总指数（CPI）上升 2.4%，增幅比上年提高 0.1 个百分点，高于全国（2.1%）和全省（2.2%）。在构成 CPI 的八大类价格中，医疗保健类（6.1%）、衣着类（4.2%）涨幅较大，食品烟酒类（2.5%）、教育文化和娱乐类（2.4%）、生活用品及服务类（1.9%）、交通和通信类（1.7%）、居住类（1.3%）、其他用品和服务类（1.2%）价格小幅上升（见图 15、图 16）。

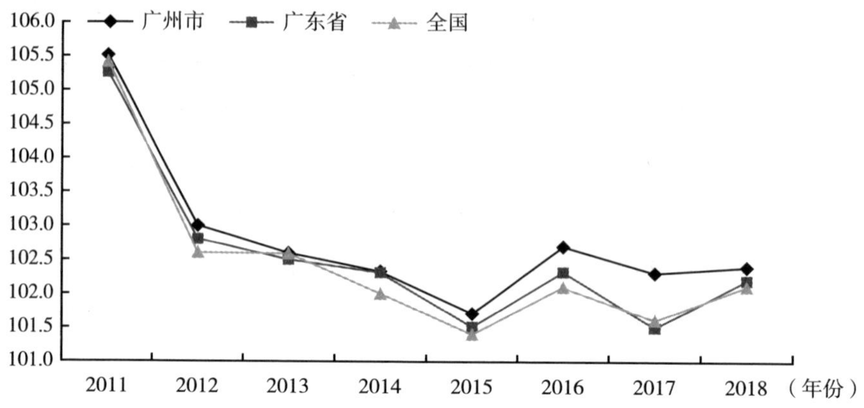

图 15　2011 ~2018 年全国、广东和广州居民消费价格指数情况

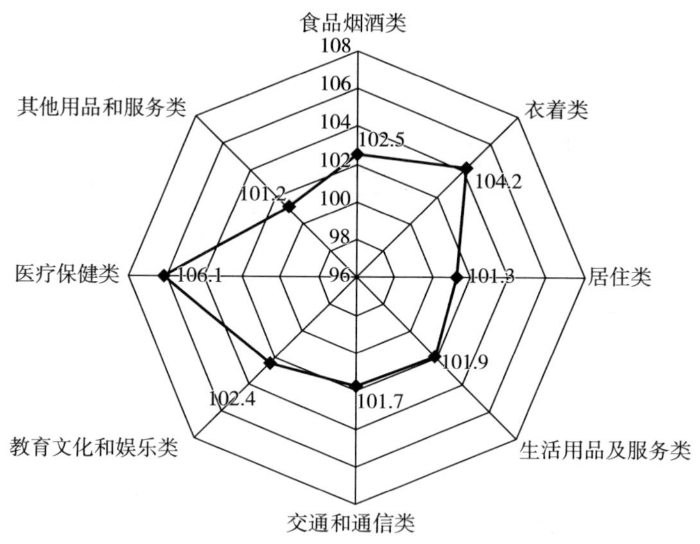

图 16　2018 年广州居民消费价格分类指数

生产者价格继续增长。2018 年，广州工业生产者出厂价格指数和购进价格指数分别上涨 1.1% 和 4.6%，购进价格涨幅高于出厂价格 3.5 个百分点。工业生产者出厂价格中，生产资料价格涨幅（1.5%）大于生活资料（0.4%），重工业价格涨幅（1.2%）大于轻工业（0.5%）。工业生产者购进价格中，上涨幅度较大的主要有建筑材料及非金属矿类（14.2%）、燃料动力类（8.7%）、黑色金属材料类（5.6%）、化工原料类（4.8%）、有色金属材料和电线类（4.6%）等，涨幅相对平稳的有木材及纸浆类（2.9%）、纺织原料类（2.4%）等，其他工业原材料及半成品类（－0.1%）基本持平，农副产品类（－1.8%）价格有所回落（见图17、图18）。

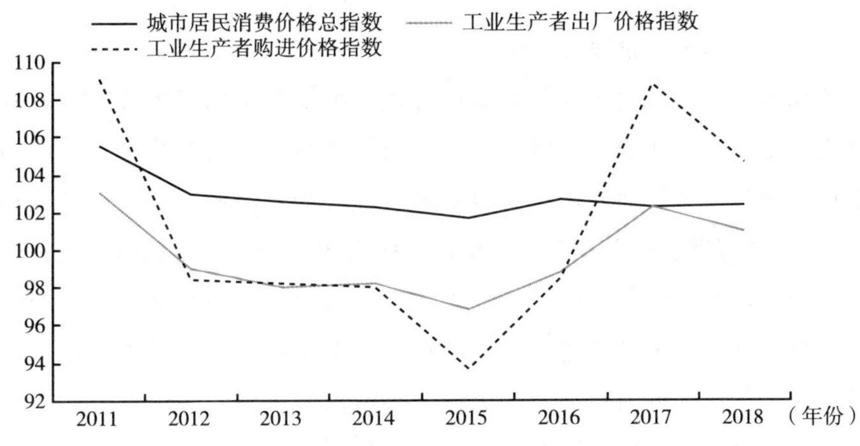

图17　2011～2018年广州主要价格指数

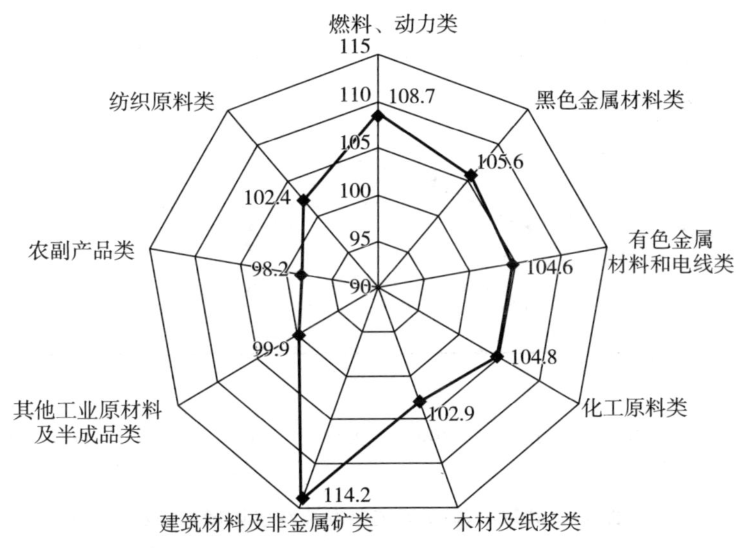

图18　2018年广州工业生产者购进价格分类指数

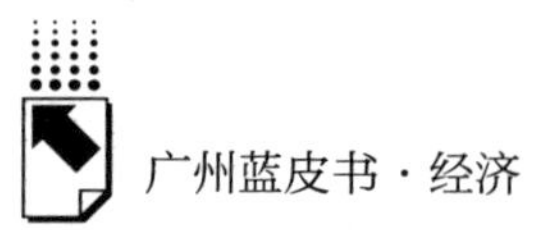

二　2019年广州经济发展环境分析

（一）2019年国际发展环境

1. 2018年全球经济发展情况

2018 年发达经济体经济增长有所分化。2018 年美国经济增速达 2.9%，已连续 9 个季度加速增长，但近期由于与主要贸易伙伴摩擦增多、内部分歧加剧、证券市场波动，普遍预期未来增长动能将趋弱。德国、英国和法国 2018 年经济增长比上年有所弱化，2019 年经济有望继续保持增长，但由于意大利经济陷入停滞、英国脱欧未决，未来上述三国及欧洲经济均存在较大不确定性。日本经济受人口老龄化、内需不振、长期通缩等影响，经济增长长期低迷，近两季度经济出现明显回落。主要发达国家失业率持续下降，除法国失业率仍较高外，美、日、德、英四国的失业率已降到5%以下（见图 19、图 20）。

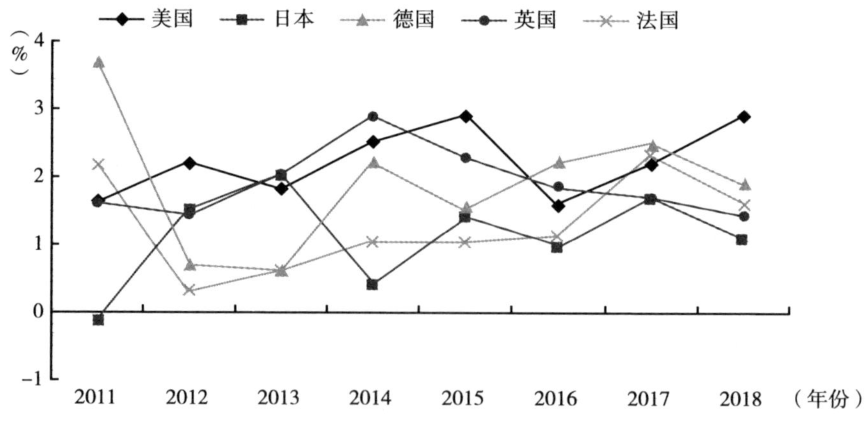

图 19　2011～2018 年主要发达经济体增长情况

资料来源：WIND 数据库。

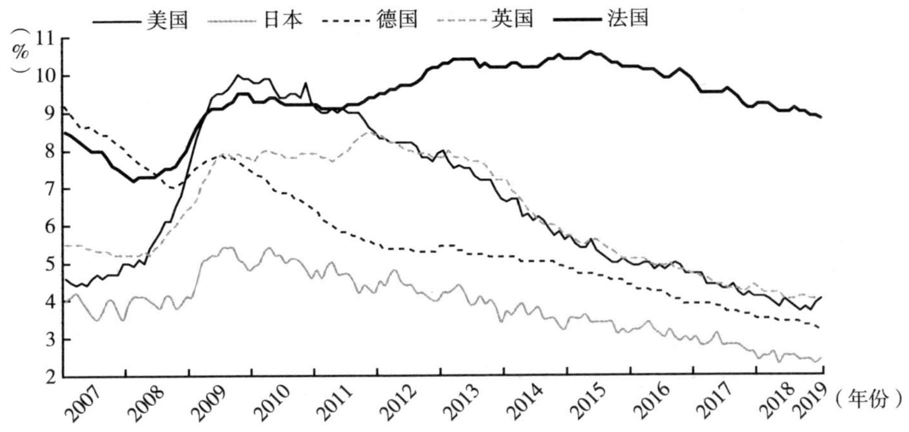

图 20　2007 年以来主要发达经济体失业率情况

资料来源：WIND 数据库。

2018 年，新兴经济体保持稳定增长。印度、俄罗斯、巴西和南非经济分别增长 7.4%、2.3%、1.1% 和 0.8%，与上年增速相比，印度和俄罗斯分别提高了 0.7 个和 0.8 个百分点，巴西略有回升，南非则回落了 0.5 个百分点（见图 21）。受贸易赤字扩大、全球流动性趋紧影响，印度经济呈前高后低走势，第四季度降至 6.55%，未来随着货币紧缩趋缓，印度经济增速有望扭转下滑势头。受益于全球石油和基础商品价格回稳，近两年俄罗斯、巴西和南非经济均已摆脱负增长局面，预计未来将维持低位正增长态势。

国际贸易和投资增长动能有所弱化。受贸易紧张局势的影响，2018 年全球贸易增速明显回落，从 2017 年的 5.4% 回落到 3.8%，中美贸易摩擦以来，波罗的海干散货运指数（BDI）从 2018 年 7 月的 1700 多点峰值下降到 2019 年 2 月的不到 600 点低位，经济全球化面临冲击，全球贸易结构和规则正在经历大的调整（见图 22）。预计 2019 年贸易保护主义影响仍将继续显现，世界银行预测 2019 年全球贸易增长 3.6%。随着全球经济增长放缓，各行业的乐观情绪减退，跨国公司投资意愿将有所趋弱，此外部分国家保护主义抬头，跨国投资面临更多壁垒和障碍。联合国贸发组织预计 2019 年全球外商直接投资将继续下滑。全球金融和基础商品市场持续大幅波动，2018

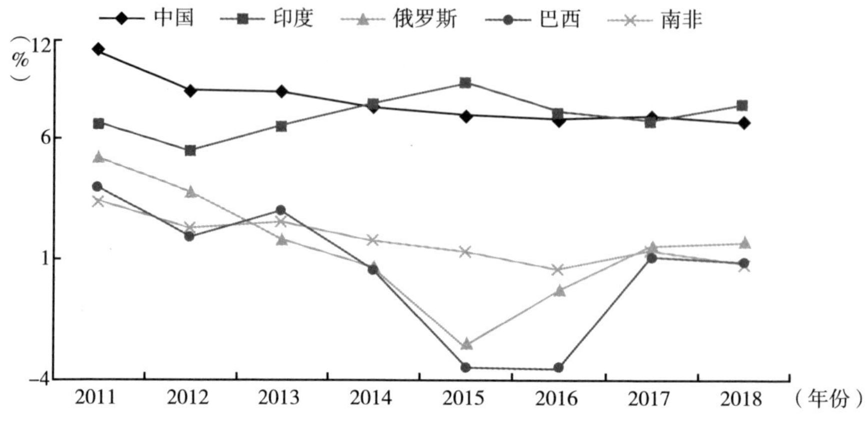

图 21　2011～2018 年金砖五国经济增长情况

资料来源：WIND 数据库。

年中国沪深综合指数波动幅度分别超过 30% 和 35%，美国纽约和 NASDAQ 综合指数波动幅度也分别超过 15% 和 20%，全球大宗商品价格中的石油价格比 2017 年上涨了 29.9%，非燃料类价格回升 1.9%，IMF 预计 2019 年全球石油价格下降 14.1%，非燃料类价格下降 2.7%（见图 23、图 24）。

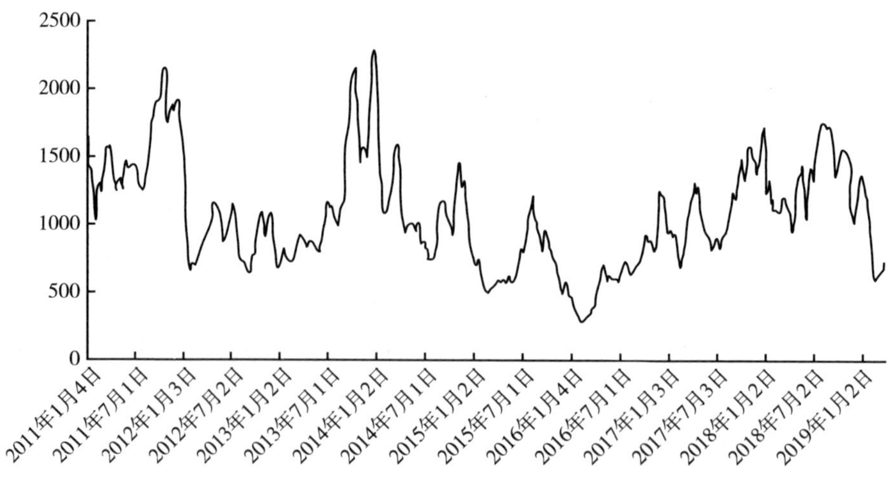

图 22　2011 年以来波罗的海干散货运指数（BDI）走势情况

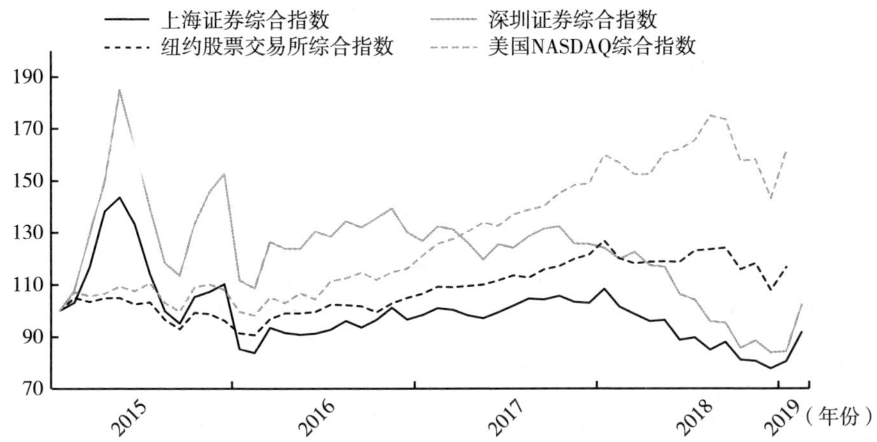

图 23　2015 年以来中美股市表现情况

说明：各指数已做标准化处理，以 2015 年 1 月指数为基数，即 2015 年 1 月 =100。
资料来源：WIND 数据库。

图 24　2015 年以来全球主要商品价格指数

说明：各指数已做标准化处理，以 2015 年 1 月指数为基数，即 2015 年 1 月 =100。
资料来源：世界银行。

2. 2019年全球经济展望

2019 年全球经济增长预计有所放缓，全球贸易和投资增长动能有所减弱，逆全球化趋势仍在持续，各种不稳定不确定因素明显增加。主要机构对

2019 年全球经济增长持谨慎态度，据 IMF、世界银行、联合国经社理事会最新发布的全球经济预测，2019 年全球经济增速将分别达到 3.3%、2.9%、3.0%，均略低于 2018 年增速（见表 1）。

表 1　主要机构对 2019 年全球经济增长预测

单位：%

国家	国际货币基金组织	世界银行	联合国经社理事会
世界经济	3.3	2.9	3.0
发达国家	1.8	2.0	2.1
美国	2.3	2.5	2.5
欧元区	1.3	1.6	1.9
日本	1.0	0.9	1.4
发展中国家	4.4	4.2	4.3
中国	6.3	6.2	6.3
俄罗斯	1.6	1.5	1.4
印度	7.3	7.5	7.6
巴西	2.1	2.2	2.1
南非	1.2	1.3	2.1

资料来源：国际货币基金组织《世界经济展望》（2019 年 4 月更新版）、世界银行《全球经济展望》（2019 年 1 月）和联合国经社理事会《2019 年世界经济形势与展望》（2019 年 1 月）。

全球经济仍面临较多不确定性因素。据花旗集团的估计，2018 年末全球债务规模已接近 250 万亿美元，大约为全球 GDP 的 3 倍，还本付息压力加大。以发达国家为主的保护主义和逆全球化行为对世界经济产生不利影响，特别是美国对贸易伙伴发动贸易攻击和持续威胁，严重影响全球贸易和投资增长。地缘政治冲突形势依然复杂，中东、拉美等地持续动荡，可能导致能源和大宗商品价格波动风险增加。美国利率上升、美元升值仍可能诱发部分国家资本外流、本币贬值、金融动荡、债务压力加大等风险。

（二）2019年国内发展环境

1. 2019年我国经济增长形势展望

2018 年我国经济运行呈现稳中有进、稳中向好态势，全年完成 GDP

90.03 万亿元，增长 6.6%，增速比上年回落 0.3 个百分点（见图 25）。从结构看，第三产业占 GDP 比重达 52.2%，比上年提高 0.5 个百分点；最终消费对经济增长贡献率达 76.2%，比资本形成总额高出 43.8 个百分点。从质量看，万元 GDP 能耗比上年下降 3.1%；居民恩格尔系数为 28.4%，比上年下降 0.9 个百分点。但我国经济稳中有变、变中有忧，外部环境复杂严峻，实体经济困难较多，消费增速减慢，有效投资增长乏力，经济面临下行压力。

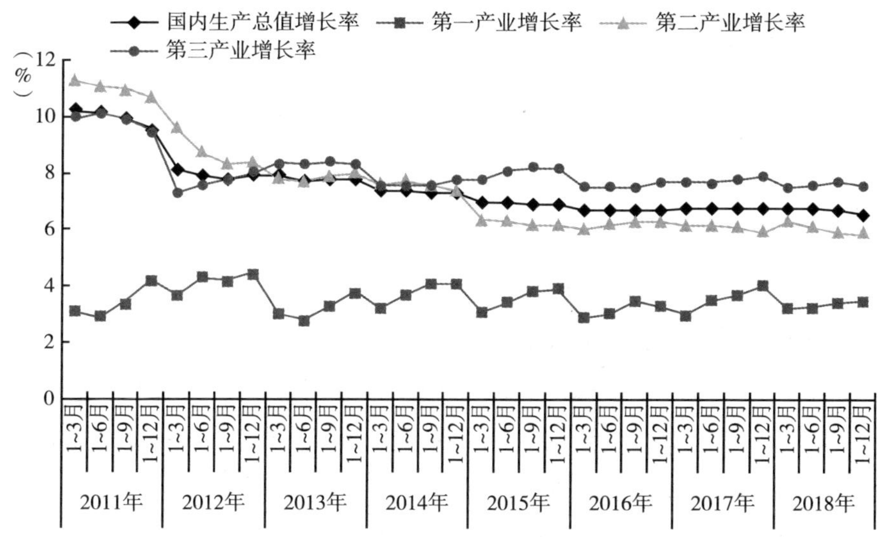

图 25　2011～2018 年中国 GDP 及三次产业增加值增长情况

资料来源：WIND 数据库。

2019 年我国经济有望持续稳中有进的基本态势。支撑经济保持中高速增长和迈向中高端水平的有利条件继续增多，消费需求增长保持基本稳定，消费结构升级和新兴消费发展加快；投资需求增速有所放缓，投资结构继续优化；外贸出口有望保持稳定，质量效益逐步提升。但仍面临总需求增速趋缓、统筹稳增长防风险的难度增加、经济高质量发展和转型升级任务重、外部环境复杂严峻等风险和挑战，为 2019 年经济增长蒙上阴影。IMF、世界银行、联合国经社理事会以及中国国家信息中心等国内外主要机构对 2019 年中国经济增长预测基本处于 6.2%～6.5%（见表 2）。

表2　主要机构对2019年中国经济增长预测

单位：%

预测机构名称	2019年GDP增长预测	发布时间
国际货币基金组织（IMF）	6.3	2019年4月
世界银行	6.2	2019年1月
联合国经社理事会	6.3	2019年1月
OECD	6.3	2018年11月
亚洲开发银行	6.3	2018年12月
厦门大学宏观经济研究中心	6.42～6.48	2018年10月
国家信息中心	6.3	2018年10月
中国社会科学院	6.3	2019年1月

资料来源：课题组根据相关机构资料整理。

2. 2019年我国宏观调控政策展望

2019年我国将坚持稳中求进工作总基调，坚持以供给侧结构性改革为主线，统筹推进稳增长、促改革、调结构、惠民生、防风险工作，进一步稳就业、稳金融、稳外贸、稳外资、稳投资、稳预期，继续实施积极的财政政策和稳健的货币政策，更强调适时主动预调微调、政策协同和逆周期调节。

（1）积极的财政政策将加力提效

2019年我国财政赤字计划安排2.76万亿元，赤字率比上年预算高0.2个百分点，安排地方政府专项债券2.15万亿元，增加8000亿元。实施更大规模减税和更明显降费，制造业等行业增值税率调降3个百分点，交通运输业、建筑业等行业增值税率降1个百分点，增加服务业税收抵扣，确保所有行业税负只减不增，全面落实修改后的个人所得税法和小微企业普惠性减税政策。放宽市场准入，深化农村土地制度改革，大幅减少政府对资源的直接配置。加大新一代信息、城际交通、物流、市政、公共服务等基础设施投资力度，在扩大就业、职业教育、转型升级、培育新动能、促进消费、养老托幼、保障民生等方面积极作为。

（2）货币政策将保持松紧适度

保持流动性合理充裕，广义货币M2和社会融资规模增速与名义国内生产总值的增速相匹配。改善货币政策传导机制，提高直接融资比重，提高金融体系服务实体经济能力。解决好民营企业和小微企业融资难融资贵问题，运用存款准备金率、利率等手段引导金融机构扩大对实体经济的信贷投放，引导金融机构设立民营企业债券融资支持工具，全年国有大型商业银行小微企业贷款将增长30%以上，加快发展以服务实体经济和小微企业为导向的民营银行和社区银行。完善金融基础设施，强化金融监管和服务能力，促进多层次资本市场健康稳定发展，设立科创板并试点注册制。加强金融风险监测预警和化解处置，坚持结构性去杠杆，稳妥处理地方政府债务风险。

（3）供给侧结构性改革继续深化

坚持以供给侧结构性改革为主线不动摇，在“巩固、增强、提升、畅通”八个字上下功夫。巩固“三去一降一补”成果，推动更多产能过剩行业加快出清，降低全社会各类营商成本，加大基础设施等领域补短板力度。增强微观主体活力，建立公平、开放、透明的市场规则和法治化营商环境，促进正向激励和优胜劣汰。提升产业链水平，注重利用技术创新和规模效应形成新的竞争优势，培育和发展新的产业集群。畅通国民经济循环，加快建设统一开放、竞争有序的现代市场体系，提高金融体系服务实体经济能力，形成国内市场和生产主体、经济增长和就业扩大、金融和实体经济良性循环。

（三）2019年粤港澳发展环境

1. 广东经济发展态势

2018 年广东省经济社会平稳健康发展，实现 GDP 9.73 万亿元，增长 6.8%。经济结构继续优化，三大需求基本均衡，社会消费品零售总额、固定资产投资、进出口总额分别增长 8.8%、10.7%、5.1%；装备制造业、先进制造业、高技术制造业增加值占规模以上工业比重分别提高 3.9 个、3.2 个、2.7 个百分点；服务业占比提高 0.6 个百分点。展望 2019 年，广东将加大供给侧结构性改革力度，深化市场化改革，扩大高水平开放，全力推进粤港澳大湾区建设，加快科技创新强省建设，扎实推进乡村振兴战略，促

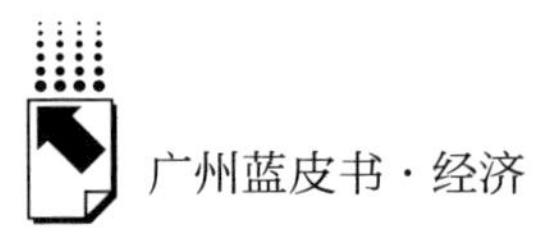

进消费升级，大力推动基础设施补短板，加快重大产业项目建设。省政府工作报告预计全年地区生产总值增长在6.0%～6.5%，社会消费品零售总额、固定资产投资、进出口总额分别增长8.5%、9.0%、3.0%左右。

2. 港澳经济发展态势

2018年香港实现GDP 2.85万亿港元，增长3.0%，增速高于前10年平均值2.8%。其中，服务业和制造业分别增长3.4%和1.3%，建造业基本持平，服务业中的金融及保险业、进出口服务及批发零售业增速较快，均增长4.6%；私人和政府消费分别增长8.9%和7.5%；固定资本形成总额增长6.1%；货物出口和服务输出分别增长5.8%和9.8%。广深港高铁及港珠澳大桥顺利落成，密切了香港与内地的联系。展望2019年，香港将从土地、人力资源、政府间合作、创新及科技、经济多元化、民生改善等方面提升经济动力，经济有望实现稳步发展，香港财政司预计GDP增速将达到2%～3%。

2018年澳门经济增速明显放缓，实现GDP 4403亿澳门元，实际增长4.7%，增速回落4.4个百分点。其中，私人和政府最终消费分别增长4.5%和3.8%，增速提高2.9个和2.1个百分点；固定资本形成总额下降12.5%；货物出口和服务输出分别增长11%和9.4%，增速回落1.3个和6.0个百分点，货物及服务净出口占GDP的比重提高了3.5个百分点；全年入境旅客增长9.8%，提高4.4个百分点。展望未来，澳门将夯实优势基础、增强经济韧性，主动融入国家发展大局，抓紧“一带一路”及粤港澳大湾区建设新机遇，提升中葡商贸合作和金融服务平台作用，推动会展业、中医药产业、特色金融业等新兴产业加快成长，促进博彩业健康有序发展。2019年澳门经济有望保持稳定发展，IMF预测经济增长5.3%。

三　广州经济景气分析与走势判断

（一）经济景气分析及走势判断

根据课题组研制的广州宏观经济景气监测预警体系监测，2018年12

月广州经济景气综合预警指数为64.50，处于偏冷区间。2018 年12 月，在综合预警指数的10 个构成指标（经季节调整去除季节因素和随机因素影响）与上月相比有5 个指标上升，5 个指标下降；有5 个指标处于稳定区间（货物周转量、房屋交易面积、商品进出口总值、规模以上工业企业利润总额、城市居民消费价格总指数），有1 个指标处于偏冷区间（银行业机构人民币各项存贷款余额），有4 个指标处于过冷区间（规模以上工业总产值、批发零售业商品销售总额、全社会固定资产投资额、一般公共预算收入）（见表3）。

表3　2018 年1 ~12 月广州宏观经济景气监测信号灯

类别	1 月	2 月	3 月	4 月	5 月	6 月	7 月	8 月	9 月	10 月	11 月	12 月
规模以上工业总产值	⊗	⊗	⊗	⊗	⊗	⊗	⊗	⊗	⊗	⊗	⊗	⊗
批发零售业商品销售总额	◎	◎	◎	○	○	○	○	○	○	○	◎	⊗
货物周转量	○	○	◎	◎	◎	◎	◎	○	○	○	○	○
房屋交易面积	◎	◎	◎	◎	○	○	○	○	○	○	○	○
全社会固定资产投资额	⊗	⊗	⊗	⊗	⊗	⊗	⊗	⊗	⊗	⊗	⊗	⊗
银行业机构人民币各项存贷款余额	◎	◎	◎	◎	◎	○	○	○	○	◎	◎	◎
商品进出口总值	⊗	⊗	⊗	⊗	◎	○	○	○	○	○	○	○
一般公共预算收入	○	○	○	○	◎	◎	◎	◎	⊗	⊗	⊗	⊗
规模以上工业企业利润总额	○	○	○	○	○	○	○	○	○	○	○	○
城市居民消费价格总指数	○	○	○	○	○	○	○	○	○	○	○	○
综合预警指数	◎	◎	◎	◎	◎	◎	◎	◎	◎	◎	◎	◎
	65.81	65.81	63.58	65.90	66.91	74.87	74.87	77.09	71.37	69.14	66.82	64.50

说明：●过热；⊙偏热；○稳定；◎偏冷；⊗过冷。

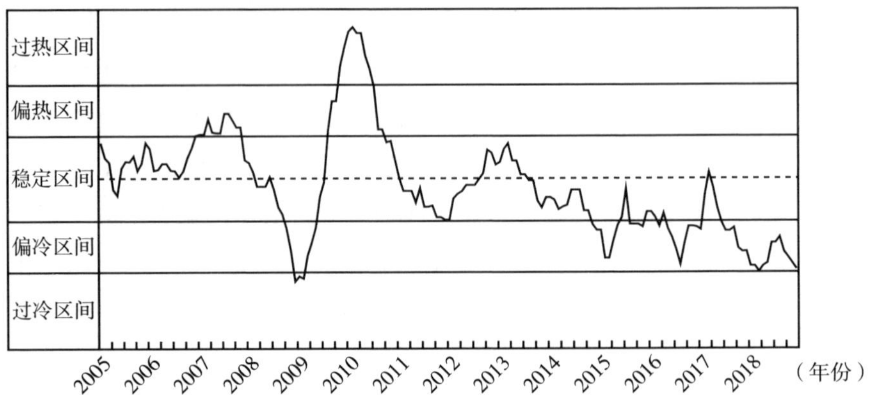

图 26　2005 年以来广州经济景气综合预警指数走势

根据预警指数变化走势及经济发展环境判断，预计未来 3～6 个月，广州经济景气状况继续低位盘整的可能性较大，综合预警指数将继续在偏冷区间运行（见图 26）。主要理由：一是从综合预警指数走势来看，景气快速下探的趋势有所缓解，目前已处于较低水平，低位波动盘整态势增强；二是宏观经济政策有望稳中趋松，对经济增长将逐步起到托底作用；三是国内外发展环境仍不乐观、宏观政策难以显著宽松、悲观预期难以短期消解，决定了经济景气状况短期内难以显著回弹。

（二）主要经济指标预测

课题组研制了广州宏观经济计量模型（GMEAM）来进行经济增长预测。该模型为年度经济计量模型，分为总体经济、需求、生产、价格、要素、收入六大模块，具体包括 22 个联立方程、16 个内生变量、11 个外生变量。模型外生变量既包括全球环境方面的变量，如：全球经济增长、贸易增长、价格等，也包括国内环境方面的变量，如：全国经济增长、投资、消费、价格、货币供应等。

根据前述国内外发展环境和广州宏观经济景气状况分析，课题组将 2019 年广州经济运行条件分为高、中、低三种方案情景，不同方案情景设定如下。

高方案情景：假定全球经济增长好于预期，全球贸易持续较快增长，大宗商品价格继续上升；国内经济增速稳中有升，民营固定资产投资需求转旺，消费增速加快，价格总水平稳步回升，货币供应保持较快增速。

中方案情景：假定全球经济增长基本符合预期，全球贸易稳定增长，大宗商品价格温和回升；国内经济保持稳定增长，固定资产投资强度不减，消费作用继续增强，价格总水平保持基本稳定，货币供应总体稳健中性。

低方案情景：假定全球经济增长弱于预期，全球贸易进入低迷阶段，大宗商品价格低位运行；国内经济增速回落，固定资产投资增长乏力，消费增速有所回落，价格水平低位运行，货币供应虽有增加但政策效应减弱。

在以上高、中、低三种方案情景下，利用广州宏观经济计量模型（GMEAM）进行测算，得到2019年广州经济增长高、中、低3个预测方案（见表4）。

表4　2019年广州主要经济指标预测

单位：亿元，%

类别	2018年		2019年预测					
			低方案		中方案		高方案	
	实际数	增长率	预测数	增长率	预测数	增长率	预测数	增长率
地区生产总值	22859	6.2	24417	6.2	24532	6.5	24653	6.8
第一产业	223	2.5	231	1.5	233	2.0	235	2.5
第二产业	6234	5.4	6468	5.2	6500	5.5	6530	5.8
第三产业	16402	6.6	17718	6.6	17800	7.0	17888	7.3
一般公共预算收入	1632	6.5	1673	2.5	1685	3.2	1696	3.9
全社会固定资产投资	5938	8.2	6432	7.5	6522	9.0	6611	10.5
社会消费品零售总额	9256	7.6	10792	7.2	10830	7.6	10869	8.0
城镇居民消费价格指数	102.4	2.4	102.1	2.0	102.5	2.5	103.0	3.0
海关出口总额	5608	-3.2	5159	-8.0	5327	-5.0	5495	-2.0

说明：地区生产总值和三次产业增加值增长率按可比价计算。

2019年广州经济增长有望保持基本稳定，预计全年增速处于6.2%~6.8%区间。从产业来看，第三产业将保持较快增长，增加值增速预计在

6.6%～7.3%；第二产业有望保持稳定增长，增加值增速预计在5.2%～5.8%。从需求来看，城市基础设施建设和更新改造有望加快，营商环境改善有利于民营经济和产业投资稳定增长，预计全社会固定资产投资增速在7.5%～10.5%；随着消费环境进一步改善、新兴消费不断涌现，消费主要指标将继续稳定增长，预计社会消费品零售总额增速在7.2%～8.0%；世界经济有望继续回升但预计增长幅度将有所放缓，贸易保护主义仍将持续，劳动密集型出口产业继续往外转移，预计出口将有所回落，降幅在2%～8%。随着大力度减税降费举措的实施，预计全年一般公共预算收入增速回落，增幅在2.5%～3.9%。国内重要商品市场供应总体稳定，预计价格水平将保持基本稳定，城镇居民消费价格指数增幅在2.0%～3.0%。总体而言，全年经济保持稳定增长有良好支撑，但广州经济依然面临不少风险和挑战，新旧动能接续不足，工业增长不够强劲，创新龙头带动较弱，城市更新任重道远。

四　对策建议

（一）全力推进粤港澳大湾区建设

聚焦重点领域和关键环节，举全市之力推动粤港澳大湾区建设不断取得新进展新成效。加快共建具有全球影响力的国际科技创新中心，推进大湾区综合性国家科学中心（广州）建设，着力提升创新基础能力，推进“广州—深圳—香港—澳门”科技创新走廊建设，构建开放型区域协同创新共同体。大力推进基础设施“硬联通”和体制机制“软联通”，推动各类资源要素在大湾区自由流动，进一步完善便利港澳居民在穗发展政策措施，深化科技创新、商贸金融、医疗健康、青年创新创业、文化旅游、知识产权保护利用等领域合作。积极推动全方位高水平开放，加快建设南沙高水平对外开放门户枢纽，充分发挥省会城市引领作用，推进广佛同城化和广佛肇经济圈建设，加快与深莞惠、珠中江协同发展。

（二）大力优化营商环境

贯彻新发展理念和高质量发展要求，及时调整和优化各项调控政策。抓紧修订出台落实广东“实体经济新十条”的实施意见，推动综合改革试点各项政策加快落地见效。调整优化政策设计，力争在土地、规划、环评等领域争取审批效率有大幅提升，健全财政、投资、产业等经济政策协调机制，推动政策协同配合。充分用好总部经济、高端专业服务业、生物医药产业等支持政策，加大《促进企业加快落户若干办法》《加快 IAB 产业发展五年行动计划》等政策贯彻落实力度，确保各类奖励、补贴和政策支持尽快到位。营造法治化制度环境，支持民营企业改革发展。适应重点企业和项目发展需求，在职工入户、子女上学、贸易规则指导、金融支持、服务支撑、配套政策落实等方面提供针对性贴身服务。

（三）努力确保投资较快增长

大力推进基础设施、现代产业、生态环保、社会民生等领域重点项目建设，开辟重点项目财评绿色通道，通过项目策划生成到竣工验收全流程信息共享和部门协同，提高项目审批效率。加快推进城市更新工作和乡村振兴战略，充分发挥城市更新工作和乡村振兴战略带动投资增长、城乡建设和经济社会转型升级的巨大作用。全面落实民间资本准入平等待遇，完善合理投资回报机制，支持引导民间资本进入高新科技、先进制造、新兴产业、教育医疗等领域。加快推进在建 PPP 试点项目建设，在交通枢纽、污水处理、环卫、养老等领域再策划推出一批 PPP 项目。充分利用国家财政政策加力提效的有利契机，积极争取扩大广州专项债券发行规模，确保重点建设项目的资金投入。

（四）持续提升要素保障水平

继续深化供给侧结构性改革，强化劳动力、资金、土地等基础要素保障。进一步优化调整人口入户和人才就业政策，落实降低社保费率政策，优化企业招工用工环境。加强产融对接，组织开展项目对接会、融资洽谈会，

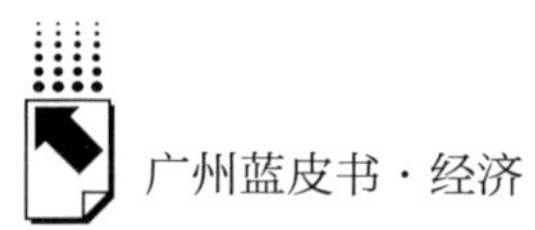

引导银行、风险投资、政府基金扩大对科技企业、中小微企业融资规模。努力争取新增用地指标，积极盘活存量用地，落实好工业用地先租后让、弹性出让等政策，不断缓解用地难、用地贵问题。

（五）加快推进创新驱动发展

积极争取国家和省重大科技基础设施、科技项目和创新平台落户，构建开放、协同、高效的共性技术研发平台，加快打造综合性科学中心，力争关键核心技术实现重大原创性突破。大力提升创新主体质量，围绕产业发展方向培育引进更多掌握核心技术、竞争力强的创新型企业。推进高层次双向开放创新，发挥粤港澳大湾区国际科技创新中心“引领极”作用，推动广深港澳科技创新走廊建设。深化科技管理体制改革，营造良好创新环境，完善和落实人才激励政策，优化人才创业与生活环境，培育引进大批科技创新和高技能人才。

（六）不断加强重点领域风险防控

在经济下行压力较大和一系列减税降负政策背景下，预计2019年政府财政收入增长有限而财政支出保持刚性，收支平衡压力增大，应予以重点关注，努力确保财政收支的动态平衡。加强金融、房地产等领域风险防控，密切跟踪外部环境变化，强化经济运行监测及对房地产、投资、消费和出口等主要领域的跟踪监测，及时发现问题并制定应对措施。把防范化解金融风险和服务实体经济更好地结合起来，把握好力度和节奏，协调好各项政策出台时机，通过机制创新，提高金融服务实体经济的能力和意愿。

参考文献

国家统计局：《2018年国民经济和社会发展统计公报》，http：//www.stats.gov.cn/，2019年2月28日。

《2019 年政府工作报告》，中央政府网站，http：//www. gov. cn/，2019 年 3 月 5 日。

《2019 年广东省政府工作报告》，中国广东政府网站，http：//www. gd. gov. cn/，2019 年 1 月 28 日。

《2019 年广州市政府工作报告》，中国广州政府网站，http：//www. gz. gov. cn/，2019 年 1 月 15 日。

United Nations. World Economic Situation and Prospects 2019. https：//www. un. org/development/desa/dpad/wp – content/uploads/sites/45/WESP2019_ BOOK – web. pdf，2019 年 1 月。

World Bank. Global Economic Prospects：Darkening Skies.. https：//openknowledge. worldbank. org/bitstream/handle/10986/31066/9781464813863. pdf，2019 年 1 月。

International Monetary Fund（IMF）. World Economic Outlook Update，https：//www. imf. org/ ~ /media/Files/Publications/WEO/2019/Update/January/WEOupdateJan2019. ashx，2019 年 1 月。

改革开放40年特辑

Special Edition on 40 - year-reform and opening up

B.2

改革开放40年广州经济社会发展成就、经验启示和未来展望

中共广州市委政研室（改革办）课题组*

摘　要： 习近平总书记在庆祝改革开放40周年大会上深刻指出，改革开放是党和人民大踏步赶上时代的重要法宝，是坚持和发展中国特色社会主义的必由之路，是决定当代中国命运的关键一招，也是决定实现“两个一百年”奋斗目标、实现中华民族伟大复兴的关键一招。40年来，在中央和省委的正确领导下，广州得风气之先，抢抓发展机遇，着力推动经济快速发展、城市转型升级，为探索中国特色社会主义道路提供了生动实践，为新时代坚持和发展中国特色社会主义进行了有益

* 课题组由中共广州市委政研室（改革办）会同各部门成员组成。执笔人：魏敏、史日升、吕常达、冯亚、秦燕芳。

探索。本文通过全面总结、系统梳理广州改革开放40年来经济社会发展成就、经验启示，提出推动广州新时代改革开放再出发的工作建议。

关键词： 改革开放　经济变革　社会发展

一　广州改革开放40年经济社会发展成就

40年来，在党中央和省委的正确领导和关心支持下，广州坚持解放思想、实事求是，牢记使命、敢闯敢试，以“杀出一条血路”的勇气担当和一往无前的奋斗姿态，承担起在改革开放伟大实践中“先行一步”的历史重任。改革开放之初，广州率先探索实践“对外开放、对内搞活、对下放权”，揭开了从计划经济向市场经济转变的序幕。邓小平同志发表“南方谈话”以后，广州率先冲破“姓资姓社”的羁绊，坚持市场改革导向，以开放促进改革，以改革扩大开放，坚定不移发展社会主义市场经济。党的十八大以来，广州紧紧围绕“五位一体”总体布局和“四个全面”战略布局，蹄疾步稳推进全面深化改革，不断提高对外开放层次和水平，经济社会各项事业取得辉煌成就，城市综合竞争力实现质的飞跃。

（一）经济变革：从“价格闯关”到供给侧结构性改革

一是以价格改革为突破口启动经济体制改革。改革开放之初，广州从流通体制改革切入，率先放开塘鱼蔬菜等食品价格管制，逐步减少农产品统购、派购品种，并将改革转向工业品价格，实现定价主体由政府向生产经营者的转变。

二是以结构调整为抓手提高经济增长质量效益。步入21世纪，广州坚持传统产业、高新技术产业与服务业协调发展的方针，突出抓好生产力骨干项目建设，优化城市生产力布局，转变经济发展方式。国企改革完成从

“放权让利”、“承包经营”到“制度创新”三步走，民营经济发展走在前列，汽车、电子产品、石油化工三大支柱产业加快发展。

三是以供给侧结构性改革为主线推动经济体制改革不断取得新突破。党的十八大以来，广州主动适应和引领经济发展新常态，把提高供给体系质量作为主攻方面，着力增强经济质量优势。更加注重创新驱动发展，构建“1+9”[①] 科技创新和“1+4”[②] 人才发展政策体系，开展国家自主创新示范区建设和全面创新改革试验，建设广州国际金融城、广深科技创新走廊和琶洲互联网创新集聚区，全国首创生产生活生态深度融合的“价值创新园区”，涌现出一大批具备较强自主研发能力的中小型科技企业，知识城成为全国唯一知识产权改革试验田，城市经济结构加快向创新产业、知识经济转型升级。更加注重转变政府职能，深入推进“放管服”改革，率先开展商事登记制度改革，率先实施政府购买查验服务，率先公开三级政府“三公”经费。更加注重发挥市场力量，打造全国首条民间金融街，率先放开股权投资机构、私募投资基金工商注册登记，2/3 的市属国企实现混合所有制。

40 年来，广州地区生产总值从 1978 年的 43 亿元提高到 2017 年的 2.15 万亿元，年均增长 13.1%，占全国的比重从 1.2% 提高至 2.6%；来源于广州地区的财政预算总收入从 1978 年的 14 亿元提高到 2017 年的 5951 亿元，年均增长 16.9%，占全国的比重从 1.2% 提高至 3.4%。2018 年广州地区生产总值接近 2.3 万亿元。

（二）对外开放：从“三来一补”到形成全面开放新格局

一是发挥地缘优势率先打开对外开放大门。改革开放初期，广州充分发

① 实施创新驱动发展战略的“1+9”系列政策措施：“1”为《中共广州市委、广州市人民政府关于加快实施创新驱动发展战略的决定》；“9”为细化落实纲领性文件的 9 份配套政策文件。

② “1+4”人才发展政策文件，即《中共广州市委广州市人民政府关于加快集聚产业领军人才的意见》（穗字〔2016〕1 号）及 4 个配套文件《羊城创新创业领军人才支持计划实施办法》《广州市产业领军人才奖励制度》《广州市人才绿卡制度》《广州市领导干部联系高层次人才工作制度》。

挥毗邻港澳、华侨众多的优势，坚持引进、消化、吸收、创新方针，“排污不排外”“引资又引技”，因地制宜探索发展外向型经济，由港澳逐步拓展到东南亚、中东、非洲和欧美国家及地区，较好地发挥了服务全国、辐射华南、影响东南亚的重要作用。

二是“外向带动”牵引开放型经济实现新跨越。2001 年中国加入世界贸易组织后，广州陆续出台扩大开放、发展外向型经济、实施经济国际化战略等“大经贸”战略，在更大范围、更多领域、更高层次对外开放，建成具有世界水平的“广交会”琶洲展馆，果断关闭流花展馆，全力支持“广交会”做强做大，在金融、商业、旅游、物流、服务咨询等行业利用外资方面大胆探索。

三是以构建开放型经济新体制为目标推动全方位开放上新水平。党的十八大以来，广州以推进南沙自贸试验区制度创新为牵引，加强与国际投资贸易通行规则对接，全面推行负面清单管理模式，率先推出“互联网 + 易通关”、检验检疫“智检口岸”、企业专属网页、全球质量溯源体系等一批标志性改革。引进了富士康、乐金、GE、思科、百济神州等一批大项目好项目，跨境电商、市场采购、服务贸易等贸易新业态规模稳居全国前列，301 家世界 500 强企业在广州集聚发展，《财富》全球论坛、世界航线发展大会、从都国际论坛等成为向世界宣介习近平新时代中国特色社会主义思想的重要平台。

40 年来，广州外贸进出口额由 1978 年的 1.3 亿美元增长至 2017 年的 1432.32 亿美元，年均增长 19.6%；利用外资从无到有，累计批准及备案设立外商投资企业 3.57 万家，实际使用外资 931 亿美元。2018 年广州外贸进出口额达到 1484.83 亿美元。

（三）城市发展：从“小变中变大变”到枢纽型网络城市

一是以城市基础建设为先导推动城乡发展。改革开放以来，广州坚持人民城市人民建、建好城市为人民，以举办第六届和第九届全运会等大型赛事为契机，大力度改革投融资体制和城市管理体制，大幅度提升城乡发展水平。建成区庄立交、人民路六二三路高架桥、洛溪大桥、内环路等一批在国内领先的路桥，实现了“路通财通”。率先实施“门前三包”责任制，率先在全国推行城市管理综合执法，推动管理重心下移，改革城市建筑报建管理制度，创新城市土地管理制度，率先对城市土地实行有偿使用。

二是以城市规划引领城市建设。20 世纪 90 年代中后期，广州在全国率先开展城市总体发展概念规划，实施“南拓、北优、东进、西联、中调”城市发展战略，相继建成新白云国际机场、广州港南沙港区、广州南站等一批重大交通枢纽设施和华南快速路、南沙快速干线等一批高、快速道路，以及广州塔、花城广场等一批城市设施。同时，着力营造“适宜创业发展、适宜生活居住”城市环境，开展城市环境综合整治——“治违”“治脏”“治乱”，推动市容环境面貌实现根本改善。

三是不断提升城市能级和核心竞争力。党的十八大以来，广州着眼于建设国家中心城市，着力强化中心辐射作用，推动形成新的发展动力源和增长极。在全国副省级城市率先完成“三规合一”，率先开展老旧小区微改造，率先推进“四标四实”与网格化管理深度融合，城市管理精细化品质化水平不断提升，干净整洁平安有序城乡环境加快形成。相继建成南沙港区三期工程、白云国际机场第二航站楼等项目，开通京广、贵广、南广、广深港等高铁线路，大交通综合网络体系不断完善、功能不断提升。

40 年来，广州港港口货物吞吐量和集装箱吞吐量分别由 1978 年的 1686. 2 万吨和 1979 年的 0. 25 万标箱，增长至 2017 年的 5. 9 亿吨和 2037 万标箱，现分居全国第 3 位和第 4 位；机场旅客吞吐量和货邮吞吐量分别由 1978 年的 66. 19 万人次和 1980 年的 2. 54 万吨，增长至 2017 年的 6584 万人次和 179 万吨，现均居全国第 3 位；城市轨道运营里程近 400 公里，客流强度全国第一。

（四）民主政治：从“广开言路”到全面依法治市

一是先行推动决策民主化科学化。改革开放以来，广州稳步推进民主政治建设，不断提高政府工作开放度和透明度。率先采取公开办事制度、重大问题与市民直接对话等形式，率先建立立法顾问与立法咨询专家论证制度，率先推行政府信息公开，成为国内首批法制工作试点城市。率先成立法律援助中心，成为全国首个由政府设立的法律援助机构。率先制定实施政治协商规程，制定出台政协协商民主实施意见、政协民主监督实施意见等一系列规章制度，政协咨询问政活动受到社会广泛关注。

二是推动依法治市走在前列。党的十八大以来，广州进一步提升公众社会参与度，全面推进依法治市工作。重大民生决策公众意见咨询制度开全国先河，增城下围村民主协商自治模式在全省推广。举行全国首个网上立法听证会，获批设立全国首批知识产权法院、互联网法院和首家自贸区法院，智慧法院建设全国领先，“依法全面履行政府职能”等指标排名全国第一，荣获“法治政府建设典范城市”称号。

40 年来，广州民主法治建设水平不断提高，政府和群众法治意识不断增强，民主和法治协调发展的良性互动格局基本形成。

（五）文化领域：从“广式文化潮”到提升城市软实力

一是大力加强精神文明建设。改革开放以来，广州坚持“两手抓、两手都要硬”，大力推动精神文明建设，提出“团结、友爱、求实、进取”的“广州市风”，开展“微笑在广州”活动。东方宾馆开设国内第一家音乐茶座，成为新中国文化市场兴起的标志，展示岭南都市文化风采和改革开放时代风貌的《雅马哈鱼档》《情满珠江》《外来妹》等电影电视作品在全国引起强烈反响，《弯弯的月亮》等流行音乐广为传唱，太平洋影音公司开启了新中国音像事业先河。

二是积极推进文化体制改革。《广州日报》勇立报业潮头，1996 年组建国内首家报业集团，广告收入连续 23 年蝉联中国平面媒体第一名。率先推动国有经营性文化单位和文艺院团转制为企业，2009 年、2011 年两次获得全国“文化体制改革先进地区”荣誉称号，广州新华书店企业集团成立全国首家图书发行企业集团。

三是全面推进文化强市建设。党的十八大以来，广州着眼于提高城市软实力，推进群众性精神文明创建活动，志愿服务工作走在全国前列，三次获评全国文明城市。完成大型城市历史文献《广州大典》一期编纂出版工作，南粤先贤馆、广州粤剧馆等一批文化设施建成使用，启动了广州美术馆、广州文化馆建设。《广州日报》建立了全国首个全媒体编辑部，构建起一体化融媒方阵，融合传播力位居全国党报第三。网易等一批知名互联网文化企业做强做大，动漫游戏、新闻出版、版权交易等位居全国领先水平。

40 年来，广州文化事业成就显著，文化体制改革纵深推进，城市居民家庭人均文化娱乐消费支出跃居全国第一，岭南文化中心地位进一步巩固提升。

（六）社会民生：从打破“铁饭碗”到基本公共服务均等化

一是率先解决群众温饱问题。改革开放之初，广州从劳动就业制度改革入手，率先实行劳动部门介绍就业、自愿组织就业和自谋职业的“三结合”，率先推行劳动合同制，率先建立“五险齐全”的社会保险制度及“五道保障线”制度，不断完善就业服务体系和具有广州特色的社会保障体系。

二是着力发展社会事业。进入 21 世纪，广州坚持富民优先、民生为重，不断提高市民群众生活水平。实施教育综合改造工程、示范性高中建设和教育信息化建设，大幅提高基础教育质量，完成广州大学城教育工程建设。率先推动“两聘两制一包一奖”教育体制改革，获批“国家城市教育综合改革试验城市”。率先实现突发公共卫生事件和法定传染病疫情网络直报，成功应对“非典”疫情。率先推行房改出售公有住房、住房分配货币化等住房制度改革，成立国内第一家住房金融超市。

三是推动基本公共服务均等化。党的十八大以来，广州坚持每年办好 10 件民生实事，着力解决老百姓最关心、最直接、最现实的利益问题。在全国率先推动公立医院综合改革，取消药品加成，执行新的医疗服务价格政策，启动国内首个互联网医院平台。首推“租购同权、学位到房”，率先启动保障性安居工程建设。率先实施两轮精准扶贫，通过“对口”“挂钩”“结对”等方式定点帮扶。推进社会治理基础要素数字化、标准化、精确化，初步建成数字广州基础应用平台。全国首创来穗人员“融合行动计划”，以积分制为手段有序提供基本公共服务。率先形成政府主导、社会协同、项目运作、专业服务的志愿服务“广州模式”，获评“全国社区管理和服务创新示范区”。

40 年来，广州人民生活水平大幅提升，基本公共服务不断完善，城乡常住居民年人均可支配收入从 1978 年的 442 元、250 元分别增加到 2017 年的 55400 元、23484 元，分别增长 125 倍、93 倍。联合国开发计划署报告显示，广州人类发展指数排名中国城市第一，2018 年又被评为中国最具幸福感的城市。

（七）生态环保：从污染防治到绿色发展

一是率先制定实施环境保护系列制度。改革开放之初，广州率先提出建设“社会主义清洁城市”，制定“三废”排放收费规定，出台全国首个地方政府环保规章、全国第一部机动车污染控制地方性法规，颁布全国首部地方环境保护综合性法规，逐步推动环境保护进入法制轨道。

二是全面推动生态环境保护。从 20 世纪 90 年代开始，广州在全国率先实施环境保护目标责任制，开展城市环境综合整治定量考核，持续推动“青山绿地、碧水蓝天”工程。创造性运用“只征不转”的征地模式，建成全国特大城市中心城区面积最大的海珠湿地、东濠涌水环境工程等一批生态环境设施，得到党中央领导高度评价。建成绿道 3400 公里，推动城市发展进入全面、协调、可持续的绿色发展轨道。

三是加快生态文明建设步伐。党的十八大以来，广州深入贯彻落实习近平生态文明思想，先后出台生态文明建设规划纲要和城市环境总体规划等政策措施，首次划定生态保护红线，建立完善生态公益林等各类生态补偿机制，建立健全生态环保责任追究制度，不断完善生态文明建设体制机制。完成国家“大气十条”空气质量改善终期考核目标任务，在全省率先全面实

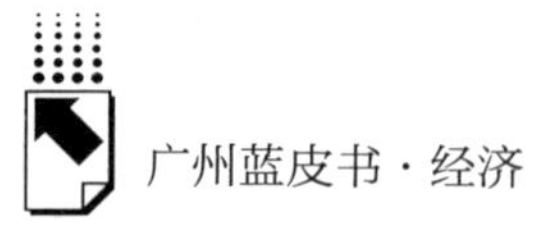

施河长制、湖长制，有序推进土壤污染防治，垃圾分类处理工作成效走在全国前列。森林碳汇计量监测工作首开先河，率先开展绿色金融改革创新试点，创新发布全国首个以碳交易管控行业为样本的中国碳市场100指数，成功进行首批排污权交易。

40年来，广州在保持经济快速发展的同时，城市环境质量不断改善，$PM_{2.5}$浓度在国家中心城市中率先达标（2017年为35微克/立方米），全市森林覆盖率达到43.3%、绿化覆盖率达42.5%，先后获得全国环境保护模范城市、国家森林城市、国家园林城市、联合国改善人居环境最佳范例（迪拜）等荣誉称号。

（八）党的建设：从“拨乱反正”到全面从严治党

一是全面恢复党建。改革开放初期，广州按照中央和省委部署，通过“拨乱反正”全面恢复党建，在中国大酒店、花园酒店等合资企业中率先建立党组织，成立全国第一个个体户党支部、第一个私营企业党委、第一个私营企业协会党委。

二是探索“广州特色”城市党建工作格局。在城市社区中率先建立党建指导员工作制度，在商务楼宇中率先把“支部建在楼上”，先后实施“堡垒工程”“跨世纪先锋队工程”和“羊城先锋行动”，积极推进新经济组织和新社会组织的党组织建设。实施“一十百千万”行动，打造基层党建品牌，涌现出广州开发区“非公党建‘金雁工程’”、荔湾“社区党员民情议事会”、白云“以党建带社建”等党建品牌，基层党组织战斗堡垒作用充分发挥。

三是坚定不移全面从严治党。党的十八大以来，广州贯彻落实新时代党的建设总要求，推动全面从严治党向纵深发展。以理想信念宗旨为根基，线上和线下相结合，大力弘扬红色文化，传承红色基因。完善管党治党工作机制，实行责任清单管理，制定实施监督执纪“四种形态”指导意见、建设风清气正干事创业政治生态环境工作方案以及约谈“一把手”制度和加强对“一把手”监督10项措施、加强家风建设的工作措施等，实现巡察和派驻监督“两个全覆盖”。

40 年来，广州通过坚持和加强党的全面领导，营造了政治生态的“绿水青山”，为改革开放提供了坚强有力的政治保障和组织保障。

二　广州改革开放的经验和启示

（一）坚持党的领导，始终确保改革正确方向

坚持党的领导，紧跟党的理论创新和实践创新步伐，是广州改革开放取得成功的根本保证。广州的每一个进步、每一次跨越，都是在党中央和省委的坚强领导下，突破体制机制的障碍，打破利益固化的藩篱，在探索中前行，在创新中发展。党的十一届三中全会开启了改革开放进程，党中央提出了走自己的路，建设中国特色社会主义的伟大号召。广州坚决响应、迅速行动，成为首批沿海开放城市，被赋予“在改革开放中先行一步”的政策，更好地加快企业体制和经营机制改革，发挥中心城市的作用。1992 年，邓小平同志亲临广东视察并发表著名的“南方谈话”，为广州拨开思想迷雾，指引正确航向。广州在改革开放上有了更明确的指导思想，先后设立南沙经济开发区和增城经济技术开发区，大力促进体制改革、改善投资环境、引导产业集聚、发展开放型经济，再次赢得了前所未有的发展机遇。党的十八大后，习近平总书记多次为广东广州改革发展把脉定向、注入动力。2012 年 12 月，习近平总书记到地方考察的第一站就选在广东，做出“三个定位、两个率先”的重要指示。2017 年 4 月，习近平总书记对广东做出“四个坚持、三个支撑、两个走在前列”的重要批示。2018 年 3 月 7 日，习近平总书记在参加十三届全国人大一次会议广东团审议时，要求广东做到“四个走在全国前列”，当好“两个重要窗口”。在改革开放 40 周年之际，习近平总书记再次亲临广东视察指导，对广东工作提出深化改革开放、推动高质量发展、提高发展平衡性和协调性、加强党的领导和党的建设四方面重要要求，要求广州“实现老城市、新活力，在综合城市功能、城市文化综合实

力、现代服务业、现代化国际化营商环境方面出新出彩”，为广州新时代改革开放再出发提供了科学的行动指南和根本遵循。实践证明，无论改什么，改到哪一步，都必须坚持党的领导，都必须牢固树立“四个意识”、坚定“四个自信”、坚决做到“两个维护”。只有坚持和加强党的领导，充分发挥党总揽全局、协调各方的领导核心作用，紧密对接和落实国家战略，才能在改革开放中成功应对重大挑战、抵御重大风险、克服重大阻力、化解重大矛盾、解决重大问题。

（二）坚持敢为人先，强化前沿阵地历史担当

解放思想、实事求是、与时俱进、求真务实，是广州改革开放全部经验的精髓。改革开放之初，广州在“用足政策”的思想指导下，对改革要求“起步略早一点、范围略宽一点、措施配套一点、管理灵活一点”，鼓励敢闯敢试，宽容失败，发挥了地方的主观能动性和创新精神，为全国全省提供了有益经验。比如，率先发放第一张个体户执照，建成国内第一个商品房小区东湖新村，在全国出让第一块工业用地，开办全国第一个劳务市场、期货公司、合资人寿保险公司、超级市场，率先成立科技投资公司等。进入新时代，广州在遵循中央顶层设计和省委改革部署的前提下，坚持用改革的办法解决前进中的问题，充分发挥改革试点对全局的示范带动效应，主动承接了国家、省改革试点任务，通过大胆试、大胆闯、自主改，最大限度地调动各方面推进改革的积极性、主动性、创造性，在国际贸易“单一窗口”、公共资源交易信用体系建设、“一窗式”政务服务等方面形成了一大批可复制可推广经验。实践证明，改革开放的过程就是思想解放的过程。没有思想的大解放，就不会有改革的大突破。只有解放思想、敢为人先，深化改革、扩大开放，才能走好未来发展之路。

（三）坚持“一手抓适应、一手抓提高”，积极稳妥推动改革发展

立足当前，着眼未来，坚持顶层设计与切实管用、战略定力与精准发力、统筹兼顾与重点突破、长远谋划与及时见效相结合，是广州改革发展的

重要方法。在城市发展方面，广州以求真务实的态度处理城市建设的轻重缓急，科学配置有限的城市资源。通过“一手抓适应”，适时解决事关群众安居乐业、市场主体创新创造和城市有效管理运营的迫切问题，不断完善大交通网络体系，推进城乡更新改造，加强城市环境卫生整治，让老百姓感受到实实在在的变化；通过“一手抓提高”，着力解决城市发展的根本性、战略性问题，集中力量建设一批事关长远的重大项目，新白云国际机场、南沙港、高铁站、大学城、地铁网络的建成有效提升了城市综合承载力。在经济发展方面，遵从产业发展规律，推动新旧动能接续转换。一方面，厚植传统优势，持续做强做大商贸、会展、物流等产业，强化汽车、电子、石化等支柱产业地位；另一方面，增创新的优势，紧跟新一轮技术革命和产业变革趋势，重点发展新一代信息技术、人工智能、生物医药和新能源、新材料等战略性新兴产业，不断增强城市经济创新力和竞争力。实践证明，改革是循序渐进的工作，既要敢于突破，又要一步一个脚印、稳扎稳打向前走。必须坚持稳中求进的工作总基调，不驰于空想，不骛于虚声，从一点一滴改起，从一事一地做起，大力拓展改革的广度和力度。

（四）坚持开放带动，激发深化改革内生动力

开放是广州最大的优势，是推动改革不断前进的重要动力。通过开放引进了发展所需的资金、技术、设备、人才和管理经验，推动经济社会发展取得长足进步，城市面貌发生翻天覆地变化，人民群众生活水平显著提高。改革开放之初，广州创造性地运用中央赋予的特殊政策和灵活措施，充分发挥地缘、人缘优势，率先向港澳地区开放，率先开办“三资”企业，率先设立外商投资服务机构“外经服务一条街”，建设首批国家级经济技术开发区、高新技术产业开发区，合资兴建白天鹅宾馆、中国大酒店和花园酒店三家五星级酒店等。近年来，广州加快外经贸转型升级，大力推动南沙自贸试验区制度创新，积极参与“一带一路”国际合作和粤港澳大湾区建设，着力提升国际交往水平，与全球220多个国家和地区保持贸易往来，集装箱航线通达全球200多个港口和城市，航线覆盖全球220个航点，广州企业投资

遍布全球72个国家和地区，44家企业在海外从事研发业务并设立研发中心，逐渐形成了一个全方位、多层次、宽领域的对外开放格局。实践证明，开放带来进步，封闭必然落后。一个国家、一个民族、一个城市要振兴，就必须坚持开放发展，从全球城市体系中找标杆，从国家战略中找动力，从区域发展中找动力，从国际产业分工和要素配置中找动力，在历史前进的逻辑中前进，在时代发展的潮流中发展。

（五）坚持包容并蓄，广泛集聚各类资源要素

海纳百川、开放包容是广州的城市特质，更是广州城市软实力的重要组成部分。广州始终坚持以包容精神抓好招商引资，早在1979年便制定了“敞开城门、搞活流通”的系列政策，对本地和外地、内资和外资、国有与民营企业一视同仁，欢迎外地企业来穗做生意，率先引入外资，大力支持民营企业发展。近年来，针对国际资本流动趋势和本地产业发展实际，广州更加注重构建规范和完善的市场经济体系，深入推进“准入前国民待遇+负面清单”、外商投资备案制等改革，招商引资向“引智引技引资”转变，市场对各类高端资源要素的吸引力持续增强。始终坚持以包容精神抓好人才工作，通过灵活的市场机制、良好的政策环境、包容的文化氛围吸引人才。自20世纪90年代起，广州就明确了人才资源开发“放高、控低、盘存、引智”工作思路，广纳天下英才，先后提出“人才强市”“人才不设防”等战略，出台《广州市鼓励留学人员来穗工作规定》等政策措施，成立国家级的南方人才市场。党的十八大以来，广州把人才工作摆在更加重要的位置，陆续出台人才培养和引进政策，率先推行“人才绿卡”、领导干部联系人才“直通车”等人才服务制度，发挥“海交会”“红棉计划”等高端高质引才聚才服务平台作用，为在穗各类人才提供安居保障、子女教育、医疗教育、配偶就业等“上管老下管小”全方位组合式暖心服务，充分激发各类人才创新创造活力。实践证明，包容不仅是一种胸怀，更是一种力量。只有博采众长、相互吸纳、相互借鉴、相互补充，才能凝聚起强大的正能量。

（六）坚持市场导向，全面构建社会主义市场经济体系

坚持市场导向，不断完善统一开放、竞争有序的市场体系，是广州快速发展和充满活力的关键所在。广州注重遵循市场规律，改革开放之初价格“闯关”成功，就是抓住了价格与流通体制改革这个从计划经济体制转向市场经济体制最为关键的环节，通过多轮行政审批制度改革，使广州成为最具市场活力的城市。注重培育市场主体，率先深化国有企业改革，率先放宽私营企业的经营范围，极大地激发了各类市场主体的经济发展热情。注重优化市场环境，通过制度创新不断提升投资贸易便利化，不断完善统一开放、竞争有序的市场体系，使市场在资源配置中起决定性作用，更好地发挥政府作用，广州“千年商都”魅力历久弥新。实践证明，市场配置资源是最有效率的形式，市场经济在本质上就是市场决定资源配置的经济。只有坚持社会主义市场经济改革方向，才能进一步解放和发展社会生产力，保持经济社会持续健康发展。

（七）坚持法治引领，有力护航改革创新

运用法治思维和法治方式推动工作，是广州深化改革的基本路径。广州将中央赋予的特殊政策、灵活措施以及行之有效的实践经验做法以地方性法规的形式确定下来，先后制定了《广州经济技术开发区条例》《广州市依法行政条例》等法规，做到重大改革于法有据、立法主动适应改革发展需要。及时修改和废止不适应改革要求的地方性法规，及时废止了《广州市建筑条例》《广州市水利工程设施保护规定》等法规，为推动改革破除制度障碍。通过立法保护和激励改革，及时出台《关于促进改革创新的决定》，在全国率先以地方人大规范性文件的形式，确立改革创新工作激励容错机制，为改革创新、宽容失误提供法制依据。实践证明，改革需要法治保障，法治建设也需要深化改革。只有将改革的“破”与法治的“立”结合起来，推动立法和改革相衔接，在法治引领下推进改革，在法治框架内规范改革，才能确保改革蹄疾步稳、有序推进。

（八）坚持以人民为中心，提升群众改革获得感

促进公平正义、增进人民福祉，是广州改革的出发点和落脚点。广州坚持全心全意为人民服务的根本宗旨，把群众的利益放在心上，把百姓的期盼扛在肩上，针对群众反映强烈的突出问题，推出居民办证用证制度改革、老旧小区加装电梯等创新举措，做到老百姓关心什么、期盼什么，改革就抓住什么、推进什么。坚持人民主体地位，发挥群众首创精神，通过听证会、公众咨询、网络征集意见，在全国率先开通"市长专线电话"，开通首个"市长专邮"，率先挂牌"社情民意研究中心"等多种方式，推动问政于民、问需于民、问计于民、问效于民，紧紧依靠人民推动改革开放。坚持民生是指南针，瞄准教育、医疗、养老等民生领域的"痛点""难点""堵点"，制定一系列政策措施逐一破题、精准发力，着力构建公平正义、共建共治共享的社会环境，不断满足人民日益增长的美好生活需要，持续增强市民群众获得感、幸福感、安全感。实践证明，坚持以人民为中心，是改革的核心价值取向。只有做到改革为了人民、改革依靠人民、改革成果由人民共享，才能充分激发调动广大人民群众的积极性和创造性，凝聚起改革开放的磅礴力量。

三　广州新时代改革开放再出发的对策建议

广州靠"吃改革饭、走开放路、打创新牌"发展起来。站在新的历史起点上，广州唯有继续深化改革开放，才能赢得主动、赢得优势、赢得未来。广州将坚持以习近平新时代中国特色社会主义思想为指导，深入学习贯彻习近平总书记视察广东重要讲话精神，拓宽改革开放视野胸襟，增强改革开放行动自觉，坚定不移用好改革开放"关键一招"，坚定不移高举新时代改革开放旗帜，推动综合城市功能、城市文化综合实力、现代服务业、现代化国际化营商环境出新出彩，实现老城市新活力，推进国家中心城市建设全面上新水平，着力建设国际大都市。

（一）创新粤港澳大湾区合作机制，加快形成全面开放新格局

贯彻落实《粤港澳大湾区发展规划纲要》，充分发挥国家中心城市引领作用，举全市之力推进粤港澳大湾区建设，强化辐射带动作用。在大湾区建设框架下，深入推进穗港澳深合作机制创新，充分发挥广州—佛山强强联合的引领带动作用，深化在基础设施、创新创业、对外开放、营商环境、金融、文化、民生、社会、生态等领域务实合作。积极探索对外开放的新模式、新体制，更好统筹利用好国际国内两个市场、两种资源，深化南沙自贸试验区制度创新系统集成，携手打造“一带一路”建设重要支撑区，加快形成高水平全面开放新格局。

（二）深入推进营商环境综合改革，推动现代化国际化营商环境出新出彩

对表对标最高最好最优，对照世界银行营商环境指标和国家营商环境评价体系，坚持以企业为中心、以企业需求为导向，研究制定出台营商环境升级版政策，重点推进压减企业开办时间、工程建设项目审批制度改革、优化税收营商环境三项国家级试点，深入推进优化营商环境专项行动，打造全球企业投资首选地和最佳发展地。深化“放管服”改革，推进“数字政府”改革建设，转变政府职能，以体制机制创新推动现代化国际化营商环境出新出彩，以稳定、公平、透明、可预期的一流营商环境保障经济高质量发展。

（三）完善建设科技创新强市、先进制造业强市、现代服务业强市相关政策措施，加快建设现代化经济体系

完善建设科技创新强市政策体系，系统推进全面创新改革试验，加快科技创新领域简政放权、机制创新，探索建立符合国际规则的创新产品政府首购制度，深化人才发展体制机制改革，争取国家重大科技基础设施、重大科技专项落户。完善建设先进制造业强市政策体系，支持发展新一代

信息技术、人工智能、生物医药、新能源、新材料等战略性新兴产业，推动互联网、人工智能、大数据和实体经济深度融合，推进广州开发区、南沙开发区、增城开发区等国家级开发区创新发展，加快低效园区提质增效，为高端产业发展腾出更多空间。完善建设现代服务业强市政策体系，创新现代服务业投入机制，完善金融服务实体经济机制、现代物流服务体系、促进总部经济发展体制机制，积极引进港澳知识产权、法律、会计、设计、精算等专业服务业，推动生产性服务业高端化发展、生活性服务业品质化发展。

（四）强化民生社会领域改革系统集成，加快建设幸福广州、平安广州

继续用心用情办好“长者饭堂”、旧楼宇加装电梯、微小型幼儿园、厕所革命等民生实事，着力解决就业、教育、医疗、社保、住房、养老、家政服务、交通、生态等群众关心关注的热点难点问题。探索推动构建“一核多元”的基层社会治理格局，深化“四标四实”集成和应用，创新街镇管理体制，推进城乡社区治理改革试点，建立健全城市管理到网格的体制机制，创新来穗人员服务管理机制，加快建设立体化、信息化社会治安防控体系，加强社会领域立法，全面建设法治政府，努力建设最安全稳定、最公平公正、法治环境最好的城市。

（五）完善建设文化强市政策体系，全面提升城市文化综合实力

深化全域文明创建体制机制改革，推进国际交流合作体制机制创新，弘扬以粤剧、龙舟、武术、醒狮为代表的岭南文化，扩大岭南文化的影响力和辐射力，努力提升城市国际品牌。在国有文化企业创新激励、国有文化资产监管、媒体融合、文艺人才培养、文艺生产扶持等方面推出一批新的突破性改革举措，推进商旅文融合发展，为建设社会主义现代化强国的城市范例提供重要支撑。

（六）推进城乡规划建设管理体制改革，全面提升综合城市功能

建立健全实现老城市新活力的规划设计机制，推进国土空间总体规划先行先试，开展面向2035年的历史文化名城保护规划修编，加快沙面、恩宁路等重点历史文化街区保护提升。创新城市建设投融资管理体制，推动城市更新立法，深入推进老旧小区微改造，完善旧城、旧厂、旧村更新改造和专业批发市场、物流园、村级工业园整治提升以及违法建设、黑臭水体、“散乱污”企业专项治理等9项重点工作相关政策体系和工作机制。推动城市管理综合执法重心下移、执法事项属地化管理，建立健全违法建设治理长效机制，构建新时代智慧交通管理体制，完善“互联网+交通”行业监管机制。制定实施乡村振兴战略规划，深入推进农业供给侧结构性改革和农村集体产权制度改革，完善城乡融合发展体制机制，引导城市资源加快向乡村流动，加大“粤菜师傅”工程政策支持力度，推动农业全面升级、农村全面进步、农民全面发展。

（七）深化生态文明体制改革，加快建设美丽广州

健全生态文明制度体系，推进绿色金融改革创新试验区建设，培育壮大高效节能装备、环保监测治理装备、节能环保服务等绿色产业，建立完善白云山、麓湖、越秀山“还绿于民”整治工作机制，推进海珠湿地、从化温泉地区保护提升政策创新，完善河长制、湖长制运行机制，坚决打赢大气治理攻坚战、黑臭水体剿灭战、净土保卫战。

（八）全面推进党的制度建设，为全面深化改革开放提供坚强政治保证

围绕坚定践行“两个维护”，把党的政治建设摆在首位，以改革创新精神落实新时代党的建设总要求和党的组织路线，深入推进党的建设制度改革和纪检监察体制改革。完善基层党组织“头雁”培育机制，优化党员发展教育管理工作机制，建立软弱涣散基层党组织常态化整顿机制，

推进支部标准化规范化建设，构建“党建引领、各方协同”的基层治理模式。建立领导班子运行状况和领导班子履职情况动态分析研判机制和信息收集集成机制，打破部门行业壁垒，推动干部跨界交流，锻造政治过硬、本领高强的干部队伍。健全党对反腐败工作领导的体制机制，完善市区巡察工作机制，探索成立派驻市管企业纪检监察机构，健全全面从严治党监督体系，健全扶贫协作监督执纪问责工作机制，构建整治群众身边不正之风和腐败问题的长效机制，巩固发展风清气正、干事创业的政治生态。

参考文献

习近平：《习近平谈治国理政》（第一卷），外文出版社，2018 年再版。

习近平：《习近平谈治国理政》（第二卷），外文出版社，2017。

中共中央宣传部：《习近平新时代中国特色社会主义思想三十讲》，学习出版社，2018。

习近平：《论坚持全面深化改革》，中央文献出版社，2018。

“广东改革开放史”课题组：《广东改革开放史（1978～2018 年）》，社会科学文献出版社，2018。

广州市统计局：历年《广州统计年鉴》。

《人民日报》、《求是》、《学习时报》、《南方日报》、《广州日报》及新华社相关材料。

B.3

改革开放40年广州国内消费市场发展历程及成效

广州市统计局贸易外经处课题组*

摘　要： 广州自古以来就是我国对外贸易重要口岸和华南地区商业中心。本文分析了改革开放40年广州国内消费品市场跨越发展的历程，总结了改革开放探索期、改革开放发展期、市场快速扩大期、市场巩固提升期四个发展阶段的主要特征。历经40年改革开放，广州批发零售业持续较快发展，住宿餐饮业持续繁荣，商业经济效益不断提高，商业社会效益成效明显，新业态、新动能快速成长，消费对全市经济发展的基础性作用日益增强。

关键词： 改革开放　消费市场　广州

广州在历史上是我国对外贸易重要口岸和华南地区商业中心。改革开放40年来，广州作为全国第一批改革开放城市，以“敢为天下先”的改革精神勇闯新路，凭借毗邻香港、澳门之利，紧抓历史机遇，以市场化改革激活发展动力，以商贸兴盛带动经济繁荣，广州批发零售业、住宿餐饮业发生了翻天覆地的巨大变化，国内消费品市场实现繁荣稳定发展。特别是党的十八大以后，广州以习近平新时代中国特色社会主义思想为指导，积极推动市场

* 课题组成员：肖穗华，广州市统计局贸易外经处处长；黄子晏，广州市统计局贸易外经处副处长；梁树佳，广州市统计局贸易外经处科长。执笔人：梁树佳。

高质量发展“走在前列”，全市消费结构不断升级，新产业、新业态、新模式等新动能快速成长，消费对经济发展的基础性作用日益增强，改革开放结出喜人硕果。

一　改革开放40年广州国内消费市场跨越发展

1978 年，党的十一届三中全会做出了改革开放的重大决策，确立以经济建设为中心的基本国策，开启了中国发展的新征程，为国内消费市场发展开辟了前所未有的广阔空间。改革开放 40 年来，广州认真贯彻落实党中央、国务院关于改革开放一系列的方针政策，国内消费品市场机制日趋完善，商品经济日益繁荣，市场规模不断扩大，各类商品品种丰富、数量充足，商品短缺和凭证供应的时代一去不复返，全市社会消费品零售总额持续增长。

改革开放 40 年，广州国内消费品市场实现跨越发展，反映消费品市场发展水平与规模的统计指标——社会消费品零售总额（以下简称“社零总额”），2018 年为 9256. 19 亿元[①]，增长 590. 6 倍[②]，1979 ~2018 年年均增长 17. 3%；广州社零总额自 1988 年起连续 31 年稳居全国主要城市第三位，仅次于上海和北京。

改革开放 40 年间，广州国内消费品市场实现大跨越发展，大致经历了如下四个阶段。

（一）改革开放探索发展阶段

1978 ~1991 年处于改革开放初期，是广州商业改革开放的探索发展阶段，消费品市场迅速恢复和蓬勃发展。

改革开放初期，我国还处于计划经济体制下，为改变物资匮乏的局面，国家缩小计划商品范围，允许国营、集体之外的社会其他经济成分兴办批发

① 本文中，2018 年各项指标数据均为初步数。

② 全市社零总额及相关指标的某一时期增长速度或年均增速，使用环比发展速度之连乘积计算法计算某一时期发展速度，即按该时期可比口径的各年增长速度为基础数据计算而得。

零售企业，扩大企业自主权，对大型餐饮服务企业全面推行经营责任制。该时期自行车、手表和缝纫机“三大件”成为广州居民家庭配置的时代标签，形成第一次消费转型升级。广州作为全国第一批改革开放城市，改革开放初期，广州商业利用中央赋予广东的特殊政策和灵活措施，解放思想，大胆改革，勇于开拓，凭借毗邻港澳等优势，从疏通商品流通渠道入手，改革用工制度，试行工资总额和经济效益挂钩，发展城乡集市贸易，鼓励各种经济成分办商业，广州商业经济体制由产品计划经济模式逐步向社会主义市场经济模式过渡，各类市场从恢复到蓬勃兴起，商品供应从匮乏到逐渐丰富，消费规模逐步扩大，全市社零总额实现从十亿水平向百亿台阶的飞跃。1988 年广州社零总额达到 130. 37 亿元；1991 年达到 170. 12 亿元，比 1978 年增长 8. 6 倍，1979 ~ 1991 年平均每年增长 19. 0% 。

（二）改革开放发展新阶段

1992 ~ 2000 年，是广州商业改革开放发展新阶段，广州消费品市场持续繁荣、高速发展，社零总额突破 1000 亿元大关。

1992 年邓小平同志“南方谈话”后，党的十四大提出建立社会主义市场经济体制，在放开搞活政策指导下，民营经济快速发展，多种经济成分并存格局为商品市场迅速发展奠定了基础。随着改革开放进程的不断深入，居民消费欲望极大地释放出来，彩电、冰箱、洗衣机、录音机、电风扇和照相机等商品供不应求，形成第二次消费转型升级。广州商业市场持续快速发展，社零总额从 1992 年的 200 亿元，1999 年突破 1000 亿元。2000 年全市社零总额达 1121. 13 亿元，比 1991 年增长 5. 2 倍，1992 ~ 2000 年年均增长 22. 6% 。

（三）市场快速扩大发展阶段

2001 ~ 2011 年，是广州自“入世”起的市场快速扩大发展阶段，消费品市场规模持续快速扩大，社零总额突破 5000 亿元大关。

2001 年 12 月 11 日，中国正式加入世界贸易组织，中国的产业对外开

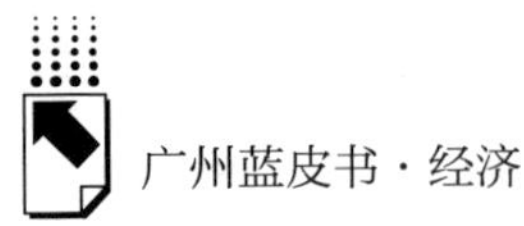

放进入了一个全新的阶段。广州抢抓机遇，加大招商引资力度、不断开拓城市和农村市场、规范市场秩序、加强市场信息化建设，消费品市场呈现快速稳步攀升发展态势。商品种类开始更加多样化，丰富多样的消费品进入千家万户，极大地满足了人们不同层次的生活需求，人们的消费观念发生转变，消费升级步伐加快，消费热点逐渐过渡到以汽车、通信产品等享受型商品为主，迎来第三次消费转型升级。广州社零总额在11年间，从1000亿元发展到2006年突破2000亿元，到2011年突破5000亿元大关。2011年，全市社零总额达5243.02亿元，比2000年增长3.7倍，2001～2011年年均增长15.1%。

（四）市场巩固提升发展阶段

党的十八大以来，广州认真贯彻以习近平同志为核心的党中央各项决策部署，实施一系列推进经济转型升级的新措施，贯彻落实中央稳增长、促消费的政策措施，积极推进供给侧结构性改革，有序推进质量变革、效率变革、动力变革，随着人民对美好生活的需要日益增长，网络消费迅速发展，个性化和多样化消费渐成主流，商业消费新模式、新业态不断涌现，广州消费品市场规模继续扩大，并保持稳中有进、稳中向好的良好发展态势。2018年，广州社零总额由2011年的5000多亿元发展到超过9000亿元，达9256.19亿元，2012～2018年年均增长11.2%。

改革开放40年间，广州社零总额1979～1991年、1992～2000年、2001～2011年、2012～2018年四个发展阶段均实现了较快的发展，年均增速分别达19.0%、22.6%、15.1%、11.2%。其中，批发零售业、住宿餐饮业零售额2018年比1978年分别增长600.7倍、829.1倍，1979～2018年年均增长分别为17.4%、18.3%，社零总额实现持续较快增长。

二　批发零售业持续较快发展

广州作为“千年商都”、中国第一批改革开放沿海城市，多次被评为

“福布斯中国大陆最佳商业城市”。改革开放40年来，广州批发零售业消费市场规模持续扩大，消费结构不断转型升级，对满足人民日益增长的美好生活需要起到重要作用。特别是党的十八大以来，随着改革开放政策进一步深化和供给侧结构性改革持续推进，商业新业态、新模式快速发展，广州国内市场发展的活力和后劲持续释放，消费成了广州经济迈向高质量发展的重要支撑。

（一）批零市场规模持续扩大，综合服务实力不断增强

1. 批零业单位总数和企业资产持续增长

改革开放后，随着消费环境的不断完善和消费品市场日趋活跃，广州批发零售业网点迅速扩张。至2007年末，全市批发零售业机构有3.37万个，网点总数35.76万个，从业人员84.84万人，分别为1978年的7.5倍、66.9倍、7.9倍。

2017年末，广州批发零售业法人单位数达11.24万个，比2004年增长2.8倍，年均增长10.8%。全市批发零售业产业活动单位数达12.48万个，比2004年增长2.4倍，年均增长9.9%。2017年，广州批发零售业产业活动单位数，与1978年全市批发零售业网点数（5344个）比较，增长22.4倍。

2017年末，广州限额以上批发零售业法人企业资产总计由2011年的5967.93亿元增加到10083.64亿元，2017年是2011年的1.7倍。其中，批发业为8225.14亿元，是2011年4995.50亿元的1.6倍；零售业为1858.50亿元，是2011年972.43亿元的1.9倍。

2. 批零业销售总额和零售额不断攀升

改革开放以来，广州批发零售业商品销售总额不断攀升，于1985年、1993年、2007年、2017年分别跨越100亿元、1000亿元、1万亿元和6万亿元大关。2017年，广州批发零售业实现商品销售总额6.22万亿元，比1978年增长891.9倍，1979~2017年实现年均增长19.0%。其中，2017年限额以上批发零售业外商投资企业商品销售总额1967.62亿元，比1999年增长89.4倍，实现年均28.4%的高速增长，占全市批发零售业商品销售总

额比重由 1999 年的 0.9% 增至 2017 年的 3.2%，提高 2.3 个百分点。

改革开放 40 年，广州批发零售业零售总额也实现节节攀升，于 1991 年、2003 年、2009 年、2012 年和 2017 年分别跨越 100 亿元、1000 亿元、3000 亿元、5000 亿元和 8000 亿元大关。2017 年，广州批发零售业实现零售额 8259.35 亿元，比 1978 年增长 556.6 倍，年均增长 17.6%，占全市社零总额比重由 1978 年的 84.2% 上升到 2017 年的 87.8%，提高 3.6 个百分点，成了全市消费品市场发展的最主要行业动力。其中，2017 年全市批发业零售额由 2012 年的 559.66 亿元增加到 1106.01 亿元，是 2012 年的 2.0 倍；零售业零售额由 2012 年的 4608.91 亿元增加到 7153.34 亿元，是 2012 年的 1.6 倍，批发、零售业零售额不断增长。

（二）传统商业历史辉煌，现正转型升级发展

1. 百货店超市等传统动能不断加快转型升级

改革开放后，广州实体零售业态创新一直走在全国前列。百货店、大中型超级市场、购物中心、专卖店、专业店等实体零售企业，曾经不断涌现，并快速发展，创造出骄人业绩，不仅给消费者提供了良好的销售服务，更成为市民休闲消费娱乐的重要场所。近年来，由于电子商务网上零售迅猛发展，各类有店铺零售业态均受到了不同程度的冲击，百货店、超市等传统动能正努力加快转型升级，经营情况有所好转。2017 年，从零售业态看，广州限额以上零售业中，专业店零售额为 1026.95 亿元，比 2016 年增长 1.5%，占社零总额的 10.9%；专卖店零售额为 849.55 亿元，比 2016 年增长 7.7%，占社零总额的 9.0%；百货店零售额为 248.33 亿元，比 2016 年下降 2.6%，占社零总额的 2.6%；大型超市零售额为 204.93 亿元，比 2016 年增长 3.2%，占社零总额的 2.2%。

2. 商品交易市场快速发展，辐射能力不断增强

改革开放 40 年，作为中国重要商品集散地的广州商品交易市场快速发展，并不断转型升级。1979 年，全市商品交易市场是以自发形成、简易、低端的集贸市场为主，商品交易市场有 141 个，年成交额达 1.27 亿元。

2007年，全市商品交易市场数为1201个，成交额达1649.09亿元，比1979年分别增长7.5倍和1297.5倍。据市工商局统计，2016年，广州商品交易市场有1715个，比1979年增长11.2倍，比2007年增长42.8%①。

2017年，广州亿元以上商品交易市场有127个，摊位出租率达80.8%；出租摊位数8.24万个，比2007年增长34.3%；总成交额达1991.29亿元，比2007年增长36.4%，与1979年全市商品交易市场成交额（1.27亿元）相比增长1564.4倍。2017年，广州成交额超10亿元的商品交易市场有34家。其中成交额超100亿元的商品交易市场有海珠区中大布匹市场、江南果菜批发市场、圣地狮岭（国际）皮革皮具城3家。广州商品交易市场的商品集散辐射作用不断扩大。

目前，广州已经形成批发与零售相依托、多种经济成分共存、以展贸为主的商品交易市场体系，具有专业化程度较高、门类齐全、吞吐量大、辐射范围广以及内外贸结合、综合性与专业性齐发展等优势和特点。面对网上销售冲击和市场日益激烈的竞争，广州不少专业市场已经逐步转型升级，一些专业市场正努力向电商化、研发化、国际化、体验化、园区化等方向转型升级发展。

3. 批零连锁企业较快发展，现代化水平不断提高

被称为“现代流通革命”的连锁经营，是体现社会化大生产的现代流通方式，是现代流通业的发展主流和商业领域最具活力的业态。广州，于1993年起兴办各种连锁店、引入国外连锁营销方式，是我国发展连锁经营起步较早、发展较快的城市。广州连锁商业总体发展水平一直在全国处于靠前的位置。进入21世纪，广州连锁经营发展成为商业服务行业主要的经营方式和企业组织形式，连锁经营市场规模不断扩大，有力地推动了流通产业现代化。近年来，广州一些大型批发零售连锁企业面对网上零售的冲击，纷纷涉足电子商务，努力拓展企业发展空间，部分企业已经取得了初步成效。2017年，广州限额以上批发零售业连锁总店有108家，门店总数6500个；销

---

① 广州市工商行政管理局没有进行2017年商品交易市场统计。

售总额为1516.18亿元，零售额为1183.81亿元，比2007年分别增长59.0%和79.9%。其中，零售业连锁总店有95家，门店总数有5897个；销售总额为1454.41亿元，零售额为1172.75亿元，比2007年分别增长53.2%和78.6%。

（三）新业态新模式不断涌现，新动能快速增长

1. 网上销售迅猛发展

近年来，随着"互联网+"电子商务的迅猛发展、消费群体结构的变化、消费观念的转变、生活节奏的加快和信息化水平的提高，网上销售这一新零售业态蓬勃发展，成为拉动商业经济增长的新动力。京东商城华南总部、天猫超市等大型电商总部企业相继落户广州，在龙头电商企业的强力支撑下，全市网上商品销售保持快速发展。2017年，广州限额以上网上商店实现零售额786.68亿元，比2016年增长19.3%，占社零总额的8.4%；2013~2017年年均增长39.7%。2017年，广州限额以上批发零售业企业通过公共网络实现的零售额993.09亿元，占限上批发零售业企业零售额比重由2014年的16.1%升至26.3%，提高10.2个百分点。

2. 城市商业综合体不断涌现

近年来，广州城市商业综合体作为一种蓬勃发展的适应现代社会的新型商业模式，集购物、餐饮、休闲、娱乐、游艺、教育等多种功能于一体，形成方便、快捷、经济的综合消费空间，改变了消费者传统的购物方式、生活方式，提升了城市的整体品位。2017年末，广州纳入统计监测的城市商业综合体有19个，商户数共计3119家。2017年，实现租金收入26.24亿元，商户实现销售额（营业额）217.48亿元，比2016年分别增长6.1%和7.5%，运营效率不断提高；接待总客流量3.57亿人次，比2016年成倍增长。城市商业综合体的快速发展成为拉动商贸发展的"新名片"。

三 住宿餐饮业持续繁荣

"食在广州"闻名遐迩，广州作为"美食之都"、全国重点旅游城市，

改革开放40年来发展迅速，成为宾馆酒店业发达地、粤菜发展集聚地和世界各地美食、中国名菜小吃汇集地，被国家旅游局、中国烹饪协会、世界中国烹饪联合会分别授予“中国优秀旅游城市”“食在广州——中国美食之都”和“国际美食之都”荣誉称号。广州住宿餐饮业零售额一直稳居全国城市前列（2017年以1143.24亿元零售额居全国城市第一位），住宿餐饮市场持续兴旺。

（一）住餐市场规模持续扩大，综合服务实力显著增强

1. 住餐业单位总数和企业资本积累持续扩大

改革开放以来，广州住宿餐饮企业数量持续较快增长。至2007年末，全市餐饮业机构2106个，网点总数2.92万个，从业人员17.77万人，分别为1978年的2.8倍、27.0倍、4.6倍。

2017年末，广州住宿餐饮业法人单位数达7471个，比2004年增长2.1倍，年均增长9.0%。其中，住宿业2387个，餐饮业5084个，分别比2004年增长2.5倍和1.9倍，年均分别增长10.0%和8.6%。全市住宿餐饮业产业活动单位数9231个，比2004年增长2.1倍，年均增长9.0%。其中，住宿业2675个，餐饮业6556个，比2004年分别增长2.2倍和2.0倍，年均分别增长9.4%和8.9%。2017年末，广州餐饮业产业活动单位数若与1978年全市餐饮业网点数（1083个）比较，增长5.1倍；住宿业法人单位数若与1988年全市旅馆业机构数（1796个）比较，增长32.9%。

2017年末，广州限额以上住宿餐饮业法人企业资产总计由2011年的397.72亿元增加到562.83亿元，增加165.11亿元，2017年是2011年的1.4倍。其中，住宿业为384.06亿元，是2011年293.47亿元的1.3倍；餐饮业为178.77亿元，是2011年104.24亿元的1.7倍。

2. 住餐业营业额和零售额持续快速增长

2017年，广州住宿餐饮业营业额为1426.39亿元，比2011年增长82.5%，2012~2017年年均增长10.5%。其中，住宿业为251.92亿元，餐饮业为1174.47亿元，分别比2011年增长58.7%和88.2%，2012~2017年

年均分别增长8.0%和11.1%。

改革开放以来，广州住宿餐饮业零售额不断攀升，于1996年、2010年、2015年分别跨越100亿元、500亿元、1000亿元大关。2017年，全市住宿餐饮业零售额1143.24亿元，比1978年增长783.6倍，年均增长18.6%，占全市社零总额的12.2%，比1978年的9.2%提高了3个百分点。其中，2017年全市餐饮业零售额为1060.60亿元，是1978年的654.7倍，占全市社零总额的11.3%。

3. 住餐业连锁经营不断壮大

连锁经营是现代商贸经济中最具活力的经营组织方式和商业领域主导业态。广州住宿餐饮业连锁经营，自20世纪90年代开始发展，由少到多、从小到大，逐步发展壮大起来。近十年来，广州住宿餐饮业连锁经营规模进一步扩大，呈现连锁门店总数、销售总额、零售额不断增长之势。2017年，全市限额以上住宿餐饮业连锁总店有27家；门店总数2269个，销售总额162.05亿元，零售额147.58亿元，比2007年分别增长2.8倍、2.3倍和2.0倍。其中，餐饮业连锁总店有20家；门店总数2130个，销售总额为147.59亿元，零售额为147.49亿元，比2007年分别增长2.6倍、2.0倍和2.0倍。住宿业连锁总店有7家，门店总数139个，销售总额为14.46亿元，比2007年分别增长2.5倍、22.2倍和90.3倍。

4. 住餐网上订单服务快速增长

近年来，随着“互联网+”应用深入各行各业，广州住宿餐饮业使用网上订单渐成趋势，市场份额不断提高。2017年，全市限上住宿餐饮业通过公共网络实现的餐费收入由2014年的5.13亿元增加到12.50亿元，占限上住宿餐饮业餐费收入比重由2014年的1.8%升至2017年的4.1%，提高了2.3个百分点。全市限额以上住宿餐饮业通过公共网络实现的客房收入9.79亿元，占限上住宿餐饮业客房收入比重由2014年的11.6%升至2017年的12.2%，提高了0.6个百分点。

5. 快捷便利的餐饮市场份额超过正餐

近年来，都市人生活节奏加快，餐饮消费追求快捷便利、个性化服务。

据限额以上餐饮业法人企业统计，2017 年，全市正餐服务法人企业营业额 138.98 亿元，占比为 47.4%，比重比 2016 年下降 0.7 个百分点。快餐服务、饮料及冷饮服务、其他餐饮服务三类营业额合计占全市限上餐饮业法人企业营业额比重为 52.6%，比重比 2016 年上升 0.7 个百分点，超过正餐份额（47.4%）；这三类餐饮服务快速发展，得益于人们生活水平的不断提高和休闲消费意识的增强，由此带动了快餐店、茶馆、咖啡馆、酒吧等餐饮服务增长。

（二）住餐服务丰富多彩，服务质量不断提高

1. “食在广州”

改革开放促进“食在广州”在更高层次上的发展，不仅有量的增加，还有质的提高。从 1980 年至 1990 年，广州不仅恢复了文昌鸡、太爷鸡、佛跳墙、满汉全席等传统“招牌菜”，还创新了一大批有特色的新“粤菜”。近年来，广州餐饮更趋多元化，除了各地餐馆在广州落户，粤菜本身也不断变化、创新，既有继承传统并“发扬光大”的，也有集百家之长不断“推陈出新”的。广州人的包容，为外地菜提供了生存和发展的空间。改革开放以来，国内的各大名菜如湘、鲁、川、京、淮扬、潮州、客家等菜系纷纷进入广州餐饮市场。西餐酒廊、日本料理、法国菜、韩国菜、东南亚风味、中西快餐等在羊城争好斗美，丰富了广州饮食文化的内涵，给“食在广州”增添了新的活力。今天的广州，形成了中外各种菜系并存共生的多层次、多元化的经营格局，成为粤菜发展集聚地和世界各地美食、中国名菜小吃汇集地，广州饮食文化丰富多样，满足了广大市民和中外游客的不同需求，“食在广州”闻名遐迩。

2. “住在广州”

改革开放以来，尤其是近年来，广州宾馆（酒店）接待能力稳步提高，为全市社会、经济发展和商务服务繁荣发展提供有力保障。2017 年末，广州经国家旅游部门评定为星级酒店的有 180 家，比 1989 年（37 家）增加 143 家，增长 3.9 倍。其中，五星级由 1989 年的 0 家增至 22 家；四星级由

1989年的1家增至34家；三星级由1989年的9家增至105家。广州宾馆酒店业发展和服务水平继续居我国领先地位。

四 商业经济效益不断提高

1983年广州市区国营商业和供销社经济效益主要指标统计资料显示①，广州商品销售总额为64.31亿元，商品经营利润为1.36亿元，经营利润率为2.69%，全部企业利润总额为2.00亿元，商业企业每职工销货额为6.37万元。

随着改革开放不断深入，广州商业不断进行经济管理体制改革、加强企业经营管理，国内商业经济效益和社会效益不断提高。2011年，广州限额以上批发和零售业企业主营业务收入从2000年的1347.98亿元②增加到16219.95亿元，是2000年的12.0倍；营业利润从2000年的6.38亿元增加到344.02亿元，是2000年的53.9倍；利润总额从2000年的17.01亿元增加到345.45亿元，是2000年的20.3倍，经济效益指标实现持续较快增长。

党的十八大以来，广州批发零售业和住宿餐饮业在错综复杂的国内外经济形势和经济下行压力下，积极推进供给侧结构性改革，有序推进质量变革、效率变革、动力变革，全市商业经济效益和社会效益实现双提升。

2017年，全市实现限额以上批发零售和住宿餐饮业法人企业营业收入26115.16亿元，主营业务税金及附加68.10亿元，营业利润为531.05亿元，利润总额为570.10亿元，分别是2011年的1.6倍、1.4倍、1.5倍和1.6倍；利润率由2011年的2.17%升至2.18%，提高0.01个百分点；营业利润比2016年增长23.6%，营业利润率（2.2%）比2016年提高0.2个百分点，商业经济效益不断提高。

---

① 1983年广州市统计局开展国营商业和供销社经济效益主要指标统计。

② 2000年该指标为商品销售收入净额。

2017 年，全市实现限额以上批发零售业法人企业营业收入 25716.72 亿元，主营业务税金及附加 64.68 亿元，营业利润为 510.76 亿元，利润总额 547.49 亿元，分别是 2011 年的 1.6 倍、2.2 倍、1.5 倍和 1.6 倍；利润率由 2011 年的 2.12% 升至 2.13%，提高 0.01 个百分点。

2017 年，全市实现限额以上住宿餐饮业法人企业营业收入 398.44 亿元，营业利润为 20.29 亿元，利润总额为 22.61 亿元，分别是 2011 年的 1.2 倍、0.9 倍和 1.4 倍；利润率由 2011 年的 4.83% 升至 5.67%，提高 0.84 个百分点。

五　商业社会效益成效明显

（一）批零业和住餐业增加值占全市份额持续提高，商业成为广州国民经济发展的重要行业

改革开放 40 年来，连接生产和消费市场主体的批发零售业和住宿餐饮业持续较快发展，继续成为国民经济中的重要行业，消费作为拉动经济增长的三驾马车之一，对经济增长的贡献不断提高，充分发挥了“稳定器”和“压舱石”作用。2017 年，广州批发零售业和住宿餐饮业完成增加值 3588.87 亿元，是 2007 年的 4.1 倍，占全市 GDP 比重由 2007 年的 12.3% 增加到 16.7%，提高 4.4 个百分点。其中，批发零售业增加值为 3155.81 亿元，住宿餐饮业增加值为 433.05 亿元，分别是 2007 年的 4.6 倍和 2.3 倍，占全市 GDP 比重分别为 14.7% 和 2.0%。2017 年批发零售业增加值占全市 GDP 比重比 2007 年（9.7%）提高 5.0 个百分点。

（二）持续为社会贡献大量税收，是地方财政收入的重要来源

2017 年，广州批发零售业和住宿餐饮业税收收入（不含海关代征税）为 590.00 亿元，比 2012 年增长 64.0%（增速比同期全市税收收入增速高 23.4 个百分点），占全市税收收入比重为 11.4%，比 2012 年提高 1.6 个百

分点。其中，批发零售业税收收入（不含海关代征税）为564.52亿元，比2012年增长1.3倍。

（三）为社会创造大量就业机会，从业人员工资不断提高

批发零售业、住宿餐饮业作为劳动密集型产业，解决了大量的劳动力就业问题。随着广州商贸业的持续发展，吸纳就业能力不断增强，从业人员工资收入实现不断提高。2017年末，广州批发零售和住宿餐饮业全社会从业人员222.65万人，比2007年增长68.7%（增速比同期全市全社会从业人员增速高38.8个百分点），占全市全社会从业人员比重25.8%，比2007年（19.9%）提高5.9个百分点。2017年，广州批发零售业、住宿餐饮业的城镇非私营单位在岗职工年平均工资分别为80276元和53846元，比2011年分别增长59.6%和84.1%。

（四）促进生产、消费、投资、进出口发展和城市功能完善，是对外开放中“开风气之先”之“窗口”

批发零售和住宿餐饮业作为沟通生产与消费的桥梁和纽带、旅游业“食、住、购、游”重要组成部分，它不仅在促进工农业生产和市民消费上做出巨大贡献，而且在促进广州城市建设和城市功能完善、促进外贸进出口、利用外资、固定资产投资等方面，特别是在对外开放中“开风气之先”，为社会贡献良多。例如，利用外资建成的白天鹅宾馆、中国大酒店等，在改革开放初期就是“让世界了解中国、了解广州”的改革开放之“窗口”，并为推动我国旅游业大发展、服务水准大幅提升做出了较大贡献。2017年广州限额以上批发零售业法人单位实现进出口额2172.39亿元，进口额1332.42亿元、出口额839.97亿元，占全市商品进出口相应总值的比重分别达22.4%、34.0%、14.5%。2017年广州批发零售和住宿餐饮业完成外商直接投资项目1579个，合同外资金额12.71亿美元，实际使用外资金额3.97亿美元，占全市外商直接投资比重分别达64.2%、9.5%和6.3%。

（五）促进旅游、会展、物流、快递等相关行业发展，行业带动作用十分明显

1. 促进旅游业繁荣兴旺

改革开放以来，广州旅游业“食、住、行、游、购、娱”六大要素综合接待能力不断增强，随着广州批发零售业和住宿餐饮业不断发展、旅游产品多样性不断提高和旅游市场环境日趋改善，广州“千年商都”发展日新月异，广州实际上就是一个魅力四射的特超级“旅游城”，吸引了越来越多的国内外游客来穗经商、办展览、参加会议和观光旅游。2017 年，广州城市接待国内外游客总人数稳居国内大城市前列，旅游接待总人数达 2. 04 亿人次，其中接待过夜入境旅游者人数 900. 48 万人次（仅次于深圳名列全国第二位）。2017 年广州旅游业总收入 3614. 21 亿元，比 2000 年增长 7. 7 倍，年均增速达 13. 6%；旅游外汇收入 63. 14 亿美元（居全国城市第二位），比 2000 年增长 3. 2 倍，年均增速为 8. 8%。

2. 促进会展业稳步发展

广州是会展之都，作为第三大“中国最具竞争力会展城市”的广州，遍布全市的宾馆酒店是广州开展会展活动的重要场所，广州优良的购物、住宿、餐饮环境更是吸引客商来穗参加会展活动、促进会展业持续发展的重要因素。2017 年，广州发生会展活动的企业（单位）数 426 家，其中宾馆酒店 168 家，占 39. 4%；全市会展活动营业收入为 92. 47 亿元，其中宾馆酒店 10. 96 亿元，占 11. 9%。全市举办市内各类展览 727 场次、接待国内外的展览活动人员 1503. 91 万人次，其中宾馆酒店举办各类展览 359 场次、接待展览活动人员 12. 72 万人次，占比分别为 49. 4%、0. 8%。全市接待会议 5. 54 万场次、接待参会人员 520. 80 万人次，其中宾馆酒店接待会议 5. 26 万场次、接待参会人员 450. 78 万人次，占比分别高达 94. 9%、86. 6%。

3. 促进物流业持续发展

广州商贸业持续较快发展，商流带动了物流、人流、资金流，促进了物流业的不断发展。2017 年，广州物流业实现增加值 1665. 18 亿元，比 2016

年增长 6.0%，占全市国内生产总值的比重为 7.7%。其中，批发零售业直接为物流业实现的增加值 568.68 亿元，占全市国内生产总值的 2.6%，占全市物流业增加值的 34.2%。

4. 促进快递业快速发展

近年来，网上销售快速增长，带动快递业务持续快速发展。2017 年广州快递业务量为 39.33 亿件，比 2016 年增长 37.2%，2013 ~ 2017 年年均增长 49.1%。

纵观改革开放 40 年，羊城“千年商都”换新颜。广州消费品市场在改革开放的进程中，不断实现市场跨越式发展、历史性突破，批发零售业、住宿餐饮业消费市场规模持续扩大，消费结构不断升级，对满足人民日益增长的美好生活需要起到重要作用。

参考文献

广州市统计局：《广州统计年鉴》（1979 ~ 2018 年），http：//www.gzstats.gov.cn/gzstats/tjsj_ tjnj/list.shtml。

B.4

改革开放40年广州外经贸发展历程和成效

高 巍 周晓雯*

摘 要： 广州作为我国最早对外通商贸易口岸，长期处于对外开放的前沿。改革开放40年，广州积极运用国家赋予的先行先试政策，充分发挥毗邻港澳、华侨众多等区位优势，以“优进优出、高质高效”为目标，加速国际市场布局，着力培育外贸新动能，积极推动外资进入，拓宽对外经济合作范围，外经贸发展成绩斐然。

关键词： 改革开放40年 外经贸 发展历程

广州作为我国最早对外通商贸易口岸、千年商都、国际商贸中心、“一带一路”枢纽城市，改革开放40年以来，肩负着“全国外贸改革探路”的重任。从初期的“外贸大包干”到近年的“创新驱动多元发展”，广州充分运用国家赋予的特殊政策和开放措施，极力发挥毗邻港澳、华侨众多等得天独厚的优势，以“优进优出、高质高效”为目标，借力“一带一路”政策和粤港澳大湾区建设东风，加速国际市场布局，着力培育外贸竞争新优势，不断壮大外贸新业态、新模式，推动外贸转型升级，增强外贸内生动力，加大吸引外商直接投资力度，提高利用外资质量和水平，积极拓宽对外经济合

* 高巍，广州市统计局贸易外经处副处长，研究方向为外经外贸统计；周晓雯，广州市商业调查队副队长，研究方向为外经外贸统计。

作领域，对外经贸活动呈现出强大生命力，外贸规模、利用外资持续提升，成绩斐然。

一 货物贸易跨越式发展，开放格局新亮点纷呈

党的十一届三中全会以来，中国的经济体制由高度集中的计划经济体制逐步过渡到具有中国特色社会主义市场经济体制，外贸体制随之进行了多次重大的改革，对外开放的广度和深度不断拓展，货物贸易总量不断攀升，成为拉动广州国民经济增长的重要生力军。

（一）货物贸易飞跃发展，贸易规模高速增长

改革开放40年来，广州作为改革开放的前沿地，依托国家赋予的特殊政策，大力促进外向型经济发展，贸易规模迅速扩大，外贸蓬勃发展。广州货物贸易出口值由1978年的1.34亿美元增长至1986年的6.04亿美元，1978～1986年出口总量累计为29.99亿美元，年均增幅为17.8%。1987年起外贸统计口径进行了调整，统计数据发生了较大变化。1987～2017年货物贸易进出口总量累计达16406.78亿美元，1988～2017年年均增幅为15.0%；其中，出口总量累计达8746.43亿美元，年均增幅为15.9%；进口总量累计达7660.35亿美元，年均增幅为14.0%（见图1）。根据外贸体制改革以及发展进程，广州外贸可分为四个阶段。

1. 第一阶段（1978～1992年）：先行先试，高速发展

改革开放初期，对外贸易实行出口承包经营责任制，鼓励出口创汇，兼顾扩大必需品的进口需求。广州先行先试，外贸迎来第一个高速发展期。1978年广州出口规模只有1.34亿美元，1987年出口规模已突破10亿美元大关。改革开放的第一个十年间，广州外贸出口年均增速高达20.5%，出口规模扩大是外贸主要的增长点。进口消费需求不断提升，1986年广州外贸进口总值达2.22亿美元，企业对海外市场以及人民对进口消费品的长期渴求，使进口贸易初具规模。

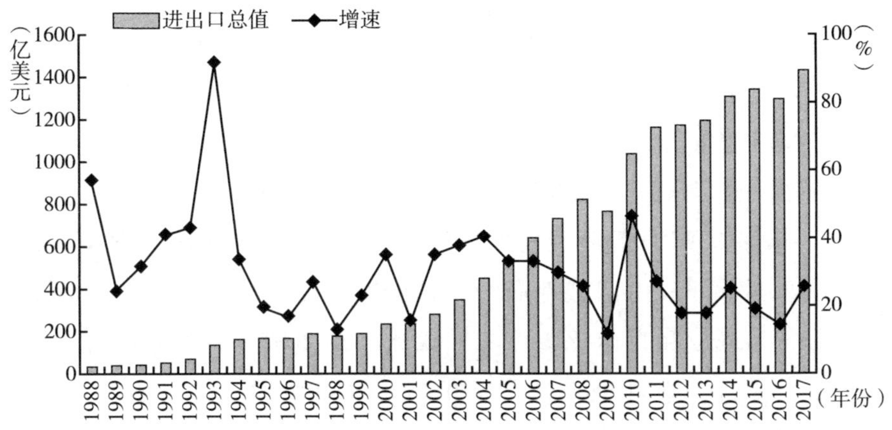

图1　1988～2017年广州商品进出口总值及增速

资料来源：广州市统计局，下同。

1987～1992年，广州受益于国家实施沿海外向型经济发展战略，积极推动外资进入，改革的政策红利为外贸发展注入新的活力，“两头在外，大进大出”的加工贸易蓬勃壮大，外贸发展势头迅猛，贸易规模持续扩大。1988～1992年，广州外贸进出口年均增速为26.7%。1987年，广州外贸出口总值为10.24亿美元，进口总值为11.47亿美元。进入1992年，广州外贸进出口总值超过70亿美元；其中，出口总值为36.87亿美元，进口总值为33.88亿美元，分别是1987年的3.6倍和3.0倍。

2. 第二阶段（1993～2001年）：借力外资，稳步发展

这一阶段实行入世前市场经济体制下有贸易自由化倾向的贸易政策。汇率并轨，取消外贸承包责任制，加大出口退税力度，降低进口关税，鼓励出口信贷等改革政策付诸实施，影响外贸发展的卡口被突破，外资争先进入，企业活力以及出口产品的竞争力增强，广州外贸呈现新的生机。1993年广州外贸进出口总值首次突破百亿美元大关，进口、出口总值均超过60亿美元，其中出口总值为64.49亿美元，进口总值为69.84亿美元。受贸易自由化的不确定性以及1997年亚洲金融危机的冲击等影响，这一阶段外贸进出口总量波动剧烈，增速有所放缓。1996年和1998年外贸进出口

分别下降 0.1% 和 4.6%。1993 ~ 2001 年广州外贸进出口年均增速为 13.6%，比 1988 ~ 1992 年年均增速回落较大，降幅为 13.1 个百分点。2001 年，广州外贸实现出口、进口平衡发展，出口、进口总值分别为 116.24 亿美元、114.13 亿美元，分别是 1992 年的 3.2 倍、3.4 倍。

3. 第三阶段（2002 ~2008年）：抓住机遇，跨越发展

2001 年加入 WTO 是我国对外开放的里程碑，进口关税和非关税壁垒大幅削减，对外开放由区域性向全方位转变，外贸发展进入新的历史时期。随着贸易开放和自由化程度不断深入，广州国有外贸企业加快转变经营方式，内资企业和个人从事进出口贸易意愿增强，外资大量涌入，加工贸易提振，对外贸易进入超高速发展期。入世七年，广州外贸总额从 2001 年的外贸进出口总值 230.37 亿美元增长到 2008 年的 818.73 亿美元，年均增速高达 19.9%，比上一阶段提升 6.3 个百分点。2008 年全市外贸出口总值为 429.26 亿美元，进口总值为 389.47 亿美元，分别是 2001 年的 3.7 倍和 3.4 倍。

4. 第四阶段（2009 ~2017年）：创新驱动，蓬勃发展

后 WTO 时代的经济全球化时期，面临着复杂多变的国内外环境，依赖加工贸易的增长模式不可持续，外贸步入新常态。广州紧抓“一带一路”和粤港澳大湾区建设机遇，加快推动产业结构优化，提高产业国际竞争力，积极培育新的外贸增长点，改善融资环境，提高贸易便利化水平，外贸营商环境持续优化，经营主体不断壮大，外贸实现蓬勃发展。2009 ~ 2017 年，广州外贸除 2009 年进出口总值未达到千亿美元（受 2008 年国际金融危机的影响）外，其余各年规模均超千亿美元。2009 ~ 2017 年，广州市外贸进出口年均增幅达 6.4%。2017 年，广州市外贸进出口规模创历史新高，达到 1432.50 亿美元；其中，出口总值 853.20 亿美元，进口总值 579.30 亿美元，分别是 2008 年的近 2.0 倍和 1.5 倍。

（二）贸易格局优化升级，外贸质量跃上新高

改革开放 40 年来，广州作为国家重要中心城市、国际商贸中心和综合

枢纽城市，坚持“以外经外贸为导向”的经济发展战略，大力促进外贸稳增长、提效益。广州外贸不仅在规模上实现由小到大的跨越，贸易结构也发生了巨大变化，质量和效益不断提升。

1. 出口产品结构不断优化，高新技术产品出口规模扩大

改革开放初期，广州出口商品以初级产品为主，20 世纪 80 年代逐步转变为以工业制成品为主。1985 年初级产品出口值占出口总值的比重 56.2%，1998 年占比大幅调减至 3.4%，而工业制成品比重由 1985 年的 43.8% 上升至 1998 年的 96.6%。

进入 21 世纪以来，以电子和信息技术为代表的机电产品和高新技术产品出口占比不断扩大。2008 年，广州出口机电产品 225.25 亿美元，占外贸出口总值的 52.5%，出口高新技术产品 74.76 亿美元，占外贸出口总值的 17.4%。随着“中国制造 2025”国家战略在广州落地生根，2017 年广州出口机电产品和高新技术产品分别高达 439.53 亿美元和 146.52 亿美元，占全市外贸出口总值比重分别为 51.5% 和 17.2%，两类商品的出口值在 2008 年的基础上均接近翻一番。2009～2017 年的九年间，广州机电产品和高新技术产品出口年均增速分别为 7.7% 和 7.8%，呈现持续向上的发展态势。

2. 进口商品稳步增长，产品结构更加优化

改革开放初期，国家鼓励出口创汇，兼顾有计划地进口初级产品和工业制成品，进口商品类别单一。20 世纪 90 年代，广州市场对原材料和机械设备的需求不断扩大，进口商品调整为以引进先进的技术设备和关键零部件为主。

进入 21 世纪，广州加快企业技术改造步伐，大力推进产业结构转型升级，先进技术设备、关键零部件以及能源资源类产品进口总量不断扩大。2008 年，广州机电产品进口值为 158.79 亿美元，高新技术产品进口值为 77.87 亿美元，分别占全市外贸进口总值的 40.8% 和 20.0%。2017 年，广州机电产品和高新技术产品的进口值分别为 254.16 亿美元和 158.56 亿美元，分别是 2008 年的 1.6 倍和 2.0 倍，两类商品的进口值分别占全市外贸

进口总值的43.9%和27.4%。2009～2017年的九年间，广州机电产品和高新技术产品进口值年均增幅分别为5.4%和8.2%。随着经济社会的发展，居民消费需求也在不断提升，广州消费品进口量实现大幅增长。2017年广州进口消费品达70.54亿美元，比上年增长14.2%，规模是2008年（32.29亿美元）的2.2倍；进口值占全市外贸进口总值的12.2%，成为拉动进口增长的新亮点。

3. 外贸方式持续优化，新兴业态增长迅猛

1988～2006年，广州贸易方式主要表现为低附加值的加工贸易，加工贸易进出口值占全市外贸进出口比重始终保持在第一位，1991年占比高达68.1%，除2006年占比为47.0%，其余各年占比均超过50%。

随着市场供给侧改革、企业不断提高质量和效益，从2007年起，广州一般贸易占比值快速提升，稳步超过加工贸易，牢牢占据广州各类贸易方式贸易值首位，2017年一般贸易的贸易值占比达45.3%。而加工贸易进出口增速放缓，贸易值占比逐年下降，由2007年的44.8%下降到2017年的28.2%。近年来，新兴业态蓬勃发展，市场采购、跨境电子商务、旅游购物等贸易方式成为广州外贸发展新的增长点。据海关统计，广州自2013年成为跨境电子商务试点城市以来，跨境电子商务进出口业务量连续四年领跑全国。2017年，广州跨境电子商务进出口值为33.40亿美元，对广州外贸增长的贡献度达到8.2%。2017年广州以旅游购物和市场采购贸易方式出口商品的出口值合计为245.50亿美元，占广州出口总值比重的28.8%，对广州出口增长的贡献度高达79.8%。

4. 贸易市场多元化，“一带一路”成果显著

改革开放初期，广州贸易伙伴国和地区主要有港澳、日本和东南亚，20世纪八九十年代，广州提出“发展港澳、主攻欧美、面向全球”的市场多元化出口战略，大力开拓拉美、中东、东欧、非洲和周边国家等市场，1997年出口国家和地区已达150多个。

迈入21世纪，广州在巩固和深耕传统市场的同时，继续加大对新兴市场的开拓力度，贸易伙伴不断增多，国际市场布局不断优化。2017年，与

广州有贸易往来的国家和地区数已达240多个，出口市场、进口市场分别超过240个、190个。近十年，欧盟、美国、东盟、日本、中国香港等传统贸易对象持续占据广州外贸的主要份额，2017年上述5个主要贸易伙伴的进出口贸易值占全市比重高达59.2%。其中2017年对欧盟、美国、日本、中国香港进出口值分别为213.24亿美元、183.94亿美元、137.79亿美元、130.20亿美元，比2008年分别增长44.6%、72.3%、31.1%、7.5%。近年来，新兴市场的进出口呈现快速发展的势头，尤其是2013年提出“一带一路”倡议以来，广州与白云机场航线网络覆盖的25个“一带一路”沿线国家和地区，进出口值从2013年的264.74亿美元增长至2017年的379.54亿美元，年均增长7.5%，成为货物贸易发展的一大亮点。

5. 贸易经营主体不断壮大，外商投资和民营企业活力增强

改革开放以来，随着外贸经营准入政策放宽，外贸经营主体形成了国有、外资和民营企业共存的多元化格局。入世后特别是2004年过渡期结束后，进出口经营权审批制转为备案制，广州外向型企业数量以每年新增700多家的速度增长。2001年以来，外资企业贸易值始终占据各类企业首位，2001~2017年，广州外资企业贸易值年均增长10.2%。其中，2014年贸易值最高，达678.0亿美元。这期间，外资企业贸易值占广州对外贸易进出口比重基本处于40%~60%，2005年占比最高达60.3%，2017年占比最低，为43.0%。

随着支持中小企业开拓国际市场等一系列政策的出台，民营企业进出口规模快速扩大，占比显著提升，成为外贸增长主要的推动力。2017年民营企业进出口总值达597.29亿美元，是2001年的48.6倍，占广州外贸比重从2001年的5%上升到2017年的42.0%（见图2）。2001~2017年，民营企业进出口规模以及贸易值占广州外贸进出口比重均呈现逐年上升趋势，贸易值年均增长高达29.4%。

而国有企业进出口呈现平缓发展的态势，2010年至今基本维持在200亿美元以上的规模。2001~2017年贸易值年均增长4.1%，国有企业进出口值占广州外贸进出口的比重逐年收窄，2017年占比缩窄至15%。

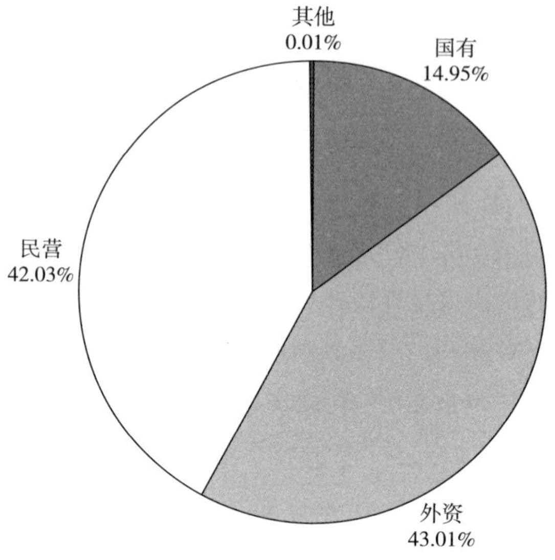

图2　2017年广州外贸经营主体占比情况

二　服务贸易创新发展，成为对外贸易增长新引擎

改革开放40年是持续推进服务业开放和服务贸易发展的40年。近年来，随着服务业特别是生产型服务业开放力度不断加大，广州专业服务领域国际竞争力不断提高，服务进出口稳步发展，行业结构持续优化，高质量发展特征逐步显现，服务贸易规模不断扩大，2016～2017年服务贸易总量连续两年位居全国第四。

（一）服务进出口规模呈现增长态势

自2006年广州建立服务贸易国际收支统计以来，广州服务贸易国际收支总额从2006年的68.9亿美元增加到2013年的596.21亿美元，增长了7.7倍，占对外贸易额的比重也在逐年提升，2013年达到33.3%。2014～2015年，广州服务贸易的统计口径进行了调整，进出口总量发生了较大的变化，占对外贸易额的比重也随之下调，两年间服务贸易占对外贸易额的比重基本维持在16.7%。从2016年起，全国统一执行国家商务部关于服务贸易的统计方法制度，广州服务贸易实现持续快速增长，2017年服务进出口总值达到459.49亿美元，比上年增长21.0%，占全市对外贸易比重为24.2%，与2016年比较，占比提高了1.6个百分点。

（二）服务贸易结构不断优化升级

入世初期，广州服务贸易以旅行、运输和建筑等传统服务为主。随着服务业的迅速发展和对外开放的不断深入，以技术、品牌、质量和服务为核心的新兴服务不断涌现，金融保险服务、电信计算机和信息服务、个人文娱服务等新兴服务领域发展迅速。近年来，广州以国家服务贸易创新发展试点为契机，积极创新服务贸易发展模式，2016～2017年，广州新兴服务进出口总额累计达到313.69亿美元，占两年间服务贸易总额的37.4%。2017年，新兴服务进出口规模为188.29亿美元，比上年增长50.2%，占比达41.2%。

三　对外经济发展良好，利用外资成效显著

改革开放以来，广州充分利用自身的区位优势，不断完善吸引外资的软硬环境，推动利用外资高速发展。1979～2017年，外商直接投资（以下简称FDI）项目累计已达3.12万个，FDI合同金额和实际使用外资金额累计分别达1411.63亿美元和873.57亿美元；1980～2017年年均分别增长20.1%和27.3%。利用外资是广州开放型经济的特色、优势和重要组成部分。

（一）利用外资快速发展，外商直接投资规模不断扩大

1. 酝酿起步阶段（1978～1992年）

1978年12月，党的十一届三中全会肯定了积极利用外资为中国对外开

放国策的重要组成部分，广州随之开启了利用外资的进程，当年签订2宗外商来料加工项目，合同外资金额53万美元。1979～1992年累计实现FDI实际使用外资金额19.48亿美元，年均增长规模约1.39亿美元，其中制造业和房地产业分别占比54.3%和25.5%，是吸引外资的主要行业。改革开放初期，广州市FDI实际使用外资规模较小，资金来源主要是香港地区，且投资项目主要集中在房地产业。1984年，广州FDI实际使用外资规模达1.30亿美元，开始实现较大突破，中后期资金来源地和行业分布范围均有所扩大，投资的主要行业有所调整，从房地产业转移到制造业。1991年FDI项目突破500个，合同外资金额突破7亿美元，实际使用外资金额是1979年的157倍。

2. 盘整推进阶段（1993～2001年）

邓小平南方谈话后，广州市加快了利用外资的前进步伐。1993年FDI实际使用外资金额首次突破10亿美元，1995年FDI实际使用外资金额超出了第一阶段（1978～1992年）总和。这9年间FDI实际使用外资金额年均增速达20.2%，且仍以制造业和房地产业为主，累计金额分别占总和的48.5%和33.2%，资金来源地仍以港澳台为主，但已有欧美日等地的公司来华投资。在中后期受内、外部经济环境变化等多重因素影响，FDI仍保持增长，但增速有所放缓。广州市结合实际情况，及时调整引资重点、优化资金及项目等布局，积极引进美、德、日等国的大公司，不遗余力地改善投资大环境。1999年来自美国、德国和日本的投资金额已超过中国的澳门和台湾，仅次于中国香港。

3. 深入发展新阶段（2002年至今）

以加入世界贸易组织为标志，广州抓住机遇，全面参与到经济全球化进程中。2002～2017年，FDI项目累计实现1.87万个，年均增长8.4%；FDI实际使用外资金额累计达636.61亿美元，年均增长11.1%。2017年，广州批准设立FDI项目2459个，FDI合同外资金额为133.91亿美元，FDI实际使用外资金额为62.89亿美元，分别为2002年的3.2倍、4.4倍、2.8倍。随着服务领域日益开放，第三产业FDI实际使用外资金额保持快速增长，第

一、第二、第三产业 FDI 实际使用外资金额的比重从 2002 年的 0.2∶57.4∶42.4 发展到 2017 年的 0.4∶15.6∶84.0。从近年广州招商引资的项目来看，广州产业项目由原来的一般性产业向先进制造业和高端服务业不断发展，产业体系向价值链高端攀升（见表 1）。

表 1　近五年广州外商直接投资情况

年份	项目（企业）个数（个）	增速（%）	合同外资金额（亿美元）	增速（%）	实际使用外资金额（亿美元）	增速（%）
2013	1092	-0.3	71.14	4.6	48.04	5.0
2014	1155	5.8	80.40	13.0	51.07	6.3
2015	1429	23.7	83.63	4.0	54.16	6.1
2016	1757	23.0	99.01	18.4	57.01	5.3
2017	2459	40.0	133.91	35.3	62.89	10.3

（二）外商直接投资方式从“合作”“合资”向“独资”演变

从 1979 ~ 2017 年广州市外商直接投资发展情况来看，利用外资方式上呈现从“合作”“合资”到“独资”演变的趋势，FDI 项目从 1979 年的 7 个增长至 2017 年的 2459 个，从 1979 年只有合作企业，到 1982 年开始出现合资企业，1988 年出现外资企业。2002 年外资企业 FDI 实际使用外资金额占全市 FDI 实际使用外资金额的 43.9%，“独资”首次成为最大的外商直接投资方式。2004 ~ 2015 年，外资企业一直占主导地位，比重均在 58% 以上。2007 年，外资企业比重甚至达到 77.6%。1979 ~ 2017 年，全市累计实现 FDI 项目 31185 个，其中合资企业 6123 个、合作企业 5719 个、外资企业 19326 个；实际使用外资金额累计 873.57 亿美元，其中合资企业 204.41 亿美元、合作企业 179.82 亿美元、外资企业 429.57 亿美元，三者的比重分别为 23.4%、20.6% 和 49.2%。

（三）利用外资产业结构不断调整，投资领域扩大

改革开放初期，外商投资以房地产为主的第三产业比重高于第二产业。

20 世纪 80 年代末开始，外商投资逐步覆盖第三产业中的交通运输仓储、批发和零售业、金融业、租赁商务服务业以及信息传输、计算机服务和软件业等各大行业。1990 ~ 2006 年外商主要投资以制造业为主的第二产业，2007 ~2017年第三产业飞速发展，外商投资第三产业比重逐步提升，2017 年第三产业 FDI 实际使用外资金额占全市 FDI 实际使用外资金额的比重达 84.0%，与第二产业比重的差距不断拉大，差距已从 2007 年的 26.4 个百分点扩大到 2017 年的 68.4 个百分点，现代服务业呈现出旺盛的生命力，已成为广州服务业利用外资的重要组成部分。

按照国民经济行业划分，制造业一直是吸引外资规模最大的行业，1979 ~ 2017 年制造业的 FDI 实际使用外资金额累计 346.55 亿美元，占合计累计数的 39.7%；房地产业是吸引外资第二大产业，1979 ~ 2017 年累计 236.30 亿美元，占合计累计数的 27.1%。从近 10 年（2008 ~ 2017 年）FDI 实际使用外资金额情况看，累计吸引资金规模最大的仍是制造业，占比 30.6%；其次是房地产业，占比 24.4%；第三位是信息传输、计算机服务和软件业，占比 12.6%。近两年以移动互联网、智能终端、大数据和云计算等为代表的新一代信息技术产业，正推动软件与信息技术服务行业协同创新发展，2016 年和 2017 年分别占比 52.1% 和 31.0%，比重较 2015 年分别大幅提高 47.5 个和 26.3 个百分点。

（四）投资来源更多元化，“港资”仍居首位

改革开放以来，广州利用外资的来源地不断变化。1979 ~ 2017 年，FDI 实际使用外资金额最大的来源地是香港地区，累计 FDI 实际使用外资金额 526.48 亿美元，占全市总额的 60.3%。香港是广州市外资资金的主要来源地，在占全市 FDI 实际使用外资金额比重最低的 2007 年仍然达 32.8%，仅次于英属维尔京群岛的 45.9%，其他年份均牢牢居于资金来源地之首。2017 年，来源于香港的 FDI 项目有 940 个，实际使用外资金额达 51.80 亿美元，分别是 2012 年的 1.3 倍和 2.2 倍，是 2007 年的 1.8 倍和 4.8 倍，规模不断扩大。FDI 实际使用外资金额居第二位的资金来源地是 2000 年开

始投资广州的英属维尔京群岛，18 年间（2000～2017 年）FDI 实际使用外资金额累计 102.77 亿美元，占全市总额的 11.8%。其后主要来源地分别是日本、新加坡、韩国、美国、中国台湾、英国，这六个国家和地区 1979～2017 年 FDI 实际使用外资金额累计共 136.72 亿美元，占全市总额的 15.7%。

四　经济合作国际竞争力日益增强，合作领域不断拓展

近年来，广州积极为企业提供优质服务，支持企业做大做强，推动企业开拓国际市场，抢抓先机，扩大规模，不断拓展外经合作领域，努力实现海外业务多元化，大力促进对外承包工程、对外劳务合作、对外投资的发展。

（一）外经企业国际竞争力日益增强

“走出去”战略的实施，推动了广州市境外投资企业的发展。2017 年，新增境外投资企业 149 家，中方投资额 25.97 亿美元。企业个数和资金比上年均有回落，但企业个数比 2012 年多 52 家，中方投资额是 2012 年的 5.5 倍。2017 年新增境外企业主要来自中国香港和美国，分别有 67 家和 19 家；当年新增中方投资额的投放重点在沙特阿拉伯，金额达到 10.40 亿美元，占全市的 40.0%。

（二）对外承包工程项目增多

2016 年[①]，广州市对外承包工程新签合同额 3.13 亿美元，完成营业额 2.71 亿美元，分别比 2012 年增长 58.9% 和 1.4 倍；以亚洲、非洲为主导市场，其中，马来西亚合同额、营业额分别为 1.84 亿美元、1.51 亿美元。

---

① 2017 年，对外承包工程资格取消，企业从事对外承包工程改为项目备案。关于对外承包工程备案信息及数据，省级商务主管部门才有权限在商务部系统查看，因此无法准确从市商务委获取 2017 年对外承包工程项目相关数据。

（三）外经合作领域不断扩大

2017 年，广州对外劳务合作新签合同额 5. 93 亿美元，完成营业额 3. 93 亿美元，比 2012 年分别增长 33. 1%、36. 1%；澳门、香港是其主要合作对象，合同额分别为 3. 75 亿美元、1. 50 亿美元；营业额分别为 2. 18 亿美元、1. 38 亿美元。2017 年，对外劳务合作派出人数 2. 05 万人次，年末在外人数达 3. 95 万人次。

参考文献

广州统计局：《广州统计年鉴 2018》，http：//www. gzstats. gov. cn/gzstats/tjsj_ tjnj/list. shtml。

广州市政府：《2019 年广州市政府工作报告》，http：//www. gz. gov. cn/gzgov/s2342/201901/be5844d3193b4202b704d152d46707ca. shtml？ from = timeline&isappinstalled = 0。

B.5
开发区模式与中国改革开放：实证分析与未来展望

李耀尧*

摘　要： 中国开发区是改革开放的产物，形成了特色鲜明的集聚发展模式，在经济体制、区域治理、机制创新方面展示了中国对外开放的逻辑特征，成为有效率的改革创新试验田、对外开放试验地、经济开发先行者、投资环境引领者。新时代开发区要推动改革开放再突围，从内生机制、集聚发展、创新发展等方面发力，探索中国改革开放范式创新。

关键词： 开发区　中国改革开放　模式创新

中国自1984年创办开发区至今，已经走过整整35年。继经济特区之后，作为中国改革开放第二梯队和试验田，国家级开发区大胆探索、勇于担当，在体制改革与对外开放中创造了可贵的中国经验，这已构成中国改革开放理论与实践的重要组成部分。

一　开发区模式：一个改革创新的探索框架

从区域发展视角看，中国经济体制改革大体区分为农村改革和城市改

* 李耀尧，广州开发区政策研究室主任，广东金融学院客座教授，中国高新区战略研究会高级研究员，广州高新区高质量发展研究院院长，广州知识城海丝研究院高级研究员、院长，经济学博士，研究方向为开发区运行机制、区域经济和产业经济。

革，其中城市改革涉及城市区域的体制机制、发展途径、增长模式等多方面，这包括以开发区为重点的制度变迁过程。

（一）开发区成熟型模式

比较世界范围内的功能区，开发区属于产业功能开发区（industrial development zone），有别于以技术创新为目标的科技园区。关于开发区的定义，目前并未统一规范，主要是指：为了实现某种的产业经济发展目标，通过政府主导、市场机制和各类经济主体行为，在所特定的区域内，实行有别于其他行政区的特殊经济政策以及相应的管理模式，发展前沿领域的先进产业、特殊产业以及创新产业，辐射、带动、促进本国或本地区经济社会发展的特定区域。开发区发展至今，开发建设模式基本趋于成熟。国家级开发区之所以成功，就在于开发区的空间集聚特征，因为空间集聚使得大量优势资源得以整合运用，从而产生高度集约集群效应。正因为如此，世界许多发达国家充分运用开发区模式，中国改革开放以来就突出用好开发区这个政策工具。从 20 世纪 80 年代到现在，中国国家级经济技术开发区数量达到 219 家、国家级高新技术产业开发区数量达到 146 家，再加上各类国家级功能区，开发区总数达到近千家，省级开发区达到几千家，在中国改革开放及创新发展中发挥了关键性作用。

（二）开发区制度性框架

开发区模式成功的关键在于开发区优越的体制机制框架创新。开发区制度性框架一般包括管理体制和管理机制两方面。从管理体制上看，绝大多数开发区自主创新、勇于探索，实行“小政府、大社会”模式，即按照社会主义市场经济体制改革取向，率先与国际接轨，探索实行不同于计划体制、以管理委员会为主的准政府型管理体制，享受市一级经济管理权限，不仅为自身发展提供了强大的制度动力，而且也推动了母城的经济管理体制改革和对外开放。从管理机制上看，开发区积极用好用足中央赋予的经济管理权限与扶持政策导向，通过先行先试，在各自权限范围内制定出台一批符合市场经济体制要求的亲商、招商、营商政策，构建起具有较强竞争力的政策环境优势。开发区许多体制机制不仅首开先河，而且复制推广到所在城市体制改革中，成为中国经济体制重要变革之源。

（三）开发区的运行机制

因为有了国家的政策支持，加上开发区先进的制度框架，使得开发区的运行机制更具活力。首先在开发建设模式上，国家级开发区创造与一般行政区不同的途径与办法，在土地规划与开发、产业布局与实施、城市规划与治理上予以创新，区域治理从单一产业功能区到产城融合发展，再到新时代创新城区的功能提升。例如在开发建设中，国家级开发区采用的是滚动发展方式，在特定区域内大力引进外商进行投资，发展特定产业，推动技术革新，充分利用外资发展工业及第三产业项目，探索出特定的开发区路径；采用“开发一片、建成一片、收益一片”的建设方式，使得开发区运营成本最低，实现资本大循环和综合收益最大化的目标。从发展历程看，首批 14 个国家级开发区在初始阶段完成对近 30 平方公里的土地开发，建成 500 多万平方米的厂房及生产配套、生活服务设施，营造出交通较为方便、水电通信有保障的生产经营条件。其次在产业建设模式上，开发区把集聚发展范式运用得非常成功，先后经历比较优势集聚阶段、竞争优势集聚阶段，正向创新优势集聚阶段转化，未来的重要发展方向是财富优势集聚阶段。开发区产业运行机制的阶段性变化参见图 1。

在图 1 中，横坐标为开发区发展时间和阶段（T）；纵坐标为开发区发展的优势 Advantage（A）；发展轨迹曲线（L）为开发区发展的阶段标记。其中，区域 Oa 为比较优势阶段，其目标是实现发展成本最小化；区域 ab 为竞争优势阶段，其目标是市场占有扩大化；区域 bc 为创新优势阶段，其目标是规模收益最大化；区域 cd 为财富优势阶段，其目标是科技发展内生化，绝大多数国家级开发区目前面临的任务是加速向创新优势集聚阶段转化。

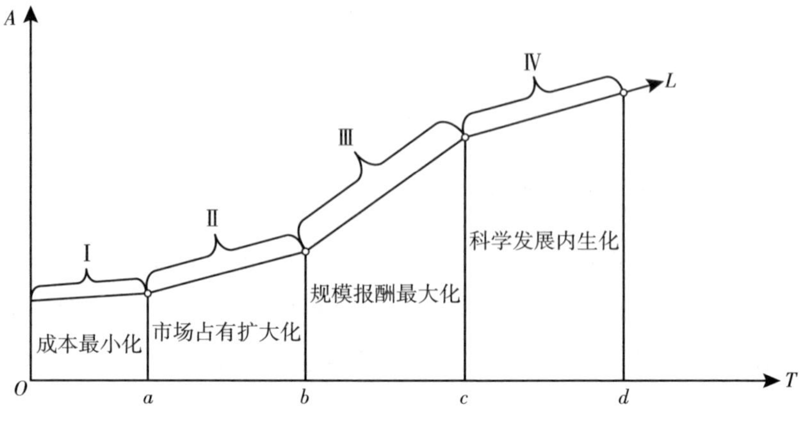

图1　开发区四个产业集聚阶段变化

二　开发区模式：一条对外开放的逻辑主线

从区域发展的视角观察，中国对外开放在很大程度上取决于开放型区域的改革探索，即取决于经济特区、经济技术开发区等功能性发展区域探索。对外开放从沿海沿江的特殊区域摸索，积累经验后再扩大到内陆地区，市场准入与机制不断放开，最后形成全方位的对外开放格局。可以说，开发区担负对外开放试验田作用，演绎着中国对外开放的逻辑主线。

（一）开发区对外开放的内涵阐释

开发区创建之初就明确提出“三为主一致力”的办区方针，即“以工业为主、以吸收外资为主、以拓展出口为主，致力于发展高新技术产业”。为此，开发区大力引入外资发展工业，试图切入全球价值链，以此探索对外开放的基本模式。在对外开放的过程中，开发区以低层次的“三来一补”（来料加工、来样加工、来件装配及补偿贸易）起步，之后以产业高度化与生态化为目标，用外源集聚、内源集聚和混合集聚构筑创新型产业集聚，不断提高开发区的全球分工与价值份额地位，这就是从切入全球价值链，到融入全球价值链，再到引领全球价值链的开放过程。开发区“三为主一致力”方针既是国家兴办开发区战略意图的核心体现，又为开发区扩大外贸、吸引外资、引进技术、创新管理等方面指明了方向，后来提出的“三为主二致力一促进”和“三并重二致力一促进”方针，进一步指引开发区提升对外开放发展的内涵，这实际上成了中国对外开放理论与实践的重要组成部分，如果没有开发区探索则难以有更大的开放成效。

（二）开发区对外开放的路径指向

自20世纪80年代起，“二战”后的第三轮国际产业转移开始启动，逐步形成前所未有的生产全球化、服务业全球化新格局，为我国承接产业转移提供了千载难逢的机遇。国家级开发区抢抓机遇，充分利用国家赋予的优惠政策，发挥资源禀赋优势，率先构建国际产业转移承接平台，积极主动参与国际产业分工体系，在国际竞争的大环境下，不断提升开发区产业的国际竞争力。1986年，开发区提出“三为主一致力”；2004年，演变为“三为主二致力一促进”（以提高吸收外资质量为主、以发展现代制造业为主、以优化出口结构为主，致力于发展高新技术产业、致力于发展高附加值服务业，促进开发区向多功能综合性产业区发展）；2012年，进一步演变为“三并重二致力一促进”（先进制造业与现代服务业并重、利用境外投资与境内投资并重、经济发展与社会和谐并重，致力于提高发展质量和水平、致力于增强体制机制活力，促进国家级经开区向以产业为主导的多功能综合性区域转变），近年来加入自贸区并提出构建开放型经济新体制，率先实现全方位对外开放，开发区实际上在对外开放的路径完成了转型，即从初期的积极融入全球化，到中期的参与全球化，到目前的推动全球化，再到未来的引领全球化。可以说，开发区对外开放的路子越走越宽，也为中国对外开放理论和实践提供了良好的样本。

（三）开发区对外开放的模式特征

中国开发区对外开放从外源集聚起步，由政府主导建设国际投资环境，形成外向型经济发展动力；从而推动本土内源性自主创新，促进高端内源产业集聚；进而促进外源与内源双向融合，以外源性产业与内源性产业相互竞合，质变为开发区产业发展的集成动力，加速推进开发区产业价值链提升，逐步形成了具有可持续发展能力的创新型与生态型产业经济。其中，开发区外源集聚是以跨国企业的国际资本、技术、管理等高质量产业要素集聚为核心、由跨国企业主导推动的产业集聚发展模式。外源集聚的核心主体是外国直接投资FDI，其作用机理为：政府在开发区范围内提供创新性条件→FDI产业集聚→要素催化作用→产业效应作用（前向效应、后向效应、旁侧效应、协同效应）→产业创新发展（上游产业、下游产业、关联产业）→产业结构优化→产业内部及产业间整体综合升级。利用FDI产业集聚的前向效应，对下游产业如市场营销、物流等产生竞争、合作与示范等诱导作用；利用后向效应对集聚区内及其周边上游产业的技术、标准、质量等方面提出更高要求，促使其进行技术改进，提高生产效率以及产品质量，同时促进产业自身的业务关联性；利用旁侧效应与协同效应，推动开发区内相关支持性、辅助性、配套性产业进一步集聚（见图2）。

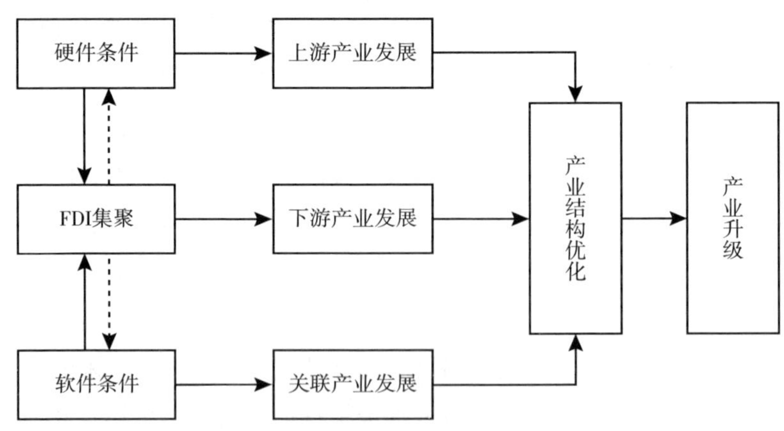

图2　外源集聚驱动开发区产业升级

在开发区产业发展系统中，核心源泉与环节是FDI要素集聚，由此形成要素密集驱动型产业。FDI与开发区紧密结合，使开发区能够通过制造、贸易、服务等产业形态促进开发区产业结构优化与升级，开发区对外开放具有先发优势，通过对外开放反过来促进内源集聚和混合集聚式发展变革。

三　开发区模式：展示改革开放的发展绩效

改革开放以来，国家级开发区进行了全方位的探索创新，已经成为所在城市改革创新的排头兵、对外开放的重要基地、外向及创新经济增长极，制度及经济总量贡献都比较大。根据有关方面的分析研究，2017 年全国 219 个国家级开发区只利用了全国 2% 的用地规模，创造了全国约 10% 的 GDP、19% 的出口总额以及 9% 的税收。

（一）改革创新的试验田

作为改革创新的试验田，国家级开发区始终走在体制机制创新探索的最前列，成为中国体制机制与国际惯例接轨的引领者。在管理体制方面，开发区打破按行业、按“条条”、按“上下对口”的机构设置模式，以责权一致、职能统一为原则，对职能相近的部门进行合并，实行一个部门多块牌子、一套管理人马，减少机构数量，理顺职能关系，逐步形成了精简高效、务实创新的行政管理体制。开发区普遍实行大部门制，在招商引资、财政税收、市政建设、环境保护、区域管理等领域与母城政府建立起互惠互利且不失高效特色的紧密协作关系。在管理模式方面，国家级开发区开创了“机构精简高效、上级充分授权、财政独立管理”的管委会模式，并被广泛采用。后来兴建的其他类型特殊经济区（如保税区、出口加工区、高新技术产业开发区等）也基本借鉴了这一模式的精髓。在运行机制上，国家级开发区开创了“一个窗口”对外、“一站式”办公、“一条龙”服务等多种投资便利服务模式，形成了市场经济体制下的新型政企关系。部分国家级开发区在国家、省开展综合配套改革试验的背景下，在行政管理、城乡统筹、扩大开放、区域合作、生态环保等领域率先开展了综合体制改革，为国家积累了宝贵的体制改革经验。例如，广州开发区在全国率先推动经济功能区

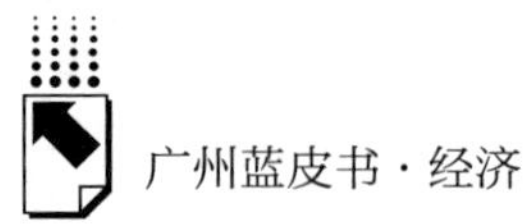

“多区合一”、经济功能区与行政区融合发展，实行广州经济技术开发区、广州高新技术产业开发区、广州保税区、广州出口加工区、中新广州知识城“五区合一”的新型管理模式，为国家级开发区探索出一种新型开发区管理模式。南沙开发区由中国（广东）自由贸易试验区广州南沙新区片区、广州南沙经济技术开发区和广州南沙保税港区三个功能区叠加而成。这些开发区通过多功能区叠加，实现了区域资源统一调配、空间规划统一有序、基础设施统一推进、产业发展统一安排、招商引资统一行动，形成了在政策结构上优势互补、体制机制上优势聚合、城市功能上优势叠加的一体化改革发展新格局。

（二）对外开放的试验地

作为对外开放的试验地，国家级开发区始终大胆探索对外经贸联系，在推动中国开放型经济体制建设中发挥了重要作用。开发区代表国家参与国际经济贸易，从当初的赚取外汇，到后来的产业建设，再到未来的引领价值创新，国家级开发区率先参与国际贸易分工体系，在我国对外开放战略中的先锋角色持续强化、作用巨大。例如，2017 年国家级开发区实际使用外资（外商投资企业再投资）金额 3758 亿元，同比增长 13.8%；实现进出口总额 55938 亿元（其中，出口 31583 亿元，进口 24355 亿元），同比增加 17.5%，占全国进出口总额比重为 20.1%。2018 年，广州开发区地区生产总值达到 3460 亿元，财税总收入达到 1052 亿元，合同利用外资达到 41 亿美元，工业总产值达到 7603 亿元，接近广州总量的一半。广州开发区不仅外经外贸数字耀眼，而且国际合作亮点纷呈，从吸引外资、增强外贸到实施开放式创新，全面打响了中新广州知识城（目前已上升为中国新加坡两国双边合作项目）、中欧合作政策试点区、中英、中德、中以等一大批开发区的中外合资合作项目和创新发展品牌。

（三）经济开发的先行者

作为经济开发的先行者，国家级开发区大胆创新开发建设模式，形成了良好的园区建设标杆。国家级开发区紧紧抓住建设社会主义市场经济体制的时代机遇，积极开展土地使用、金融、投资准入等领域制度改革，在国家原始资金投入极少的背景下，搭建起开发区多渠道、多路径的融资平台，从根本上解决了开发区起步建设与发展的投资来源。当前，国家级经开区已探索出一套“资本大循环”的成功开发模式，即按照“统一规划、分步实施、滚动发展”的原则，由管委会下属园区开发公司取得土地开发权后，借用综合运用信贷、项目融资、引进外资开发商、财政留成、土地使用权转让、资本市场上市等多种融资方式，筹集资金投入基础设施建设，将土地出让和税收等政府资金投入新地块的滚动开发与持续发展。同样，国内其他产业园区也广泛借鉴这一模式。

（四）投资环境的领先者

作为投资环境的领先者，国家级开发区大胆创建具有仿真国际营商环境的特色环境，构筑了改革开放良好的发展环境。在35年的投资环境建设中，国家级开发区逐步积累起投资环境的国际品牌与声誉，为打造现代产业集聚基地提供了优越的平台保障。从投资硬环境看，国家级开发区坚持高起点规划、高标准建设，基础设施建设从“三通一平”“七通一平”发展至“九通一平”，部分开发区的产业入驻条件和信息化水平居于国内一流和国际先进水平。从投资软环境看，国家级开发区通过“一站式”服务平台为投资方提供涵盖项目投资洽谈、前期筹建、投产运营等环节的全程跟踪式服务，“小政府、大社会，小机构、大服务”已经成为国家级开发区广受认可的投资环境优质品牌。建设国际一流投资环境是国家级开发区探索构建社会主义市场经济体制的重要内容，也是打造吸引资本集聚地的关键环节。国家级开发区通过牢固树立优质服务理念，建立起符合市场经济体制要求的开发模式与精简高效的管委会管理模式，在规划引导、依法行政、土地开发、基础设施建设、经济管理、投融资、人才管理等领域建立健全了亲商务实的市场化运行机制，形成市场经济条件下“小政府，大社会”的新型管理体制与运行机制，一步一步打动了国内外投资者，成了吸引国内外资本投资的热土和集聚地。

四　开发区模式：新时代改革开放范式创新

开发区模式是中国经济改革创新的成功模式，凡是重视开发区发展并且成功运用的地区，这个地区具有生机与活力，毫无疑问成为改革开放热点地区和发展迅速的地区。以上海、江苏、浙江、广东省及东北地区为例，这些地方高度重视开发区模式运用，尤其是江苏省成为国家级开发区集聚最多的省份，其改革开放及经济成就最为显著。新时代借鉴开发区模式，要推动改革开放再突围，重点从内生机制、集聚发展、开放创新、营商环境、引领发展 5 个方面发力。

（一）提升开发区模式创新内生机制

新时代要推动改革开放再出发，加强顶层设计和摸着石头过河相结合，使得开发区在深化改革、扩大开放和转型发展中继续先行先试，成为实施国家发展战略的示范区。创建更加高效的体制机制，加强管理模式探索创新。在开发区发展规律和现有模式的基础上，研究建立包括法定机构在内的更高效的管理体制，以提升服务效率，优化投资软环境，增强园区吸引力。加快转变政府职能。构建服务型政府，保持精简机构，简化工作程序，形成权责明晰、务实高效的运行机制。推动深化行政审批制度、财政体制改革，推进经开区管理体制、内设机构、干部人事制度、金融创新制度等配套制度改革，强化公共服务、市场监管、社会管理、环境保护等职责。加速提升公共服务水平。以改善民生福利为目标，大力提升开发区社会保障、基础教育、医疗卫生、社会治安、文化休闲等公共服务资源的配给能力，探索以政府购买服务的方式，将部分社会管理服务职能向社会组织外包，全面建立以人为本的投资环境，增强社会发展与经济增长的适应性。

（二）提升开发区模式推动集聚发展

将开发区模式列入我国集聚发展战略实施的核心载体统筹规划，在区域发展、国家层面进行宏观协调，建立有效的协同集聚发展机制。确立主导产业集群发展体系。开发区现阶段仍要紧紧抓住发展高端制造业，关键是在于建立具有开发区特色的主导产业集聚平台，加快推进主导产业与配套、辅助性产业关联，形成创新型产业集聚群。按照区域发展类别、行业发展特色，统筹推进国家级开发区开展主导产业集群发展规划，突出各类开发区产业集群特色。强化开发区产业集群与集群之间的产业关联和区域协同，提升产业集群升级效率。分类制定开发区发展策略。为顺应经济全球化、信息化与知识化的新经济时代发展，快速流动、集结产业经济发展的各类要素，关键在于不同的集聚发展策略。集聚发展的产业升级策略，就是为了加快推动OEM（贴牌生产）向ODM（原始设计生产）转化，再完成向OBM（自有品牌生产）的转变。完善开发区内生发展的政策环境，建立开发区由比较优势向竞争优势、竞争优势向创新优势转化以及每个发展阶段的政策支撑体系。当然，推动中国开发区内生发展并非完全取决于政策环境，更重要的是鼓励自由市场发展的活力机制。

（三）提升开发区模式实施开放创新

开发区模式提升，关键是要以改革开放的思维实施创新驱动发展战略，使得开放式创新成为新常态、新机制。以实现科学发展和打破路径依赖为目标，深入实施自主创新战略，坚持“开放协作、创新引领、转型升级、辐射带动”的原则，以开放式创新为主线，以国家级开发区自身许多重大载体为平台，以构建知识产业体系为主攻方向，以构建开放型区域创新体系为重要动力，以构建高端服务体系为重要支撑，通过机制创新、网络构建、全球链接、资源整合，实现创新环境开放、创新主体开放、创新要素开放、创新应用开放，努力提升区域自主创新能力、产业竞争能力、辐射带动能力，将国家级开发区打造为推动中国创新发展与转型升级的重要引擎，打造为我国开放创新先行区、转型升级核心区、知识经济先锋区、智慧城市样板区、创新文化繁荣区。要使得开发区再成为深化改革的试验田、扩大开放的排头兵。积极适应经济全球化新形势，加快培育参与和引领国际经济合作竞争新优势，以开放促改革，选择若干具备条件的开发区发展自有贸易园（港）区。推动内陆、沿边地区开放，促进国际与国内两个市场、两种资源的有效对接，成为企业“引进来”和“走出去”的重要桥梁。

（四）提升开发区模式优化营商环境

国家级开发区投资环境提升需要以国际化和专业化的视野，关键是以改革开放的思维，结合区域自身的发展情况和资源禀赋，通过差异化的投资环境建设，实现国家级开发区整体平衡发展，继续发挥自身的区域经济和投资环境的带动作用。以国际一流水准提升投资硬环境。加强配套基础设施建设，加快开发区内生活配套设施建设并注重功能差异化，增强城市功能载体建设。完善交通配套能力，构建开发区智能交通平台，积极发展公共交通和推进先进交通技术的应用，提升运作效率。加快构建功能配套完善、运行安全高效的通信网络设施，全面提升信息化服务水平，将开发区打造成为智慧城市的重要载体。完善水、电等公用事业管理，积极开展节能项目，通过补贴及政策鼓励发展新能源，提高能源供应水平。鼓励和引导民间资本参与高标准、专业化科技创新产业载体的建设和运作。强化服务意识促进投资软环境建设。强化“服务型政府”的目标定位，以投资者满意度为中心，建立政企沟通平台和机制，充分倾听和了解投资者对于投资环境的需求和建议，形成规范透明、精简高效的行政服务环境。

（五）提升开发区模式实施引领发展

新时代国家级开发区更要主动担当国家使命，以改革开放和协同发展的思维，实现开发区自身及其周边区域的发展。开发区在加快推进产业优化升级的同时，要加快实施新型工业化带动新型城镇化，推动城乡统筹、区域协调和社会和谐发展。进一步优化调整产业结构，改造提升传统产业，协同发展先进制造业和现代服务业，培育壮大战略性新兴产业，为推动地区产业转型升级提供内生动力。加快实施以工业化和信息化带动城镇化，同步推进土地城镇化与人口城镇化，全面实现国家级开发区由工业园区向以产业为主导的综合性城区转变。强化国家级开发区与所在区域的合作，以开发区为龙头，强化互动扶持，创新带动机制，推动城乡统筹发展、区域协调发展与社会和谐发展，推进新型城镇化战略的顺利实施。充分发挥开发区在区域协调发展中的带动作用，以开发区建设为抓手，以产业转移为契机，立足东部开发区积累的品牌、规划、开发、管理等经验和优势，深化区域合作机制与合作内容，强化区域统筹发展与分工协作，缩小东中西部区域发展差距。

参考文献

李耀尧：《创新产业集聚与中国开发区产业升级研究》，博士学位论文，暨南大学，2011。

李耀尧：《开发区发展：集聚视角下的动态考察》，《社会科学研究》2011 年 9 月，第 3 版。

李耀尧：《集聚发展理论——中国开发区演变的经济学考量》，暨南大学出版社，2011 年 2 月，第 1 版。

李耀尧：《产业集聚与升级：基于中国开发区产业演变的动态考察》，经济管理出版社，2013 年 7 月，第 1 版。

蔡善柱、陆林：《中国经济技术开发区效率测度及时空分异研究》，《地理科学》2014 年 7 月第 5 期。

专项分析

Special Analysis

B.6 2018年广州工业和信息化发展情况及2019年展望

陈绮琳　卢　骁*

摘　要： 2018 年广州工业和信息产业提质增效明显，实现增加值 7049.4 亿元，税收占全市国内税收收入（不含海关代征关税）的 38%，规模以上工业利润增长 7.9%，先进制造业增加值占规模以上制造业增加值比重达 66.1%，高新技术产品产值占规模以上工业总产值比重为 48.0%，规模以上工业单位增加值能耗下降 6.5%。2019 年广州将全面深入贯彻落实习近平总书记对广东的重要讲话和对广东工作的一系列重要指示精神，抢抓粤港澳大湾区建设重大机遇，深入实施

* 陈绮琳，广州市工业和信息化局运行监测协调处，研究方向为工业和信息化经济运行监测分析及发展趋势研判；卢骁，广州市工业和信息化局工业发展处，研究方向为先进制造业。

"先进制造业强市"战略，全力构筑广州现代产业体系新支柱，率先迈入高质量发展行列，在建设现代化经济体系上走在全国前列。

关键词： 工业发展　信息化　广州

一　2018年工业和信息化主要发展情况

2018年，面对错综复杂的国内外经济形势，全市工业和信息化系统坚持以习近平新时代中国特色社会主义思想为指导，深入贯彻落实国家、省市决策部署要求，统筹推进稳增长、调结构、促转型、增动力、惠民生各项工作，大力实施"制造强市"战略，加快推动以先进制造业为主体的实体经济振兴发展，工业和信息化发展总体平稳、稳中有进。

（一）工业和信息产业效益稳步提升

2018年全市工业和信息产业（工业，信息传输、软件和信息技术服务业，下同）实现增加值7049.4亿元，占全市GDP的比重为30.8%，拉动全市GDP增长2.9个百分点，比上年提高0.4个百分点，对全市经济增长贡献率达46.1%；实现税收1697.6亿元，占全市国内税收收入（不含海关代征关税）的38.0%，超过增加值占比（30.8%）7.2个百分点。工业发展稳中有进，规模以上工业增加值同比增长5.5%，高于北京（4.6%）、上海（2.0%）、天津（2.4%）、重庆（0.5%）等市，但低于全国（6.2%）、全省（6.3%）、深圳（9.5%）（见图1）；实现利润总额1399.5亿元，同比增长7.9%，较主营业务收入增速高2.9个百分点；主营业务收入利润率为7.6%，分别高于全国（6.5%）、全省（6.1%），在京、津、沪、渝、穗、深、苏、禅、莞九个主要城市中排名第2；企业杠杆率保持低位，资产负债率为49.3%，同比降低0.3个百分点，低于全国（56.8%）、全省

（56.2%）水平；规模以上工业产销良好，产销率为99.0%，比上年高出0.2个百分点，较全国（98.1%）、全省（97.6%）分别高0.9个、1.4个百分点；节能减排成效突出，单位工业增加值能耗同比下降6.5%。

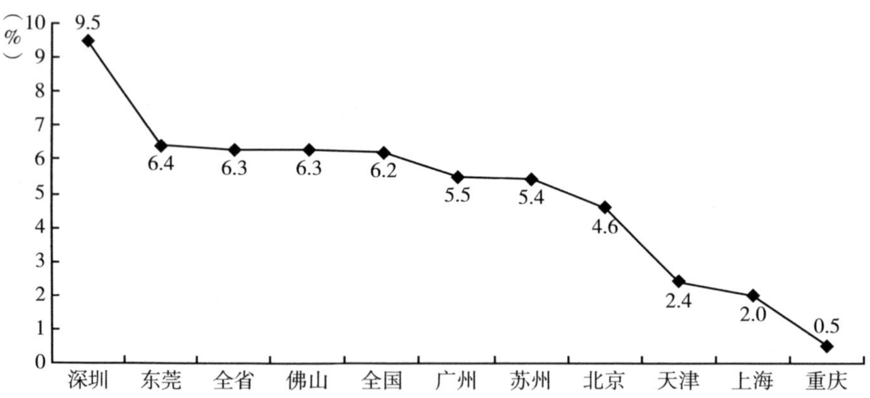

图1　全国、广东及部分重点城市规模以上工业增加值增速

资料来源：广州市统计局。

（二）新动能培育步伐明显加快

加快培育壮大新动能，成功推动富士康10.5代液晶显示器件、乐金8.5代OLED面板、广汽智能网联产业园、中电科华南电子信息产业园、小米华南总部、TCL华南总部、三一集团广州基地、科大讯飞华南总部、粤芯芯片、乐金偏光片、美国冷泉港实验室等近200个高端制造业项目落地，预计全部投产后将新增产值近万亿元。高新高端高质产业发展势头良好。2018年，全市信息传输、软件和信息技术服务业完成增加值1427.7亿元，同比增长28.5%，比上年同期提高3.9个百分点。先进制造业增加值占规模以上制造业比重为66.1%，比上年同期提高0.5个百分点；高新技术产品产值占规模以上工业总产值比重48.0%，同比提高1.0个百分点。IAB产业增加值增长8.7%，高于全市GDP增速2.5个百分点，其中，新一代信息技术增长9.1%、智能装备与机器人产业增长9.2%。新能源汽车（282.4%）、集成电路（225.4%）、医疗仪器设备及器械（37.7%）、移动通信基站设备（34.2%）等新产品产量同比增长均为30%以上。

（三）创新驱动能力持续增强

开展高新技术企业树标提质行动。2018年新增高新技术企业超过2000家，科技创新企业超过20万家，国家科技型中小企业备案入库数居全国城市第一。科技金融支撑能力不断增强，设立50亿元科技成果产业化引导基金，科技信贷风险资金池拉动银行贷款超过100亿元，股权投资机构达到6192家。科技创新成果丰硕，专利和发明专利授权量分别增长45%和20%，技术合同成交额增长1倍以上。以企业为主体的创新平台体系不断完善，推动组建25家国家级、325家省级企业技术中心，数量均居全国前列；全省首个国家制造业创新中心——广东聚华印刷及柔性显示创新中心研发不断加速，助力广州打造“世界显示之都”；省轻量化高分子材料创新中心、机器人创新中心、广汽智能网联汽车创新中心3个省级制造业创新中心建设加快推进，高档数控机床及关键零部件制造业、信息物理系统制造业等创新中心建设积极筹建。

（四）营商环境优化多点发力

一是不断完善产业发展政策体系。全年印发23份政策性文件，“中国制造2025”产业发展资金全年共拨付19.31亿元支持企业（项目）735个；贯彻落实省“实体经济十条”政策，全年为制造业企业降低成本约80亿元。二是产业发展平台建设取得新成效。在全国一线城市率先获批“中国制造2025”试点示范城市、国家服务型制造示范城市，创建了全省首个国家制造业创新中心，入围全国数字经济“五大引领型城市”。三是积极打造高端产业发展载体。加大力度推进十大价值创新园区建设，引进了中国电科华南电子信息产业园、GE生物产业园等重大项目。启动实施低效园区、村级工业园升级改造行动，第一批遴选19家试点园区，启动一批村级工业园整治提升试点，力争通过市区联动、解剖麻雀、精准施策，淘汰关停一批、功能转换一批、改造提升一批，实现环境整治和产业结构双提升。四是充分发挥国家级开发区政策高地优势，吸引高端产业资源集聚。依托黄埔、南沙、增城三大国家级开发区的政策优势，大力推动制造业集聚化发展。其中，黄埔区工业总产值占全市约四成，规模以上高技术产业产值总量占全市的80%，高新技术产业产值占全市78%，拥有世界500强项目超过170个，上市企业49家，在2018年全国工业百强区中位居第二。

（五）跨界融合发展全面推进

一是工业化与信息化深度融合。建设工业互联网创新中心（广东）、工业互联网标识解析国家顶级节点（广州）等重点项目，成功引进树根互联、阿里云、航天云网等近20家国内知名的工业互联网平台，培育发展了中设智控等多家本土的工业互联网平台。入选广东省工业互联网产业生态供给资源池的工业互联网供应商达到67家，数量居全省第一，广州两化融合水平位居全国重点城市（不含直辖市）第一。二是制造业与服务业融合。建设琶洲互联网创新集聚区，获批国家级服务型制造示范城市，支持广电运通、嘉诚物流创建首批国家级服务型制造示范单位，培育出5家国家级工业设计中心、21家省级工业设计中心、9家省级工业电子商务示范企业、11家省级供应链管理示范企业，数量均居全省第一。三是数字化与智能化融合。加快建设智慧城市，获第七届中国智慧城市建设领先奖，获批5个省级“互联网+”小镇，居全省首位。引进全国最大的4K内容制作企业四开花园，建成全省首个4K电视网络应用示范社区，推进首台国产超高清摄像机产业化发展。四是军民融合。加快推进中国电子科技集团华南电子信息产业园、宏大爆破HD-1项目建设，推动太赫兹安检安防项目落地试行。

（六）工业投资规模快速增长

2018年，完成工业投资951.5亿元，同比增长53.8%，增速领跑全省。其中，技改投资257.2亿元，同比增长11.1%。新一轮三年企业技术改造行动扎实开展，增设先进制造业创新成果产业化、首台（套）重点技术装备推广等扶持方向，全年投入财政资金3.57亿元，支持149个技改项目，拉动技改投资29.83亿元。超视堺10.5代液晶面板产线、乐金显示8.5代OLED产线加快建设，带动电子信息制造业投资额同比增长1.7倍，高技术制造业投资额同比增长1.5倍。全市制造业新设外商投资企业135家，同比增长33.7%；实际利用外资29.40亿美元，同比增长2.4倍。积极开展“精准”对接，实现“有效”招商，全市工信领域投资额10亿元以上的重大项目共44个，预计投资总额3325亿元。当年在谈和新引进重点工信项目107个，预计达产后单体产值（营收）超100亿元项目有6个，十大价值创新园区已全部完成控制性详细规划，新入驻企业（项目）超900个，其中产值超亿元以上企业（项目）有68家。

（七）民营经济活力不断释放

2018年，贯彻落实《中小企业促进法》和“民营经济20条”，扶持民营企业发展壮大，全市民营经济实现增加值9139.5亿元，同比增长6.7%，高于全市GDP增速0.5个百分点；新登记私营企业25.57万户，占新增市场主体62.19%（同比增长36.21%）。建立“三个一批”（制造业骨干企业、两高四新企业、小升规企业）企业培育库，搭建政、银、保、园及中介服务机构和企业的直接对接平台，全市734家企业实现“小升规”。融资难、融资贵、融资慢问题进一步缓解，全市中小微企业贷款余额13153亿元，同比增长14.3%，市工业和信息化发展基金累计实缴规模达33.17亿元。中小企业服务体系进一步完善，全市新增2家国家级中小企业公共服务示范平台、1家国家级小微企业双创示范基地、“市、区、园区”三级服务网络基本建成，中小企业服务网络实现11个区全覆盖。

（八）智慧城市建设扎实推进

全面落实信息基础设施建设三年行动方案，全市宽带建设发展综合排名从全省第21位提升到第11位，光纤接入用户占比达91.6%，同比提高

24.3 个百分点。启动智慧灯杆试点，8 个试点区域全部进入建设阶段。推进“数字政府”建设，强化政府数据信息共享，广州市政府信息共享平台已覆盖市直主要部门和 11 个区，市政府数据统一开放平台开放 66 个政府职能部门数据，“信用广州网”企业行政许可和行政处罚信息“双公示”实现常态化，全市电子政务网络总体运行平稳。统筹协调电动汽车充电基础设施建设，累计建成各类充电设施 2.6 万个，建成 164 个公交充电站点、6820 个充电终端，全市电动汽车充电网络基本形成。

二　2018年工业和信息化领域面临的主要问题

当前，广州制造业发展正处于动能转换、换档升级的关键时期，问题和短板主要表现在以下几方面。

（一）新的增长动力还不够强

支柱产业带动力明显减弱，汽车、电子、石化三大支柱产业产值同比仅增长 4%，增长贡献率比 2017 年下降 30 个百分点。其中，汽车制造业增长贡献同比下降 38 个百分点。部分传统制造业规模持续下降，由于传统产业处于转型升级过程中，2018 年服装服饰业、纺织业、皮革三大产业产值分别同比下降 17.0%、13.8%、23.7%，产值连续 3 年下降。而新发展动能尚未形成有效支撑，医药制造、电气机械产业增长较快，但合计仅占工业产值的 7%；新一代信息技术、人工智能、生物医药等新兴产业重点项目大部分仍处于投资建设阶段。

（二）工业结构调整还不够优

高端高质高新产业占比不高，广州先进制造业增加值占规模以上工业增加值比重（59.7%）低于深圳（71.2%）；高技术制造业增加值占规模以上工业增加值的比重仅为 13.4%，远低于深圳的 67.3%，也低于全省平均水平（约 30.0%），产业结构转型升级任重道远。

（三）产业集聚度还不够高

全市上规模的产业园区134个，其中仅3个国家级开发区、4个省级园区。此外，尚有低效村级工业园区2700多个，面积总计达132平方公里，这些园区布局较为分散、规模不大、产值不高，集聚效应和辐射带动功能较弱。

（四）龙头企业数量还不够多

既缺少像华为、阿里巴巴、腾讯、百度、海尔、格力等具有国际影响力和行业控制力的领军企业，在世界500强和中国500强企业中，广州分别仅有3家和17家，与“北上深”差距较大；也缺乏独角兽企业，在2018胡润中国122家独角兽企业榜单中，广州仅有6家，远低于“北上深杭”。

（五）工业投资后劲还不够足

2014～2018年，广州累计工业投资总额3843亿元，低于2015年重庆（4990亿元）、天津（5081亿元）的年度工业投资额。2018年全市工业投资额（952亿元）低于佛山（1008亿元）、深圳（963亿元）。民间投资工业意愿不强，企业技改积极性不高等，都造成了广州工业发展后劲不足。

三　2019年工业和信息化领域发展展望

2019年是新中国成立70周年，是全面建成小康社会关键之年，综合分析国内外形势，我们看到，广州发展面临的机遇与挑战并存。

从国际形势看，世界经济延续复苏态势，但受贸易不确定性、贸易保护主义、融资环境收紧、地缘政治冲突等触发因素影响，经济增长动能仍显不足，世界经济增长下行风险加大。国际货币基金组织（IMF）将2019年全球经济增长预期下调至3.2%，预计2019年增速为近三年来最低。尤其是国际技术壁垒不断加码，核心技术和关键设备“卡脖子”问题凸显，对推动广州工业经济高质量发展，完善产业链配套，产生了一定的消极影响。

从国内经济运行态势看，我国正处于质量变革、动力变革、效率变革中的阵痛期，中美贸易摩擦对外贸以及政策面的一些调整仍存在不确定性，加上金融降风险、房地产调控力度加大、环保治理等多重因素叠加，经济下行压力较大。但国家立足制造强国，持续推进高质量发展，着力激发微观主体活力，制造业增值税率降至13%和减轻社保缴费负担等系列政策举措将更利于广州工业发展。

从经济技术演变态势看，人工智能、云计算、大数据等新一代信息技术与制造业加速融合。全球范围内，尤其是国内“四新经济”蓬勃发展，将推动广州产业结构调整步伐加快，制造模式变革深入推进，工业新旧动能加速转换。

从广州经济运行态势看，随着经济稳增长措施的有力推进，广州营商环境将进一步改善，招商引资进一步加强，消费、投资、出口的工作力度进一步加大，加上有比较完善的市场经济体系，预计2019年总体经济运行仍有一定的支撑基础和条件。

2019年，广州继续落实广东省降低制造业企业成本若干政策的实施意见，从十大方面59条措施改善制造业发展环境。2018年末制造业贷款余额（2055亿元）同比增长17%，表明资金在向实体企业回流。一批骨干项目如期推进，富士康、乐金OLED、广汽智能网联新能源汽车、广州云润生物科技等一批重大项目将于2019年陆续投产，琶洲互联网创新集聚区产业导入已初见成效，新经济新动能产业继续保持快速增长，将带动广州工信领域保持稳定增长。但也要看到，车市、楼市低迷等将对广州的汽车制造、电子制造、家居制造等优势产业产生一定的制约。新项目的产能也要下半年后陆续有所释放，爬坡量产仍待时日，预期工业稳增长的压力依然较大。

四　2019年工业和信息化领域发展重点任务

全面贯彻落实习近平总书记对广东重要讲话和对广东工作一系列重要指示精神，抢抓粤港澳大湾区建设重大机遇，深入实施“先进制造业强市”

战略，牢牢抓好存量产业优化升级，加速新兴产业发展壮大，力争2019年工业增加值增长6%左右，软件和信息服务业营业收入（工信部口径）增长15%，先进制造业增加值占规模以上制造业增加值比重68%，规模以上工业单位增加值能耗下降4%的年度预期目标，促进全市产业迈向全球价值链中高端，全力构筑广州现代产业体系新支柱，在全省、全国率先取得突破，率先迈入高质量发展行列，在建设现代化经济体系上走在全国前列。

（一）加强统筹，全力落实粤港澳大湾区发展规划

认真贯彻落实《粤港澳大湾区发展规划纲要》，制订《广州市协同构建粤港澳大湾区现代产业体系行动计划》，积极构建制造业高质量发展指标体系，谋划创建“制造业高质量发展国家级示范区”。2019年，制订《广州市先进制造业强市三年行动计划》，高水平谋划《广州市先进制造业“十四五”规划》，落实《广州市加快IAB产业发展五年行动计划》。要以IAB、NEM等广州本土优势产业为重点，加强与深圳、东莞等城市的产业发展合作，打造珠江东岸高端电子信息制造产业带、广深创新科技走廊；提升广佛同城化“一核一带两轴五片区”产业合作层次，共建广佛产业合作示范区，联手打造广佛同城装备制造、汽车、新一代信息技术、生物医药与健康领域万亿级产业集群；进一步强化与港澳合作力度，大力创建穗港澳产业合作示范区。

（二）优化结构，大力构建现代产业体系

大力发展IAB、NEM等先进制造业，聚焦重点领域、重点项目、重点企业，吸纳中高端人才、强化科研攻关、加快研发成果转化，保障项目建设用地，做好各类示范试点项目。大力发展数字经济，出台实施《促进数字经济发展的指导意见》，探索建设部市共建国家级软件产业基地和国家大数据综合试验区、超高清产业特色小镇，举办世界超高清视频产业发展大会，促成一批产业项目落户广州。大力推动汽车产业转型升级，制定《汽车产业转型升级工作意见》，加快推进广汽智能网联新能源汽车产业园建设，完

善研发测试公共平台，高质量建设基于宽带移动互联网智能网联汽车与智慧交通应用示范区。大力发展工业互联网，加快建设工业互联网标识解析国家顶级（广州）节点，支持工业互联网平台建设，推动工业企业“上云上平台”。大力实施“穗芯”计划，加快发展集成电路产业，主动参与并争取国家集成电路产业基金支持，加快粤芯半导体项目建设，打造集成电路产业生态圈。

（三）突出重点，着力引进培育壮大龙头企业

加大力度引进一批。瞄准世界500强、大型跨国企业和行业领军企业，编制重点招商项目库，建立重大企业引进清单，通过靶向招商、补链招商、以商招商，引进一批龙头企业和“独角兽”企业，带动全产业链要素集聚。扶持壮大一批。瞄准存量企业制定扶持清单，引进战略投资者，扶持龙头骨干企业通过兼并重组、技术改造等方式加快发展，与产业链相关企业建立紧密的协作关系，相互采购、配套集成、抱团发展，做大做强一批本土优势企业。重点培育一批。加大对创新型中小企业扶持力度，完善“两高四新”企业培育库，在政策、资金、土地等要素资源方面优先支持入库企业，引导企业向“专精特新”方向发展，培育一批细分行业的“单打冠军”和“小巨人”企业，打造中小企业铺天盖地、大企业顶天立地的发展局面。

（四）提升载体，积极打造先进制造业发展新高地

高标准实施价值创新园区建设三年行动。精准打造产业集聚发展平台，高标准实施价值创新园区建设三年行动，培育新能源汽车、智能装备、新型显示、人工智能、生物医药、互联网6个千亿级产业集群。大力度推动低效园区提质增效三年行动。抓好首批19个试点园区改造，每年选取20家试点园区，结合新一轮工业企业技术改造和工业园区“散乱污”治理，扎实开展村级工业园整治提升行动，腾出资源重点发展先进制造业、生产性服务业等新产业、新业态，力争试点园区单位面积产出倍增，围绕产业升级激发老城市新活力。高起点打造南沙粤港澳全面合作示范区。参照“港深落马洲

河套创新科技园”做法，在知识城、南沙庆盛、番禺高铁站等周边土地富裕区域设立“飞地”片区，与香港、澳门共建产业创新合作示范园区，汇集高端产业创新资源，参照施行自贸区、国家级新区、自主创新示范区、临空经济示范区等重点开发开放平台政策，并因地制宜，探索施行更加合适政策，形成政策叠加效应，促进港澳最新科技成果与广州产业有效对接，发挥广州在大湾区建设中的核心引擎作用。

（五）深化融合，不断推进产业创新发展

高标准建设国家服务型制造示范城市，推动先进制造业和现代服务业深度融合，培育一批国家级和省级服务型制造示范企业平台、工业设计中心、电子商务试点，打造“国际设计之都”和“定制之都”。加大智能制造推进力度，做强省机器人创新中心，筹建高档数控机床及关键零部件制造业创新中心、信息化物理系统制造业创新中心，引导传统企业通过联合攻关实现“智能+”。扩大两化融合贯标试点规模，支持引导利用新技术、新产业、新业态改造提升传统产业，推动制造业加快数字化转型，推动两化融合试点示范。推动军民融合产业深度发展，加快中电科华南电子信息产业园和宏大爆破HD-1项目建设，打造军民融合产业发展的“广州样板”。促进创新成果产业化，积极引进工信部下属7所大学技术创新成果产业化中心落户广州，为产学研用协同创新打造“广州模式”。

（六）夯实基础，持续推动工信经济平稳发展

发挥投资关键作用，加快开工建设一批重大项目，引导企业加大技术改造和增资扩产力度，加大价值创新园区建设和产业导入力度，激发各类市场主体活力，形成大中小企业融通发展格局。加强经济运行监测，紧盯产值百强工业企业、市属工业集团企业运行动态，提高预警预判水平，采取有效应对措施，稳定工业经济增长。强化清单管理，制定“三个一批”（引进一批、扶持一批、培育一批）企业清单和“四类稳增长”项目清单（挂图督战项目、十亿元以上在建项目、前期工作项目、拟引进项目），跟踪问效、

精准施策。持续抓好政策落实。协同全市各部门加强资源统筹、政策统筹，建立协调联动机制和高效精干的执行机制，定期研究解决政策落实推进过程中的重大问题，出实招出硬招，形成最佳政策组合，着力解决“中梗阻”和“最后一公里”问题。

参考文献

中共中央、国务院：《粤港澳大湾区发展规划纲要》，http：//www. gov. cn/zhengce/2019 -02/18/content_ 5366593. htm#1。

广州市政府：《2019 年广州市政府工作报告》，http：//www. gz. gov. cn/gzgov/s2342/201901/be5844d3193b4202b704d152d46707ca. shtml？ from = timeline&isappinstalled = 0。

B.7

2018年广州商贸流通业发展情况及2019年展望

欧江波　伍晶*

摘　要： 2018年广州批发零售业总体平稳，交通运输业增长放缓，进出口明显回落，招商引资形势良好。展望2019年，随着改革开放不断深化、粤港澳大湾区建设提速、营商环境持续优化、电子商务新政出台、广州综合性门户城市引领作用更加突出、消费升级势头不减，商贸流通业面临良好发展环境，建议从更高水平推动全方位开放、多措并举稳外贸促外资、加快培育和发展新动能、推动消费市场平稳增长、加大政策扶持力度等方面促进广州商贸流通业进一步发展。

关键词： 商贸流通　消费　广州

一　2018年广州商贸流通业发展状况

2018年广州优化提升中心城市功能，对标国际一流城市，在全球资源配置体系中谋划、建设和发展，不断增强城市影响力、辐射力和显示度，枢纽型网络城市建设加快推进，营商环境持续优化，在世界城市体系、全球科

* 欧江波，广州市社会科学院数量经济研究所（经济决策仿真实验室）所长、副研究员、博士，研究方向为宏观经济、城市经济、房地产经济；伍晶，广州市社会科学院数量经济研究所（经济决策仿真实验室）副研究员。

技创新实力、全球金融中心等排名明显提升。全年商贸流通业实现增加值5330.82亿元，占GDP的23.3%，占第三产业增加值的32.5%。批发和零售业增长略有回落；住宿和餐饮业仍延续近年来低速增长态势；物流业受基数影响，中远散货新增量带来的快速增长逐步消化，增长明显回落。全年批发和零售业、物流业分别实现增加值3294.76亿元、1577.95亿元，分别比上年增长4.7%、5.3%，增速较上年回落0.3个、6.2个百分点；住宿和餐饮业实现增加值458.11亿元，增长1.7%，增速较上年提高0.9个百分点。

（一）批发零售总体平稳

2018年广州实现社会消费品零售总额9256.19亿元，比上年增长7.6%，增速较上年（8.0%）回落0.4个百分点，增速低于上海（7.9%），高于北京（2.7%）。实现商品销售总额65140.81亿元，增长11.7%，增速高于北京（1.9%）、上海（5.6%）。

从行业来看，批发零售业增速有所回落，住宿餐饮业增速与上年持平。2018年，全市实现批发零售业零售额8081.43亿元，增长7.9%，增速较上年回落0.4个百分点；实现住宿餐饮业零售额1174.75亿元，增长5.8%，增速与上年持平。

从零售业态看，网上商店增速放缓，大型超市同比下降。2018年，全市限额以上零售业实现商品零售额3273.76亿元，增长9.4%，增速同比提高2.5个百分点。其中，网上商店零售额903.61亿元，增长15.4%，增速同比回落3.9个百分点；百货店、专业店分别实现零售额242.87亿元、883.25亿元，分别增长1.1%、8.6%；专卖店实现零售额894.76亿元，增长9.6%；大型超市实现零售额175.39亿元，下降3.5%。

从商品结构看，汽车类增速继续回升，石油类增速逐步回落，化妆品类，日用品类，服装、鞋帽、针纺织品类，通信器材类商品零售增势良好。汽车销售企业加大年底促销力度，销售业绩实现企稳回升，2018年，全市实现汽车类商品零售额1036.56亿元，增长6.4%，增速同比提高4.1个百分点。受价格因素影响，石油及制品类销售有所放缓，实现零售额340.34

亿元，增长13.3%。化妆品类、日用品类、中西药品类、通信器材类商品分别增长12.0%、23.4%、22.7%、16.5%，均呈两位数增长。

新消费习惯、新商业模式引领新发展，2018年，广州限额以上网上商店零售额增长15.4%，增速高于社会消费品零售总额7.8个百分点。网络消费继续带动快递业快速发展，全年快递业务量继续保持全国第一，首次突破50亿件，达50.64亿件，增长28.8%。网络餐饮消费方式盛行，限额以上住宿餐饮业通过公共网络实现的餐费收入增长62.4%。

（二）交通运输增长放缓

2018年广州完成货运量12.78亿吨、货物周转量21487.22亿吨公里，分别增长8.8%、1.1%，增速同比回落3.1个、38.1个百分点。货物周转量增速回落明显，主要是受上年中远海运入驻广州带来高基数以及重点航运企业因国际市场不景气而调整航线、缩短运距等因素影响。2018年广州完成客运量4.80亿人次、旅客周转量2194.88亿人公里，分别增长6.1%、9.8%，增速同比回落1.6个和回升1.3个百分点。

国际综合交通枢纽功能进一步强化。推进18项国际航运枢纽工程建设，广州港深水航道拓宽工程一期投入使用，截至2018年底开通集装箱航线209条，其中外贸班轮航线103条；全年完成港口货物吞吐量6.12亿吨，增长3.7%；港口集装箱吞吐量2191.18万标箱，增长7.6%，排名上升至世界第5位。推进11项国际航空枢纽工程建设，白云机场二号航站楼、商务航空服务基地等项目投入使用，空客、波音飞机客改货项目落户，新开及复航国际航线18条，全年完成机场旅客吞吐量6974.32万人次，增长5.9%，货邮行吞吐量249.33万吨，增长6.6%。

（三）进出口明显回落

2018年广州实现商品进出口总值9810.15亿元，占全省进出口的13.7%，增长1.0%，增速同比回落12.7个百分点。其中出口额为5607.58亿元，下降3.2%，进口额为4202.57亿元，增长7.1%，增速同比分别回落15.5个和8.9个百分点。

从贸易方式看，一般贸易进出口平稳增长，跨境电商增长有所回落。一般贸易进出口额达4594.24亿元，增长4.6%，占全市进出口46.8%，比重同比提高1.6个百分点。加工贸易进出口额达2654.45亿元，下降3.1%，占全市进出口总额的27.1%，比重同比下降1.1个百分点。保税物流进出口额为898.1亿元，增长13.5%。市场采购出口1580.90亿元，相比上年“市场采购+旅游购物”下降5.5%。跨境电子商务进出口额为246.80亿元，增长8.4%，增速同比回落46.7个百分点。

从市场结构看，对日本、美国、东盟进出口额分别增长11.3%、5.1%、4.7%，对欧盟、中国香港进出口分别下降0.4%、4.5%，五大市场合计进出口额占全市60.4%；对“一带一路”沿线国家进出口额达2463.47亿元，下降1.9%，出口额达1686.65亿元，下降5.3%，进口776.82亿元，增长6.3%。

从商品结构看，机电产品、高新技术产品出口均下降而进口增长较快。机电产品出口额达2820.3亿元，下降5.2%，占全市出口总值的50.3%；进口额达1979.66亿元，增长15.1%，占全市进口总值的47.1%。高新技术产品出口额达863.45亿元，下降13.0%，占全市出口总值的15.4%；进口额达1190.68亿元，增长10.9%，占全市进口总值的28.3%。

（四）招商引资形势良好

2018年，广州新设立外商直接投资企业有5376家，增长118.6%；合同外资达399.59亿美元，增长198.4%；实际使用外资66.11亿美元，增长5.1%。在一系列稳外资特别是先进制造业外资政策作用下，不少老牌外资企业增资扩股，共有广汽丰田、壳牌、日立电梯等478家外商投资企业增资，涉及合同外资45.45亿美元。

从投资行业看，制造业实际使用外资实现大幅增长。2018年，广州制造业新设外商投资企业135家，增长33.7%；实际使用外资29.40亿美元，增长237.1%，规模占全市的44.5%。2018年，广州服务业新设外商投资企业5136家，增长120.1%，数量占全市的95.5%；实际使用外资36.39

亿美元，同比减少31.1%，规模占全市的55.0%。

从投资来源地看，实际使用外资仍主要来源于香港。2018年来自香港的实际使用外资为40.39亿美元，下降22.0%，占全市实际使用外资总额的61.1%。实际使用外资前5位国家（地区）是中国香港、韩国、日本、百慕大、新加坡。“一带一路”沿线国家和地区在穗实际投资2.73亿美元，增长121.4%。

从项目结构看，外资大项目增长迅猛。2018年广州吸收投资总额5000万美元以上的大型项目共347个，增长344.9%；涉及合同外资合计226.25亿美元，增长137.6%，占全市合同外资总额的56.6%。

二 2019年广州商贸流通业发展环境分析和趋势展望

（一）行业发展环境

1. 粤港澳大湾区建设提速

改革开放不断深化，粤港澳大湾区建设提速。2019年是新中国成立70周年，是全面建成小康社会的关键之年。政府工作报告提出“推动全方位对外开放”，要求“继续推动商品和要素流动型开放，更加注重规则等制度型开放”。“全方位”表达了我国对外开放的坚定决心，未来将进一步通过转变贸易发展方式、创新商业业态、继续深耕海外市场、持续推进与已经签订自贸协定国家的合作、积极应对国际贸易摩擦等方式，提高我国贸易在全球价值链中的地位，推进我国在全球贸易体系中的话语权。粤港澳合作是中国改革开放的一个缩影。2019年2月《粤港澳大湾区发展规划纲要》正式发布，标志着大湾区建设转向全面铺开、纵深推进的共同发展新阶段。打造粤港澳大湾区，建设世界级城市群，有利于进一步深化改革、扩大开放，建立与国际接轨的开放型经济新体制，建设高水平参与国际经济合作新平台。广东当前和今后一段时期的主要任务，就是携手港澳全力以赴抓好规划纲要并贯彻落实。《中共广东省委广东省人民政府关于贯彻落实〈粤港澳大湾区发展规划纲要〉的实施意见》《广东省推进粤港澳大湾区建设三年行动计划（2018～2020 年）》等一系列配套文件出台，形成了广东推进大湾区建设的施工图和任务书，明确提出 2035 年将大湾区全面建成宜居、宜业、宜游的国际一流湾区。

2. 营商环境持续优化

据《2018 年广东省地方服务型政府建设系列调研报告》，2018 年广州公共服务公众满意度跃居全省第一，政务服务满意度连续三年保持全省首位。《2018 年 70 个城市消费者满意度测评报告》显示，广州从 2017 年排名第 27 跃升至 2018 年排名第 4，在全国省会城市中排名第一。不断优化的政府服务让企业和群众真实地感受到政府职能在转变、营商环境在改善。围绕推动广州在建设现代化国际化营商环境上出新出彩，为实现老城市新活力提供有力支撑，广州正全面深化营商环境综合改革，切实解决企业“痛点”“难点”“堵点”，持续优化现代化国际化营商环境，打造全球企业投资首选地和最佳发展地。广州在全国率先推出“人工智能＋机器人”商事登记、在全国首创商事登记“无人大厅”“无人审批”的新模式，从而实现“免预约”“零见面”“全天候”“无纸化”“智能化”办理商事登记。作为广州加大营商环境改革力度的先行试点，广州开发区将与广东自由贸易试验区南沙新区片区、国家临空经济示范区等重点区域一道，通过发挥示范突破推动作用，以点带面引领广州营商环境再上新台阶。广州开发区正在创建国家级营商环境改革创新实验区，并力图在全国率先推行行政审批和技术审查相分离、率先试点“自由贸易＋先进制造”。2018 年 12 月广州印发《关于广州市狠抓营商环境综合改革试点实施方案工作落实的通知》《广州市优化营商环境专项行动计划》《优化营商环境指标推动我市营商环境评价走在全国前列工作方案》三份文件，为实现营商环境“质的飞跃”明确了任务分工及工作要求，将聚焦开办（注销）企业、办理施工许可、不动产登记、缴纳税费、跨境贸易、获得电力、获得用水、获得用气、获得网络、获得信贷、知识产权保护等关键环节开展 11 个专项行动，着力减程序、减时间、减成本、优服务，打造更多营商环境改革“广州样本”。

3. 电子商务新政出台

2019 年 1 月广州出台《关于推动电子商务跨越式发展的若干措施》（以下简称《措施》），提出培育新常态下经济发展新动能，把广州打造成亚太电子商务中心。《措施》明确提出，推动琶洲互联网创新集聚区落户电子商务企业加快开展业务，吸引电子商务产业高端要素集聚，打造广州新经济发展的重要引擎。支持工业园区、服务业集聚区及特色小镇的闲置楼宇资源转型升级，建设电子商务产业园。同时，努力培育一批具有示范性、产业带动明显、在全国有影响力的电子商务平台。除此之外，将重点引进国内外知名跨境电子商务龙头企业，加大力度扶持跨境电子商务交易平台、物流供应链、结汇、海外仓等服务型跨境电子商务企业。未来广州将不断深化与港澳在跨境电子商务领域的合作。《措施》提出，推动跨境电子商务粤港澳大湾区合作与行业标准制定。推进穗港澳认证及相关检测业务互认制度在跨境电子商务领域落地，实现“一次认证、一次检测、三地通行”。探索建立适合跨境电子商务发展的国际通用规则，适时推动航空快件国际和台港澳中转集拼业务在跨境电子商务领域中的应用。大力发展社区电子商务，支持服务百姓日常生活的购物、餐饮、家政、维修、中介、配送等电子商务平台建设。加强社区网络配送设施建设，将社区便民投送场所纳入城市商业网点和城市建设规划，解决电子商务“最后一公里”终端服务瓶颈。在落实保障方面，广州将对电子商务产业加大财政支持。《措施》明确提出，探索通过政府购买服务、仓租补助等形式，支持企业发展。同时，鼓励社会资本成立电子商务专项发展基金，探索政府股权投资或者政府和社会资本合作（PPP），采取以奖代补、贴息等多种方式支持电子商务公共服务及基础设施建设，并对相关企业按规定予以有关税收优惠政策。按《措施》规定，广州将在白云、花都、南沙、从化、增城等区预留电子商务物流基地用地，满足电子商务产业发展需求。通过城市更新工作，盘活存量土地发展电子商务，允许自主改造企业在政策范围内分期缴纳土地出让金。提高物流用地的节约集约利用强度，弱化对物流用地税收强度等附加要求。此外，《措施》还针对推动工业电子商务创新发展和提升农村电子商务发展水平等方面制定了相关规定。

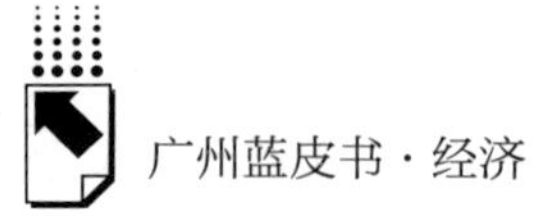

4. 广州综合性门户城市引领作用更加突出

作为国家三大国际综合交通枢纽之一，近年来广州不断加快港口、机场、铁路、高快速路等重大基础设施建设，“海、陆、空”交通互联“全面开花”，枢纽门户串联起一条条“内联外达”的交通要道，让高端要素如人才、货物、资金流、信息流等加速流动。截至2018年底，广州地铁开通线路达到15条，总线网里程增加到478公里，位居世界第三。内部交通网络日益通达的同时，广州对外交通的通达性也同步提升，2018年白云机场旅客吞吐量再创新高，接近7000万人次；广州港货物吞吐量突破6亿吨的关键节点；广深港高铁、江湛铁路等轨道交通“大动脉”接连通车。被誉为全球民航界“奥运会”和“世博会”的2018世界航线发展大会在广州举办，全球115个国家和地区逾3500名嘉宾代表参会，其规模创历届大会之最，向全球航空业界展示了广州航空业的繁荣。接棒世界航线发展大会，2019年世界港口大会也将在广州举办。2018年底，全球市长论坛在广州举办，105个城市共同发布《全球市长论坛广州宣言》，“世界的广州”搭建起城市治理领域的全球性交流合作平台，广州把对外开放推向了更高的水平，为造福全球市民、构建人类命运共同体做出了城市贡献。广州借全球盛会向世界展现了联通世界的城市面貌。根据《广州综合交通枢纽总体规划（2018~2035年）》，广州谋划新增广河高铁、广清永高铁、贵广铁路广宁联络线、广中珠澳高铁，构成广州铁路对外十大战略通道。届时，粤港澳大湾区城市可通过广州这个核心枢纽，快速连接大西南、长三角、京津冀，紧密对接国家“一带一路”建设、京津冀一体化发展以及长江经济带建设等重大战略。在广东“一核一带一区”的区域发展格局中，广州是珠三角核心区的主引擎。站在新起点，广州正全力发挥国家中心城市和综合性门户城市引领作用，强化粤港澳大湾区区域发展核心引擎功能，提高全球资源配置能力，提升城市能级和核心竞争力，着力建设国际大都市。一个“拥抱湾区、连接世界”的超级门户城市新蓝图正在绘就。

5. 消费升级势头不减

2018年我国消费市场总体保持平稳运行态势，消费规模稳步扩大，消费模式不断创新，消费贡献进一步增强，连续5年成为经济增长的第一驱动力。全国居民恩格尔系数为28.4%，比上年下降0.9个百分点；居民人均消费支出中，服务性消费占比达44.2%，比上年提高1.6个百分点。网上零售比重不断扩大，实体零售保持回暖态势。全国实物商品网上零售额增长25.4%，占社零总额18.4%，较上年提高3.5个百分点。全国快递业务量累计完成507.1亿件，增长26.6%。实体零售业积极利用新技术，线上线下深度融合，呈现稳步发展态势。商务部重点监测零售企业中，便利店、超市销售额分别增长7.9%、4.9%，较上年分别加快0.5个、1.0个百分点。商品消费提档升级，新能源汽车等销售强劲。时尚、品质、节能、智能等升级类产品受到市场欢迎。限额以上单位化妆品和家电类商品零售额增速分别高于限额以上单位商品零售额增速3.9个和3.2个百分点。商务部重点监测零售企业中，通信器材类和文化娱乐类商品销售额增速分别比上年提升2.3个和2.1个百分点。新能源汽车全年销售125.6万辆，增长61.7%。2019年我国消费增长尽管承受了一定的压力，但消费发展仍然具有很多有利条件。随着城镇化水平不断提高，促进消费的政策效应逐步显现，新兴消费群体快速增长，发展新动能不断涌现，消费市场稳健发展的基本面不会改变，消费升级的趋势不会改变，消费潜力继续释放的势头也不会改变。

（二）行业发展预测

从内贸来看，广州限额以上石油及制品类、化工材料及制品类、金属材料类等商品销售额占全市限额以上商品销售总额约四成半，对拉动商品销售额增长起着关键作用。截至2019年2月末，商务部监测平台重点监测的国际柴油、汽油、天然橡胶、铜、锌、铝等大宗商品销售额分别下降6.7%、19.8%、7.3%、14.1%、24.8%、16.1%，显示出大宗商品价格已经拖累了大宗商品销售额的增长。广州汽车消费占限额以上批发零售业零售额近三成，从数据面和重点企业初步分析，考虑到新能源汽车优惠推广因素，预计汽车消费增速仍有一定的增长，但由于受即将实施的国六排放标准、限购和非穗籍车“开四停四”限行政策、车企激烈竞争、汽车车型换代生产产值下降等因素影响，限额以上汽车类商品销售额预计增长压力较大，2019 年汽车消费预计增长幅度有限，全年增速预计在 5% 以下。网上销售竞争激烈，网上商店零售额增长仍然较快，但增速放缓。根据 2019 年春节期间监测情况，重点监测的广百股份（包括新大新）、友谊商店、天河城百货、摩登百货、王府井百货、东山百货、新光百货 7 家传统大型百货店个位数增长，广州酒家、麦当劳等大型餐饮消费企业两位数增长，反映春节期间广州住餐消费畅旺。预计社会消费品零售总额全年运行呈平稳增长态势，商品销售总额全年增速运行呈“前高后低”态势。

从外贸来看，进出口涨势良好，2019 年 1 月，广州一般贸易、保税物流、加工贸易都有较快增长，增长率分别为 10.1%、56.8%、7%，对外贸增长的贡献率分别为 66.1%、46.3%、26.0%。受部分企业春节前“抢出口”以及基数因素影响，广州出口转负为正，2019 年 1 月同比增长 3%，扭转了从 2018 年以来各月累计增速负增长的态势。大项目带动明显，增城富士康大型重点项目带动进口增长，1 月为广州带来外贸净增值 5.9 亿元，拉动广州外贸增长 0.7 个百分点。市场采购出口拖累同期出口，形势不容乐观，市场采购出口 106 亿元，下降 24.5%，占广州出口额的 12%，是拖累广州外贸增长的最主要因素。预计下半年市场采购出口会逐步回升，全年进出口平稳增长。

从物流领域来看，近年来一些重大交通枢纽工程已建成使用，在粤港澳大湾区建设加快推进的背景下，2019 年广州还将继续建设系列交通枢纽项目。货运方面，去产能减压钢铁过剩产能，抑制新增钢铁产能项目，企业进口铁矿石及煤炭需求有所减少，中远海运散货进驻的新增量效应有所回归，交通运输业增长将有所放缓。技术进步和管理创新推动快递等邮政业务保持快速增长，2018 年“双 11”发货速度再次创新纪录。菜鸟数据显示，2018 天猫“双 11”第 1 亿个包裹送达较上年提速约 5 小时，比 5 年前大幅提速 6 天半，创下中国物流业的又一纪录。国家邮政局统计数据显示，“双 11”当天，已有超过 4 亿个快递包裹在路上。“双 11”跨境物流也提速明显，进口订单清关量突破 1000 万单的时间较上年提速 10 个半小时。广州快递收寄量稳居全国前列，预计 2019 年邮政业务总量仍将保持高速增长。

三　广州商贸流通业发展建议

（一）在更高水平上推动全方位对外开放

举全市之力推进粤港澳大湾区建设，切实发挥粤港澳大湾区核心增长极作用，把大湾区建设作为改革开放的大机遇、大文章，抓紧抓实办好，在更高水平上推动全方位对外开放。以连通、贯通、融通为重点，推动规则相互衔接。以广州南沙庆盛科技创新产业基地等创新平台为重点，争取开展粤港澳科技创新政策先行先试，深化科研成果转化合作，携手港澳打造国际科技创新中心。强化跨境基础设施对接，加快白云机场第二高速、白云国际机场三期扩建、珠三角枢纽（广州）新机场项目前期工作，积极完善以广深港、广珠澳快速交通网络，进一步完善广深港高铁的运营管理和机制安排，抓好南沙港区四期工程等港口建设，共同建设世界级机场群和港口群，推动三地高水平互联互通。完善便利港澳居民在广州居住、学习、创业、就业、商旅等配套政策，着力增进民生福祉，推动三地合作办学、合作办医，打造更多穗港澳青年创新创业基地，携手港澳打造宜居宜业宜游的优质生活圈。对港澳在金融、建筑等服务领域实施特别开放措施，进一步取消或放宽对港澳投资者的限制。扩大高水平对外开放，携手港澳打造“一带一路”建设重要支撑区。加快打造广州南沙粤港澳全面合作示范区，加快中新广州知识城等特色平台建设，研究谋划一批形式丰富多元、功能定位鲜明的合作平台，加快引进港澳高端资源要素，探索开展一批首创性、差异化改革，引领带动粤港澳全面合作。

（二）多措并举稳外贸促外资

实施市场多元化战略，大力拓展东盟、日韩、中东欧市场。打造境外广州名优商品展销中心，拓展境外营销网络。大力培育市场采购、跨境电商、融资租赁等外贸新业态新模式，积极培育外贸综合服务示范企业。积极扩大先进技术装备、紧缺原材料、优质消费品进口规模。推动进出口环节减费增效，进一步压缩通关时间。紧紧抓住粤港澳大湾区规划建设这个“纲”，瞄准世界500强、中国500强、民营500强等大型企业，加强对新一代信息技术、人工智能、生物医药（IAB）产业以及新能源、新材料（NEM）产业的招商引资，做大增量。紧紧抓住“总部入穗”这个关键环节，加大贸易类国内外知名地区总部企业、跨国公司、销售中心、结算中心的引入。开展产业链专题招商，推动重大外资项目加快落地。

（三）加快培育和发展新动能

围绕建设“国际商贸中心”这个主题，结合打造国际全国消费中心城市、推动批发市场转型升级、创建跨境电商枢纽城市和全国服务贸易创新发展试点城市等中心工作，内贸重点抓好新零售、网上商店和发展邮轮经济，外贸重点抓好市场采购、跨境电商、保税物流、汽车平行进口、毛坯钻石保税交易和服务外包，力推新旧动能转换。

（四）推动消费市场平稳增长

努力满足最终需求，提升产品质量，加快教育、育幼、养老、医疗、文化、旅游等服务业发展，改善消费环境，落实好个人所得税专项附加扣除政策，增强消费能力，让老百姓吃得放心、穿得称心、用得舒心。进一步促进社区便利店商业设施的集约发展。进一步健全乡镇和农村服务网点，深化电商进农村综合示范，引导邮政、银行和电商企业共建共享农村服务网点，推动工业品下乡、农产品进城双向流动，组织电子商务企业举办品牌消费、品质消费进乡村的“双品购物节”系列活动，让电商企业能够在农村市场扎下根，实现规模、成本、效益的良性发展。扩大服务消费，进一步推进生活服务业提质扩容，重点打造一批精品便民消费服务中心。大力推进传统流通业态创新发展，培育一批线上线下融合创新发展的商务企业，引导市场主体向数字化、网络化、智能化发展。发挥投资关键作用，加大制造业技术改造和设备更新，加快5G商用步伐，加强人工智能、工业互联网、物联网等新型基础设施建设，加大城际交通、物流、市政基础设施等投资力度，补齐农村基础设施和公共服务设施建设短板，加强自然灾害防治能力建设。

（五）加大政策扶持力度

积极梳理各项内贸扶持资金管理措施，同等条件下优先考虑内贸百强企业，扶持重点企业做大做强，支持广州中小型商贸企业通过新设或转型升级，成立总部企业，享受总部政策。用好出品信保资金、扶持中小企业境外参展、开拓国际市场等扶持资金，推动企业扩大进出口额。继续积极落实《国务院关于扩大对外开放积极利用外资若干措施的通知》（国发〔2017〕5号）、《国务院关于积极有效利用外资推动经济高质量发展若干措施的通知》（国发〔2018〕19号）和广东外资十条等促进利用外资政策，围绕进一步扩大开放、促进内外资公平竞争以及加大吸引外资力度等方面，争取制定有效可行的促进利用外资措施和安排。

参考文献

陈天妮：《产业经济转型和改革背景下我国商贸流通业创新模式研究》，《商业经济研究》2018年第19期。

刘伟中：《消费升级：广州推动商贸产业发展提速重器》，《广东经济》2018年第11期。

徐锋、马淑琴、李军：《习近平新时代流通发展观的核心思想及其演化脉络》，《商业经济与管理》2018年第9期。

B.8
2018年广州房地产市场发展情况及2019年展望

欧江波　范宝珠　唐碧海*

摘　要： 2018 年广州坚持“房子是用来住的、不是用来炒的”定位，持续优化房地产调控政策，市场运行基本平稳，一手房成交量保持基本稳定，二手房市场成交量有所减少。展望 2019 年，广州房地产调控政策将继续保持连续性和稳定性，市场总体景气状况有望与 2018 年基本持平，预计一手住宅市场供应将较为充足，成交量保持基本稳定，二手住宅市场成交量可能出现小幅回升。

关键词： 房地产市场　分析预测　广州

一　2018年房地产发展环境

2018 年宏观经济运行总体平稳。从全球看，世界经济整体上保持增长态势，但经济复苏稳中有变，主要经济体分化加剧，国际货币基金组织 2019 年 1 月发布的报告指出，2018 年全球经济增长 3.8%，比 2017 年回落 0.1 个百分点；从国内看，我国积极稳妥应对外部环境变化和中美经贸摩

* 欧江波，广州市社会科学院数量经济研究所（经济决策仿真实验室）所长、副研究员、博士，研究方向为宏观经济、城市经济、房地产经济；范宝珠，广州市社会科学院数量经济研究所（经济决策仿真实验室）副研究员；唐碧海，广州市社会科学院数量经济研究所（经济决策仿真实验室）副所长、副研究员、博士。

擦，不断创新和完善宏观调控，经济运行在合理区间，结构不断优化，质量效益进一步提升，全年完成国内生产总值 90.03 万亿元，比上年增长 6.6%；从本地看，广州经济在转型升级、动力转换中平稳运行，全年完成地区生产总值 2.29 万亿元，增长 6.2%。

2018 年我国房地产市场总体平稳。房地产市场成交情况良好，全年商品房销售面积达 17.17 亿平方米，比上年增长 1.3%，销售金额为 15.0 万亿元，增长 12.2%，增速分别比上年回落 6.4 个、1.5 个百分点。房地产开发投资实现较快增长，完成投资 12.03 万亿元，增长 9.5%，增速比上年提高 2.5 个百分点，其中住宅投资为 8.52 万亿元，增长 13.4%。新开工量增长较快，房屋和住宅新开工面积分别达到 20.93 亿平方米和 15.34 亿平方米，分别增长 17.2% 和 19.7%。开发商拿地热情较高，全年购置土地面积 2.91 亿平方米，增长 14.2%，土地成交价款 1.61 万亿元，增长 18.0%。市场库存量持续减少，年末商品房待售面积同比减少 6510 万平方米。房地产调控成效显现，楼市逐步回归理性。

2018 年房地产调控政策持续优化。中央强调楼市调控不放松，落实地方主体责任，继续实施差别化调控，不断加大房地产市场监管力度，促进市场平稳健康发展。各地方政府继续落实“因城施策”，因应市场情况出台和调整调控措施，据中国指数研究院监测，全年有 30 个城市出台或升级了限售政策、22 个城市出台或升级了限购政策。年末随着房地产市场发展形势的变化，部分城市优化了调控政策，如山东菏泽取消新购住房限制转让措施，对实力强、信誉好的企业商品房预售资金不再监管；珠海金湾、斗门两区降低购房门槛，非珠海市户籍居民购房，不再执行需连续缴纳 5 年社保，只需一年社保加珠海市人才证明即可。就广州而言，房地产调控政策持续优化，2018 年 7 月出台《关于实施广清住房公积金互贷新政的通知》，广清住房公积金互贷新政正式实施；9 月市住建委等 8 个部门加强联合执法工作，加大市场整治力度，重点打击各类违法违规行为；10 月市住建委出台通知，优化新建商品住房预售和网签价格指导机制，严禁开发企业拆分价格报备；12 月发布《关于完善商服类房地产项目销售管理的意见》，明确 2017 年 3 月 30 日前（含当日）土地出让成交的房地产项目，其商服类物业不再限定销售对象。

二 2018年广州房地产市场发展情况

2018 年广州房地产市场总体平稳。新建商品房市场保持基本稳定，全年一手房网上签约（以下简称“签约”）面积达 1316.37 万平方米，比上年微增 0.2%，签约金额达 2609.24 亿元，增长 12.6%；其中，一手住宅签约面积为 982.00 万平方米，与上年持平；一手商服物业签约面积为 232.60 万平方米，减少 0.7%。存量房市场成交有所减少，二手房交易登记（以下简称“登记”）面积为 1083.11 万平方米，减少 21.0%，登记金额为 2008.06 亿元，减少 10.7%；其中，二手住宅登记面积为 882.49 万平方米，减少 24.4%；二手商服物业登记面积为 67.76 万平方米，减少 7.0%。房地产开发投资保持稳定，投资额与上年基本持平，但商品房新开工面积为 1775.45 万平方米，减少 4.2%。

（一）一手住宅市场情况

1. 总体情况

市场供应有所增加。2018 年，一手住宅批准预售 10.0 万套，比上年增长 31.4%，预售面积为 1080.52 万平方米，增长 32.4%。平均每套住宅预售面积为 108.05 平方米，比 2017 年（107.24 平方米/套）微增 0.76%，各类户型住宅供应占比保持基本稳定。

市场成交量保持稳定。在房地产调控政策不断优化的带动下，2018 年广州一手住宅签约面积达 982.00 万平方米，与上年持平。市场成交呈现前低后高走势，第一季度受房地产调控政策影响，市场成交较为低迷，签约面积仅为 182.44 万平方米，同比减少 37.9%，环比 2017 年第四季度减少 23.3%；4 月以来在调控政策持续优化的带动下，第二季度成交量有所回升，签约面积为 231.44 万平方米，环比第一季度增长 26.9%；第三季度成交量继续回升，签约面积为 294.09 万平方米，同比增长 67.2%，环比第二季度增长 27.1%；在开发企业年末促销的带动下，第四季度市场成交量保持较高水平，签约面积为 274.03 万平方米，同比增长 15.3%（见图 1）。

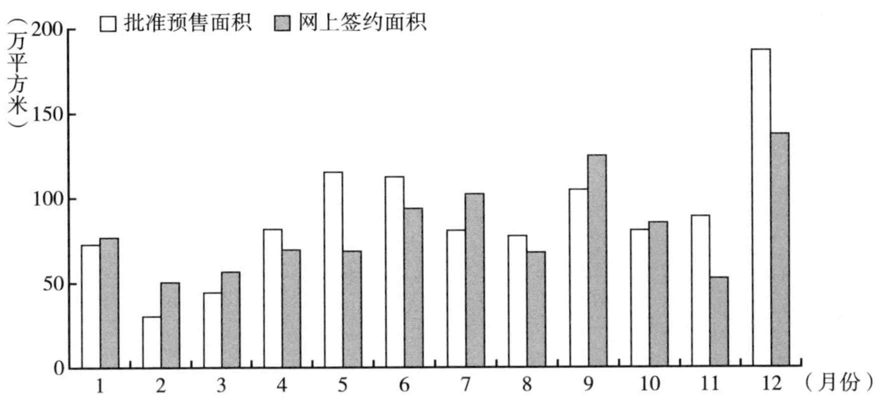

图1　2018 年各月广州一手住宅市场情况

资料来源：广州市住房和城乡建设委员会。

与国内其他一线城市相比，广州一手住宅市场相对平稳。2018 年北京、上海、深圳商品住宅成交量分别为 410.19 万平方米、1313.31 万平方米、292.42 万平方米，同比变动幅度分别为 -4.1%、-3.5%、12.8%，同期广州一手住宅成交面积为 982.00 万平方米，分别是北、上、深成交量的 2.39 倍、74.8%、3.36 倍（见表 1）。

表 1　2018 年北上广深一手住宅成交市场情况

单位：万平方米，%

地区	成交量	比上年增长
北京	410.19	-4.1
上海	1313.31	-3.5
广州	982.00	0.0
深圳	292.42	12.8

说明：北京、上海和深圳一手住宅成交量数据来源于 WIND 资讯；广州数据来源于广州市住房和城乡建设委员会。

2. 区域结构分析

中心 5 区供求均大幅增加。2018 年，中心 5 区一手住宅预售面积为 210.62 万平方米，比上年增长 1.09 倍，其中荔湾供应量较大，预售面积达到104.00万平方米。中心5区一手住宅签约面积204.68万平方米，比上年增长1.19倍，其中天河和荔湾市场活跃，签约面积分别达到77.39万平方米和70.66万平方米（见表2）。

表2　中心5区2018年一手住宅市场情况

单位：万平方米，%

区域	预售面积	比上年增长	签约面积	比上年增长
中心5区	210.62	109.4	204.68	118.9
越秀	0.37	-41.1	2.07	-45.8
海珠	27.24	186.5	26.46	114.8
荔湾	104.00	383.2	70.66	145.9
天河	32.64	-40.4	77.39	126.9
白云	46.37	228.2	28.10	93.3

资料来源：本表及后续图表广州房地产市场相关数据，均为笔者通过收集广州市住房和城乡建设委员会每月公布的房地产市场供应数据、交易数据和库存数据，汇总为年度数据进行计算所得。

外围6区市场成交有所减少。2018年，外围6区一手住宅新增供应有所增加，全年预售面积达869.90万平方米，比上年增长21.6%，新增供应主要集中在增城和南沙，预售面积分别达到318.34万平方米和164.43万平方米，合计占全市总供应量的44.7%。市场成交量有所减少，全年一手住宅签约面积777.32万平方米，比上年减少12.5%，其中增城、黄埔和南沙成交量较大，签约面积分别达到293.57万平方米、139.85万平方米和130.02万平方米，合计占全市总成交量的57.4%（见表3）。

表3　外围6区2018年一手住宅市场情况

单位：万平方米，%

区域	预售面积	比上年增长	签约面积	比上年增长
外围6区	869.90	21.6	777.32	-12.5
黄埔	111.82	-32.2	139.85	-15.2
花都	94.79	48.3	72.67	-46.7
番禺	116.80	150.5	87.70	-4.0
南沙	164.43	31.7	130.02	-12.9
增城	318.34	22.5	293.57	4.6
从化	63.71	15.2	53.50	-18.2

3. 市场库存情况

市场去库存周期有所延长。受2018年新增供应量较大影响，市场库存有所增加，12月末全市可售一手住宅7.23万套，同比增长17.1%，可售面积872.26万平方米，同比增长17.0%。以2018年月平均销售速度计算，12月末全市一手住宅去库存周期为10.7个月，比2017年末（9.1个月）有所延长。从各区域库存量变动情况看，与2017年12月末相比，大部分区域库存量有所增加，2018年12月末番禺、荔湾、增城和南沙可售面积分别增加45.0万平方米、44.34万平方米、27.24万平方米和26.24万平方米，但天河和黄埔受供应量减少影响，库存量分别减少36.01万平方米和28.72万平方米。外围区域去库存周期情况出现分化，东部地区库存相对偏紧，黄埔和增城去库存周期分别仅为5.2个月和6.6个月，花都和番禺去库存周期偏长，分别达到26.3个月和17.6个月（见表4）。

表4　2018年12月末广州各区一手住宅市场库存情况

地区	2017年12月末			2018年12月末		
	可售套数（套）	可售面积（万平方米）	去库存周期（月）	可售套数（套）	可售面积（万平方米）	去库存周期（月）
广州	61784	745.65	9.1	72328	872.26	10.7
中心5区	12473	144.88	18.6	14213	167.20	9.8
越秀	282	3.09	9.7	126	1.47	8.5
海珠	1883	22.42	21.8	2101	22.62	10.3
荔湾	4202	47.55	19.9	7417	91.89	15.6
天河	4351	51.76	18.2	1486	15.75	2.4
白云	1755	20.05	16.6	3083	35.46	15.1
外围6区	49311	600.77	8.1	58115	705.06	10.9
黄埔	7902	89.23	6.5	5080	60.51	5.2
花都	10491	140.02	12.3	12870	159.26	26.3
番禺	6244	83.33	10.9	9672	128.32	17.6
南沙	9653	112.78	9.1	12214	139.02	12.8
增城	12063	134.83	5.8	14263	162.07	6.6
从化	2958	40.57	7.5	4016	55.87	12.5

（二）二手住宅市场情况

1. 总体情况

二手住宅成交有所减少。2018 年，广州二手住宅交易登记 10.24 万套，比上年减少 24.1%，登记面积 882.49 万平方米，比上年减少 24.4%；二手住宅成交量占全市住宅市场总成交量的份额为 47.3%，比上年下降 7.0 个百分点。成交量降幅较大的原因是：一是在房地产调控政策持续偏紧的背景下，2018 年市场观望气氛浓厚，成交量有所减少；二是房价水平较高、房地产信贷环境持续偏紧，入市门槛有所提高；三是 2017 年成交量较大，对比基数较高。从市场走势看，1 ~9 月二手住宅月度成交量维持在 80 万平方米左右的水平，10 ~12 月受市场预期转变影响，市场整体进入“买方市场”，业主“让价”成为主流，但价格水平仍与买家的“压价”预期存在较大差距，买卖双方僵持态势加剧，月度成交量下滑至 65 万平方米左右（见图 2）。第四季度以来二手住宅市场价格出现下行，根据国家统计局的数据，10 月、11 月、12 月广州二手住宅价格环比分别下降 0.2%、0.3%、0.4%。

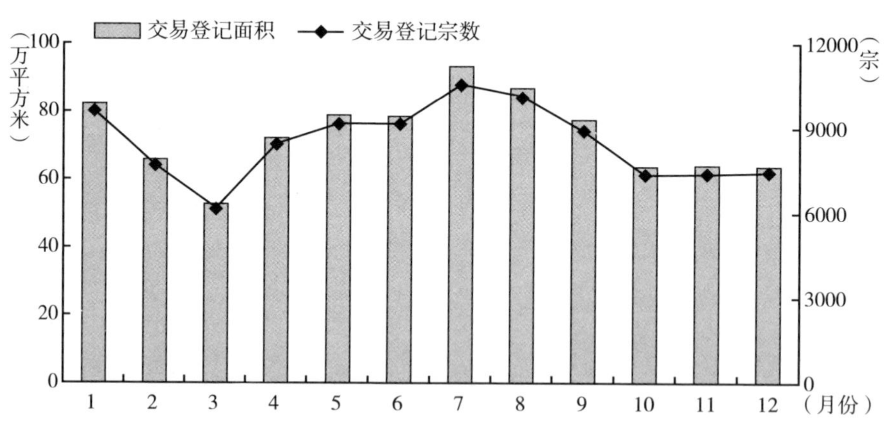

图 2　2018 年各月广州二手住宅交易市场情况

2. 区域结构分析

绝大部分区域二手住宅成交量有所减少。2018 年，外围 6 区二手住宅登记面积547.02万平方米，比2017年减少12.8%；中心5区二手住宅登记面积335.47万平方米，减少38.0%。从各区成交情况看，番禺、增城和花都成交量超100万平方米，其中番禺成交量达到183.98万平方米，居各区首位，增长9.6%，是2018年全市唯一一个成交量出现正增长的区域（见表5）。

表5　2018年广州二手住宅交易市场情况

单位：万平方米，%

区域	登记面积	比上年增长	占该区住宅市场总成交的比重
广州	882.49	-24.4	47.3
中心5区	335.47	-38.0	62.1
越秀	64.35	-34.4	96.9
海珠	77.47	-39.5	74.5
荔湾	45.87	-36.3	39.4
天河	76.70	-35.7	49.8
白云	71.08	-42.4	71.7
外围6区	547.02	-12.8	38.6
黄埔	29.75	-16.9	17.5
花都	108.06	-22.8	59.8
番禺	183.98	9.6	67.7
南沙	44.93	-20.3	25.7
增城	127.84	-23.1	30.3
从化	52.45	-13.6	49.5

三　2019年房地产发展环境与政策展望

（一）2019年宏观经济增长分析

1. 全球经济增长分析

2019年全球经济增长总体将稳中趋缓。美国经济将保持增长但动能有所趋弱，欧洲经济不确定因素增多，日本经济增速可能回落，中国、印度、俄罗斯、巴西等新兴经济体增长动力总体有所弱化，不均衡性有所增加。主要机构对2019年全球经济增长持谨慎乐观态度，根据国际货币基金组织、世界银行、联合国经社理事会最新发布的全球经济预测，2019年经济增速将分别达到3.3%、2.9%、3.0%，均低于2018年增速。同时，世界经济仍面临贸易投资环境恶化、金融市场动荡、保护主义升温、国际和地区热点问题升级等多重风险，增长存在较大不确定性（见表6）。

表6　主要机构对2019年世界及主要经济体增速预测

单位：%

国家	国际货币基金组织(IMF)	世界银行	联合国经济及社会理事会
世界经济	3.3	2.9	3.0
发达国家	1.8	2.0	2.1
美国	2.3	2.5	2.5
欧元区	1.3	1.6	1.9
日本	1.0	0.9	1.4
发展中国家	4.4	4.2	4.3
中国	6.3	6.2	6.3
俄罗斯	1.6	1.5	1.4
印度	7.3	7.5	7.6
巴西	2.1	2.2	2.1
南非	1.2	1.3	2.1

说明：本表数据来源于国际货币基金组织《世界经济展望》（2019年4月）、世界银行《全球经济展望》（2019年1月）、联合国经济及社会理事会《2019年世界经济形势与展望》（2019年1月）。

2.我国经济增长趋势分析

2019年我国经济稳中有进的基本态势有望持续。支撑经济保持中高速增长和迈向中高端水平的有利条件继续增多，但仍面临总需求增速趋缓、转型升级任务较重、外部环境复杂严峻等风险和挑战，特别是2018年下半年以来经济下行压力有所加大，为2019年经济增长蒙上阴影。国内外主要机构预测2019年中国经济增速处于6.2%～6.5%区间（见表7）。

表7　主要机构对2019年中国经济增长的预测

单位：%

预测机构名称	2019年GDP增长预测	发布时间
国际货币基金组织(IMF)	6.3	2019年4月
世界银行	6.2	2019年1月
联合国经社理事会	6.3	2019年1月
OECD	6.3	2018年11月
亚洲开发银行	6.3	2018年12月
厦门大学宏观经济研究中心	6.42~6.48	2018年10月
国家信息中心	6.3	2018年10月
中国社会科学院	6.3	2019年1月

资料来源：课题组根据相关机构资料整理。

3. 广州经济增长趋势分析

在全球经济持续增长和全国经济稳中向好的大背景下，2019年广州经济运行有望保持基本稳定。根据广州市社会科学院数量经济研究所的预测报告，预计2019年广州经济增速处于6.2%~6.8%区间。

（二）2019年我国宏观调控政策展望

2019年，我国将坚持稳中求进工作总基调，统筹推进稳增长、促改革、调结构、惠民生、防风险工作，进一步稳就业、稳金融、稳外贸、稳外资、稳投资、稳预期，提振市场信心。继续实施积极的财政政策和稳健的货币政策，更强调适时主动预调微调、政策协同和逆周期调节，预计总体政策环境有望稳中趋松。

1. 积极的财政政策将加力提效

实施更大规模减税和更明显降费，落实降低增值税税率和个人所得税专项附加扣除政策，进一步完善出口退税政策，削减进口环节制度性成本。放宽市场准入，大幅减少政府对资源的直接配置，保障民营企业家人身财产安全。推进财税体制改革，健全地方税体系，较大幅度增加地方政府专项债券规模，加大新一代信息、城际交通、物流、市政、公共服务等基础设施投资力度，在扩大就业、转型升级、培育新动能、促进消费、基础民生保障等方面积极作为。

2. 稳健的货币政策要松紧适度

保持流动性合理充裕，改善货币政策传导机制，提高直接融资比重，提升金融体系服务实体经济能力。解决好民营企业和小微企业融资难融资贵问题，引导金融机构设立民营企业债券融资支持工具，鼓励商业银行发行小微企业金融债券。加快国家融资担保基金出资到位，对新开工棚改项目抓紧研究出台金融支持政策。完善金融基础设施，强化金融监管和服务能力，完善资本市场交易制度，提高上市公司质量。坚持结构性去杠杆，防范金融市场异常波动和共振，规范政府举债融资机制，稳妥处理地方政府债务风险。

（三）2019年房地产调控政策展望

2019 年房地产调控政策将坚持“房子是用来住的、不是用来炒的”定位，以稳地价稳房价稳预期为目标实施调控，保持调控政策的连续性稳定性，改革完善住房市场体系和住房保障体系，促进房地产市场平稳健康发展。

1. 稳妥实施房地产市场平稳健康发展长效机制方案

2018 年末中央经济工作会议指出，要构建房地产市场健康发展长效机制，坚持“房子是用来住的、不是用来炒的”定位，因城施策、分类指导，夯实城市政府主体责任，完善住房市场体系和住房保障体系。2019 年 1 月 21 日，习近平总书记在省部级主要领导干部坚持底线思维着力防范化解重大风险专题研讨班开班式上提出“要稳妥实施房地产市场平稳健康发展长效机制方案”。中央关于房地产长效机制的表述由“建立完善”转向“稳妥实施”，预计 2019 年将是房地产长效机制建设取得实质性进展的关键一年，住房、土地、金融和财税制度等长效机制将由构建和完善阶段转向初步实施阶段。

2. 以稳地价稳房价稳预期为目标实施房地产调控

2018 年末全国住房和城乡建设工作会议指出，2019 年将以稳地价稳房价稳预期为目标，促进房地产市场平稳健康发展；着力建立和完善房地产市场平稳健康发展的长效机制，坚决防范化解房地产市场风险；坚持因城施策、分类指导，夯实城市主体责任，加强市场监测和评价考核；继续保持调控政策的连续性稳定性，加强房地产市场供需双向调节，改善住房供应结构；加大房地产市场监管力度，继续深入开展打击侵害群众利益违法违规行为，治理房地产乱象专项行动。预计 2019 年广州房地产调控政策将保持基本稳定，限购限贷等调控政策将继续实施。

3. 房地产融资环境有所改善但监管仍严

2018 年以来央行已经连续 5 次降准，2019 年稳健的货币政策将松紧适度，市场流动性有望保持合理充裕，房地产融资环境将有所改善。个人按揭贷款方面，在基准利率保持稳定的前提下，房贷市场利率存在小幅下调的空间；企业贷款方面，2018 年 12 月国家发改委发布通知提出“支持 AAA 级优质房企发行企业债”，预计房企融资环境将有所改善，资金紧张的局面有望得到一定程度的缓解。但是，房地产金融风险监管将持续从严，2019 年 2 月 25 日银保监会提出：“继续紧盯房地产金融风险，对房地产开发贷款、个人按揭贷款继续实行审慎的贷款标准，特别是要严格控制带有投机性的开发和个人贷款。”

4. 加快发展租赁住房和各类保障性住房

2018 年末，全国住房和城乡建设工作会议提出，支持人口流入量大的一线、二线城市和其他热点城市，增加公租房有效供应，发展共有产权住房；盘活存量土地，推进租赁住房建设，指导大中城市全面培育发展住房租赁市场，继续推进集体土地建设租赁住房试点。2019 年《广州政府工作报告》提出，“建立健全公共租赁住房、共有产权住房制度”，“培育发展住房租赁市场，推进住房租赁立法，强化住房租赁企业监管，完善租购并举住房制度”。随着各项监管制度和措施的不断完善，2019 年广州租赁住房市场将继续平稳发展，共有产权保障性住房制度建设有望加快推进，人才公寓政策有望出台，住房市场体系和住房保障体系将不断健全完善。

四 2019年房地产市场展望及简要建议

（一）2019年房地产市场展望

一手住宅市场供应将较为充足。一方面，目前市场库存量有所增加，2018 年 12 月末一手住宅可售面积达到 872.26 万平方米，同比增长 17.0%；另一方面，2018 年广州加大了商品住房用地供应力度，全年挂牌出让居住用地 60 宗，用地面积 437.90 公顷，比 2017 年增长 78.9%，规划可建面积 1005.17 万平方米，增长 49.9%。根据合富研究院监测，按照施工进度统计，2019 年预计全市新增货量可达 9 万套。因此，2019 年广州一手住宅市场新增供应将较为充足，增城朱村和中新镇、黄埔科学城和长岭居、番禺亚运城、南沙金洲和明珠湾、花都湖等板块将是供应重点。

住宅市场成交有望保持基本稳定。一手市场方面，随着调控政策的不断优化，购房者首付压力有所降低，入市意愿有所增强。根据中原地产监测，2018 年 12 月广州楼盘推货去化率达到 55.6%，比 10 月（35.1%）、11 月（40.4%）分别提高了 20.5 个、15.2 个百分点。二手市场方面，2018 年下半年以来市场观望情绪较浓，成交周期有所延长。展望 2019 年，房地产调控政策有望保持基本稳定，在国家“保持流动性合理充裕”的指导下，房贷利率上浮幅度可能较 2018 年略为收窄，同时 2017 年出台的“330”政策出台至今已接近两年，符合“5 年社保”购房条件的非户籍购房者数量将有所增多，而广州最新出台的人才入户政策也将使户籍购房者数量略有增加，预计 2019 年一手住宅成交量将保持基本稳定，二手住宅成交量有望出现小幅回升。

（二）促进广州房地产市场健康发展的简要建议

1. 努力确保房地产市场平稳健康发展

一是坚持“房子是用来住的、不是用来炒的”定位，坚持房地产市场调控目标不动摇、力度不放松，保持调控政策的连续性和稳定性，做好稳地价、稳房价、稳预期工作，努力确保房地产市场平稳健康发展。二是进一步强化房地产金融风险防控，加强房地产开发贷款、个人按揭贷款审慎管理工作。三是加强市场监测和分析研判工作，加强广州及粤港澳大湾区城市的房地产市场分析研究，为制定和完善相关政策提供决策依据。

2. 加快推进租赁住房市场发展

一是加快推进《广州市房屋租赁管理规定》出台，规范住房租赁行为，充分保障承租人各项合法权益，积极推进“购租同权”。二是稳妥推进利用集体建设用地建设租赁住房试点，按照“成熟一个推进一个”的工作思路，加快番禺谢村、花都旗新村和小布村、白云长腰岭村 4 个试点村租赁住房建设，继续在大型产业园区周边等租赁住房需求量大、公共设施配套齐全的区域以及轨道交通站点周边地区开展试点工作。三是做好租赁住房用地供应，力争完成《广州市 2018 ~ 2020 年住宅用地供应三年滚动计划》提出的“2019 年租赁住房用地供应 160 公顷”的目标。四是支持住房租赁企业利用资本市场筹集资金，积极推进租赁住房 REITs 金融工具创新试点工作。

3. 不断完善住房保障体系

一是按照国家和广东省推进共有产权住房发展的总体部署和要求，在总结南沙新区共有产权住房试点工作的基础上，研究出台符合广州市情的共有产权保障性住房政策。二是大力发展人才公寓，建立健全人才安居工程的长效工作机制，加大人才安居住房建设和供给力度，切实改善各类人才居住条件。三是进一步完善以公共租赁住房为主的住房保障体系，科学把握保障范围，逐步提高户籍中等偏下收入群体、新就业职工、新市民等的住房保障水平。四是健全完善保障性住房后续监管机制，探索建立公共租赁住房租金动态调节制度，实现住房保障“进得来、出得去”。五是适度加大保障性住房用地供应力度，加快推进保障性安居工程建设，确保完成“新开工棚户区改造 1.38 万套，基本建成保障房 1.2 万套”的年度任务。

4. 切实加强房地产市场监管工作

一是进一步加大房地产市场监管力度，继续深入开展打击侵害群众利益违法违规行为，治理房地产乱象专项行动，加强房地产开发企业和中介机构经营的全面巡查工作，进一步规范和监督房地产开发、销售、中介等行为。二是加强舆论监督和引导工作，规范房地产市场信息发布机制，做好稳预期和舆情监控工作，积极引导开发商理性开发、消费者理性消费。三是强化房地产行业自律、事中事后监管和执法工作，坚决从重打击房地产相关企业及从业人员各类违规违法行为，建立行业退出、禁入和行政处罚对接机制。

参考文献

《2019 年政府工作报告》，中央政府网站，http：//www. gov. cn/，2019 年 3 月 5 日。

《2019 年广州市政府工作报告》，中国广州政府网站，http：//www. gz. gov. cn/，2019 年 1 月 21 日。

广州市住房和城乡建设委员会：《2018 年 1 ~ 12 月新建商品房批准预售信息》，http：//www. gzcc. gov. cn/。

广州市住房和城乡建设委员会：《2018 年 1 ~ 12 月新建商品房网上签约信息》，http：//www. gzcc. gov. cn/。

广州市住房和城乡建设委员会：《2018 年 1 ~ 12 月存量房交易登记信息》，http：//www. gzcc. gov. cn/。

B.9

2018年广州人力资源市场发展情况及2019年展望

广州市人力资源市场供求信息调查评估小组*

摘　要： 2018年广州人力资源市场供求情况呈现以下特点：一是与上年同期相比，供需总量基本平稳。二是供给偏紧态势有所加剧，求人倍率上扬；制造业、房地产业和科学研究、技术服务和地质勘查业是用工需求占比上升排名前三位的行业。三是人力资源服务机构数量增长显著，尤其是民办人力资源服务机构数量快速增长。四是本市城镇在岗职工占比上升；在穗累计工作7年及以上异地务工人员占异地务工总数近五成。五是企业用工大龄化趋势未变，高学历员工占比持续上升。六是企业用工缺口有所收窄。展望2019年，建议创新思路，促新业态健康发展；加大培训力度，提升职业技能水平；政策驱动，助推企业转型升级；推动"双创"，促进更高质量就业；精准帮扶，增强市场平衡能力；双线融合，构建统一招聘平台。

关键词： 人力资源市场　供需分析　广州

---

* 调查评估小组组长：李汉章，广州市人力资源市场服务中心主任；罗明忠：华南农业大学经管学院教授、人力资源和发展战略研究中心主任、教授、博士生导师，主要从事劳动经济研究。调查评估小组成员：黄惠嫦、冯颖晖、刘伟贤、骆婧彦、唐超。

2018年，国际经济环境不确定性加剧，国内经济下行压力增大。面对新形势，广州市委、市政府及各有关部门和经济组织坚决贯彻落实中央和省委精神，继续坚持新发展理念与稳中求进工作总基调，积极应对国际经济环境不确定性对广州经济和就业领域带来的新挑战，把“稳就业”作为民生之本，着力稳定和促进就业。尤其是在习近平总书记视察广东发表重要讲话后，全市上下，精神振奋，更加坚定了走高质量和创新发展之路的决心和信心，着力解决就业和社保等重大问题，确保了广州经济社会发展总体基本平稳。

一 2018年广州人力资源市场总体情况

（一）基本情况①

1. 市场供需总量基本稳定

根据《广州市人力资源服务机构综合情况表》统计，2018年广州456家定点抽样人力资源服务机构（其中公共人力资源服务机构199家，民办人力资源服务机构257家）进场登记供需总量为302.7万人次，比2017年减少2万人次，下降0.6%。其中，需求人数181.7万人次，较上年增加2.03万人次，增长1.13%；供给人数121万人次，比2017年减少4.03万人次，下降3.22%。

2. 人力供给偏紧态势延续

2018年，广州反映人力资源市场供需状况的重要指标——岗位空缺与求职人数比率为1.50，较2017年上升0.06，显示广州劳动力供给偏紧态势延续。

3. 线上线下招聘平行发展

2018年，广州参加现场招聘的求职者62.14万人次，占求职总人次的

① 本节数据来源于《2018年广州市人力资源服务机构综合情况表》。

56.77%；用人单位通过现场招聘方式发布招聘岗位103.16万个，占招聘总需求的51.36%。2018年，用人单位通过网络渠道发布了78.54万个招聘岗位，占招聘总需求的43.23%，通过网络求职的劳动者为58.86万人次，占求职者总人次的48.64%，网络供求渠道的岗位空缺与求职人数比率为1.33。

4. 人力资源机构增长显著

截至2018年12月，广州登记在册人力资源服务机构共1308家，其中，公共人力资源服务机构199家，与上年同期持平；经营性人力资源服务机构1111家，同比增幅为34.02%，呈现显著增长态势。

（二）需求特点①

1. 第三产业用工需求占据主导

2018年广州纳入就业培训信息系统发布的岗位需求信息中，第一、第二、第三产业用工需求占比分别为0.19%、37.98%、61.83%，第三产业用工需求占主导。与上年相比，第一、第二产业用工需求分别上升0.10个、3.09个百分点，第三产业用工需求减少3.19个百分点。

2. 行业用工需求集中度较高

用工需求占比前5位的行业依次为：制造业（36.55%）、批发和零售业（11.49%）、租赁和商务服务业（11.03%）、房地产业（8.75%）、住宿和餐饮业（7.86%），五大行业用工需求占登记招聘总量的比例合计超过七成五（75.68%），表明广州行业用工需求集中度仍然较高。与上年相比，用工需求占比变化最大的前3位分别是制造业、房地产业、租赁和商务服务业。

3. 一线生产人员需求占比上升

生产运输设备操作工人、商业及服务业人员、专业技术人员分别占用工需求的36.65%、30.39%、13.72%，反映生产运输设备操作工人、商业及

① 本节数据来源于广州市就业培训信息系统。

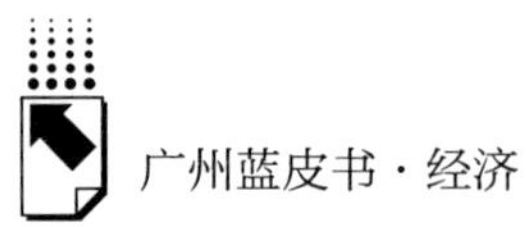

服务人员、专业技术人员是市场需求大类。与上年相比，生产及运输工人、商业及服务业人员的用工需求占比分别上升 2. 50 个、1. 67 个百分点。

4. 前5位紧缺工种基本稳定

排名前 5 位的紧缺工种依次为营业人员、部门经理及管理人员、餐厅服务员、行政事务人员、治安保卫人员。

（三）供给特点①

1. 女性求职者占“半边天”

2018 年进场求职者中女性占比为 52. 13%，与上年同期相比上升 2. 24 个百分点。近几年来，广州人力资源市场上女性进场求职者占比稳步上升，已经占据职场“半边天”。

2. 求职者年龄呈大龄化态势

从进场求职者年龄分布看，34 岁及以下占比为 28. 57%；35 ~44 岁占比为 29. 29%；45 岁以上占比为 42. 14%。

3. 中等教育水平求职者占多

2018 年，中等教育水平进场求职者仍是广州人力资源市场的主要组成部分。其中，高中（含职高、技校、中专）学历求职者占 38. 62%，与上年相比，占比下降 5. 87 个百分点；初中及以下学历求职者占 38. 07%；大学本（专）科及以上学历者占 23. 31%。

4. 无职业类别要求的求职者比重较高

从职业大类看，无职业类别要求人员、商业及服务业人员、办事人员、生产及运输工人占比排在前列，分别为 38. 68%、26. 48%、14. 25%、11. 52%，四者共计 90. 93%，其中无职业类别要求人员为求职主体。与上年相比，商业及服务业人员占比大幅下降 24. 38 个百分点，生产及运输工人占比下降 4. 92 个百分点。

---

① 本节数据来源于广州市就业培训信息系统。

二　企业用工定点监测分析①

（一）经营状况

1. 企业整体经营状况保持平稳

2018 年，广州企业总体经营状况平稳，企业现状景气和预期景气水平基本稳定，市场环境优良，但下行压力依然存在。第四季度企业现状景气指数②为 0. 59，环比持平，同比亦持平；企业预期景气指数③为 0. 52，环比下降 0. 03，同比持平。

2. 行业预期景气指数偏向谨慎

以 2018 年第四季度各行业的景气指数为例（见图 1），大部分行业对预期经营状况均持相对谨慎态度，除采矿业，其他各行业的预期景气指数均低于现状景气指数。

（二）用工结构

1. 技术及管理人员占比略升

2018 年第四季度，在岗职工中普工、技工、专业技术与管理人员的占比分别为 62. 72%、13. 81%、23. 47%。与上年同期相比，普工占比上升 1. 84 个百分点，专业技术与管理人员占比略微上升 0. 51 个百分点。值得注意的是，技工占比下降了 2. 35 个百分点。

2. 企业用工大龄化态势未变

企业员工年龄以 35 岁及以上居多。2018 年第四季度，24 岁及以下、

① 本节数据来源于广州市用工企业定点监测数据。

② 根据企业对当季经营状况判断，企业现状景气指数 = “良好” 比例 ×1 + “正常” 比例 × 0. 5 + “困难” 比例 ×0。

③ 根据企业对下一季度经营状况走势的判断，企业预期景气指数 = “转好” 比例 ×1 + “持平” 比例 ×0. 5 + “困难” 比例 ×0。

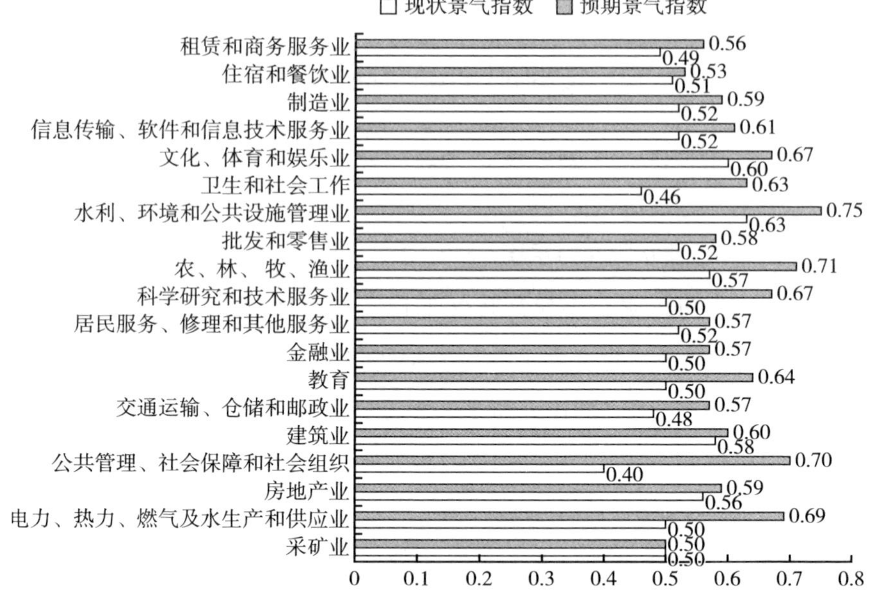

图1　2018年第四季度不同行业企业现状景气指数与预期景气指数

25~34岁、35岁及以上的在岗职工占比分别为16.39%、37.68%、45.93%。与上年同期相比，24岁及以下的、青年劳动力比重上升1.88个百分点。

3. 本市城镇在岗职工占比上升

2018年第四季度，在被监测企业在岗职工户籍构成中，广州本市城镇人员占比（34.99%）首次超过外省人员（34.50%）。与上年同期相比，本市城镇在岗职工占比上升3.50个百分点，本市农村人员占比（11.43%）基本持平，本省外市（19.08%）、外省人员占比分别下降2.02个、1.34个百分点。

4. 高学历员工占比持续上升

企业在岗职工高中（中专及中技）及以下学历人员占比有所下降，本科及研究生学历占比有所上升。2018年第四季度，本科及研究生学历占比为19.08%，同比上升0.28个百分点。

（三）用工稳定性

1. 年末员工流失率和新招聘率最低

2018 年广州企业员工流动性呈波动式下降，用工稳定性进一步增强。2018 年第四季度，企业员工流失率①、员工新招聘率②均为全年最低（见图 2）。

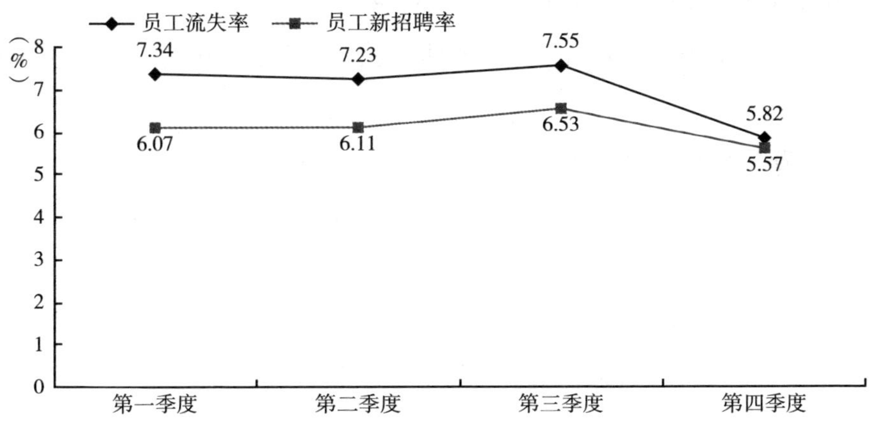

图 2　2018 年广州企业员工流失率和员工新招聘率

2. 行业间用工稳定性呈现明显差异

制造业，住宿和餐饮业，居民服务、修理和其他服务业，租赁和商务服务业的用工稳定性较差，员工流失率均位于 6.00% 以上，其中，制造业企业员工的流失率（8.25%）最高。相反，建筑业（1.91%），信息传输、软件和信息技术服务业（1.33%）用工稳定性较高。多个行业的员工新招聘率高于员工流失率，形成了“人员稳进”的良好局面。

3. 企业用工缺口呈下降趋势

2018 年，广州企业总体用工缺口率整体呈下降态势。第四季度企业

---

① 员工流失率 = 员工流失人数/（期初员工人数 + 本期增加员工人数）×100%。

② 员工新招聘率 =（本期新招人数/在岗职工人数）×100%。

用工缺口率[①]为3.41%，同比下降2.78个百分点，用工缺口整体状况有较大改善，其中房地产行业的缺工情况改善最大，同比下降12.45个百分点。

（四）招聘难易程度

1. 招工难度总体有所下降

2018年第四季度，广州企业的招聘难易程度指数（0.28）[②] 较上年同期上升0.07。相对而言，2018年企业总体“招聘难”情况有所改善，招工难度有所下降。

2. 住宿和餐饮业招聘困难

以2018年第四季度各行业的招聘难易情况为例，招聘难度较小的行业分别为交通运输、仓储和邮政业（0.37），批发和零售业（0.34）以及房地产业（0.32），招聘难度最大的行业为住宿和餐饮业（0.17）。其中，“招聘难”前两位原因是应聘者对薪资要求与企业给付的薪资水平有差距、缺乏工种所需人才。

（五）薪酬待遇

1. 薪资水平稳步上升

2018年第四季度，用工定点抽样监测企业在岗人员中，普工、技工、专业技术及管理人员的工资中位数与上年相比，总体平稳上升（见表1）。同时，各技能等级及职称等级人员工资中位数均有所上升。

---

① 企业用工缺口率=预计下期招聘人数/在岗职工人数×100%。

② 根据企业用工定点监测调查问卷相应问题的调查结果计算得到企业招聘难易程度指数，该指数数值越大、越靠近1，表明招聘越容易；数值越小、越靠近-1，则表明招聘越困难。计算公式为：招聘难易程度指数=“招收不到”的比例×（-1）+“很困难”的比例×（-1）+“困难”的比例×（-0.5）+“比较困难”的比例×0+“容易”的比例×（0.5）+“很容易”的比例×1。

表1　用工定点企业在岗人员工资中位数情况

单位：元/月

调查期别	普工	全体技工	全体专业技术人员	管理人员	按技能等级					按职称类别		
					初级工	中级工	高级工	技师	高级技师	初级职称	中级职称	高级职称
2017－1	3020	3668	4800	5000	3500	3800	4250	4500	5510	4215	5500	6600
2017－2	3200	3800	4979	5000	3500	3800	4500	4800	5530	4500	5500	6872
2017－3	3200	3868	5000	5000	3508	4000	4500	4800	5795	4500	5778	7060
2017－4	3264	3927	5000	5000	3600	4000	4550	5000	5584	4500	5541	6874
2018－1	3350	3900	5000	5000	3650	4000	4600	5000	5800	4500	5904	7000
2018－2	3500	4000	5036	5000	3800	4000	4500	4870	5530	4656	6000	7000
2018－3	3500	4000	5110	5110	3800	4208	4600	5000	5800	4800	6000	7050
2018－4	3500	4100	5164	5000	4000	4395	4625	5000	5594	5000	6000	6812

资料来源：广州市就业培训信息系统——用工定点企业监测数据。

2. 行业间薪资差异大

行业工资薪酬中位数排名前三的行业分别为金融业，信息传输、软件和信息技术服务业，电力、热力、燃气及水生产和供应业（见表2）。

表2　2018年第四季度不同行业月工资中位数

单位：元/月

所属行业	被调查企业员工月工资中位数	所属行业	被调查企业员工月工资中位数
金融业	11043	房地产业	3903
信息传输、软件和信息技术服务业	6442	租赁和商务服务业	3741
电力、热力、燃气及水生产和供应业	5192	居民服务、修理和其他服务业	3675
科学研究和技术服务业	4944	采矿业	3670
建筑业	4877	卫生和社会工作	3652
教育	4598	农、林、牧、渔业	3621
交通运输、仓储和邮政业	4538	文化、体育和娱乐业	3560
水利、环境和公共设施管理业	4119	住宿和餐饮业	3224
批发和零售业	3961	公共管理、社会保障和社会组织	2472
制造业	3940		

注：国际组织由于缺少样本，暂无相关数据。

三　求职者问卷调查分析

2018 年 10～12 月，课题组以随机抽样方式，向 2500 名求职人员分期分批发放问卷进行调查，回收有效作答问卷 2146 份，调查有效回收率 85.84%。在 2146 个有效样本中，男女比例为 1∶1.4；24 岁及以下的占 22.97%，25～34 岁的占 25.44%，35～40 岁的占 21.76%，41 岁及以上的占 29.83%；本市户籍人员、本省外市户籍人员、外省户籍人员分别占 62.67%、24.61%、12.72%；38.49% 的受访求职者为有工作经验的离职人员，37.19% 为在职谋求跳槽者，应届生初次就业占 24.32%；高中/中专/技校和大专学历人员分别占 31.73% 和 34.62%，大学本科学历占 16.73%，初中及以下和研究生及以上人员分别占 15.89% 和 1.03%；未曾在本市就业群体占 12.91%，曾在本市短期就业（1 年以内）的占 14.65%，在本市就业 1～7年的占 39.69%，长期就业（7 年以上）的占 32.75%。具体分析如下。

（一）就业状态与就业收入

1. 六成半求职者过去半年具有稳定收入

当问及“过去半年是否有持续性工作收入”时，回答“是”与“否”的比例依次为 64.40% 和 35.60%。可见，在年末进场求职者中，近六成半求职者处于工作转换期，仅约三成半的求职者属于持续性失业群体。

2. 失业人群中45岁以上受访者占比较高

45 岁以上受访者在受访样本中失业比例较高（见表 3），占失业群体的 24.82%。这类求职者寻找工作的动机主要是摆脱失业状态，获得收入来源，但由于年龄劣势，在市场上的就业竞争力明显较弱，需要更多的关注和就业帮扶。

3. 25～34岁黄金年龄层处于跳槽活跃期

25～34 岁黄金年龄层求职者在职跳槽占比最高（见表 3），为 41.60%，反映黄金年龄段劳动力谋职跳槽最为活跃，流动性较高。

表3　求职者年龄与就业状态的交叉分析

年龄	失业		应届生		在职跳槽		总样本
	人数	占比(%)	人数	占比(%)	人数	占比(%)	
18~24岁	99	11.98	306	58.62	88	11.03	493
25~34岁	178	21.55	36	6.90	332	41.60	546
35~40岁	155	18.77	134	25.67	178	22.31	467
41~45岁	189	22.88	7	1.34	102	12.78	298
46岁以上	205	24.82	39	7.47	98	12.28	342

4. 六成求职者过去半年月薪低于4000元

月薪在4000元以下的求职者占比为62.37%，与2017年度广州在岗职工月平均工资的8218元[①]相比，大部分求职者工资收入并不高，寻求更高水平收入成为离职的可能诱因。

5. 追求职业发展与更高收入是离职主因

有58.39%的求职者为具备工作经验的非首次就业人员。其中，因“谋求更好发展而主动辞职”的占30.57%，因“工作收入与期望不符”离职的占30.17%，因“不适应工作环境”离职的占10.22%，有4.62%的受访对象则因其他原因选择离职，因“原单位用工不规范”“合同到期与原单位解聘”“原单位裁员、搬迁或倒闭”等客观原因失去工作的占24.42%。

（二）求职途径和方式

1. 公共人力资源机构为主，民办中介起重要补充

46.92%的求职者选择通过公共人力资源市场求职。民办中介以29.59%的比例成为求职者寻找工作的重要中介。另外，约14.81%求职者表示主要通过校园招聘等途径寻找工作信息。

2. 现场招聘广受认同，网络招聘与熟人介绍次之

42.50%的求职者认为通过现场招聘方式求职最有效；26.56%的求职者认为通过网络招聘搜寻工作很有效果（包括微信及其他App）。可见，尽管

① 数据来源于广州市人力资源服务中心网站。

网络求职因其随时随地的便利性日渐成为人们求职的重要方式，但是现场招聘会因其直接、有效的沟通仍广受认同。此外，求职者通过亲戚、熟人等介绍（25.86%）的方式获取工作信息的比例也较高，表明社会资本在求职过程中仍发挥重要作用。

（三）求职期望与选择

1. 四成求职者评价当前求职难度一般

求职者评价当前求职难度为“容易”和“较容易”的合计占比为27.81%，评价当前求职难度“一般”的占41.80%；评价当前求职难度“较难”和“非常难”的求职者占比30.38%。

2. 经济收入与职业发展主导就业选择

个人发展机会与经济收入成为求职者择业过程中最重视的因素，其占据求职考虑因素的比例分别为27.03%和23.67%，与离职原因相契合。

3. 国企与事业单位仍为理想就业去向

29.56%的求职者将国企作为最希望进入的单位，紧随其后的是事业单位及政府机关（29.37%），反映大部分求职者依然重视风险规避的求稳心态。但同时，民营（私营）企业（23.82%）和外商及港澳台投资企业（13.61%）也占有较高比例。

4. 行政及管理人员就业意向较为集中

求职者期望就业的岗位类型以行政及管理人员居首位（40.12%）。其次依次为专业技术人员（23.49%）、商业服务人员（11.14%）、生产一线操作工（10.20%）、农林牧业渔人员（0.93%）。而希望自主创业或从事自由职业者占11.70%，其他占2.42%。

5. 超八成求职者的薪酬收入预期上升

期望月薪在4000元以上的求职者占比为82.25%，与调查显示62.37%的求职者月薪在4000元以下相比，表明求职者对未来薪酬收入有更积极的预期。

6. 最盼免费技能培训与优先推荐就业

求职者最希望获得的就业帮扶措施是“免费技能培训”，占比为54.99%，其次是“优先推荐就业”，占比为54.75%，排在第三、第四位的是“免费职业介绍”和“免费职业指导”，占比分别为50.09%和44.22%。

（四）就业满意度

1. 就业环境满意度大幅度上升

从就业环境满意度看，求职者对广州就业环境的综合评价等级为“满意”与“较满意”的占比分别为25.95%与37.42%，较上年分别提高14.53个、5.41个百分点，广州就业环境在从求职者评价的“一般”向“满意”等级转变。

在就业环境满意度评价中（见图3），满意度最高的前三个维度分别为：劳动保障（62.16%）、居住生活环境（58.06%）、人力资源市场活跃性（56.90%）；而满意度相对较低的三个维度分别为：就业收入（48.84%）、收费的民营人力资源服务（49.28%）、专业的发挥（51.82%），说明求职者除关注工作外，开始注重对生活层面的追求。

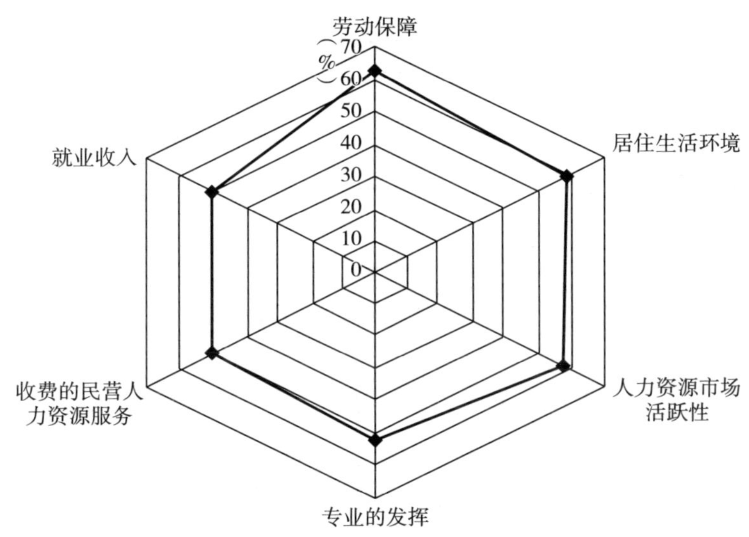

图3　就业环境满意度

2. 求职者更看好中长期在穗就业

有50.56%的求职者对未来6个月就业前景预测一般，仅有39.70%的

求职者对未来6个月的就业前景预期表示为“乐观”。从中长期来看，有66.73%的求职者计划未来1~3年留在广州就业，表明大部分求职者更看好在广州长期就业的前景。

（五）留穗就业意向

1. 在穗工作年限越长，留穗意愿越强

选择在春节后仍留穗工作的求职者中，在本市就业7年以上的求职者（79.57%）留穗意愿最强（见表4）；其次为本市就业4~7年的群体（77.78%），表明留穗群体具有“落地生根”现象，在穗工作年限越长，其留穗意愿越强。相较而言，在本市就业3年及以内的群体选择到粤港澳大湾区其他城市就业创业的概率较高，反映了在未产生城市归属感的情况下，就业群体具有较强的流动性。

表4 在穗就业年限与留穗意愿

单位：人，%

工作地点选择	样本量	未曾就业	1年以内	1~3年	4~7年	7年以上
留穗就业创业	1376	55.53	45.26	48.95	77.78	79.57
大湾区其他城市就业创业	248	8.30	20.49	23.84	4.76	3.91

2. 具有持续性收入群体留穗意愿较强

选择到粤港澳大湾区其他城市就业创业的群体中，无持续性收入及无收入群体占据主导地位（见表5）。

表5 各收入分层人员在粤港澳大湾区内的就业意愿

单位：%，元/月

意愿地	无持续性收入	无收入	≤2100	2101~4000	4001~6000	6001~8000	8001~10000	10001~12000	>12000
留穗	75.17	59.38	89.80	92.89	91.44	89.83	91.30	88.24	85.00
其他城市	24.83	40.63	10.20	7.11	8.56	10.17	8.70	11.76	15.00
小　计	100.00	100.00	100.00	100.00	100.00	100.00	100.00	100.00	100.00

四 异地务工人员就业登记情况

据纳入广州市人社局就业培训信息系统的实名制就业登记备案数据，截至2018年12月31日，广州异地务工人员登记量为629.42万人，其中，省内异地务工人员登记量为226.49万人，占比为35.98%，省外异地务工人员登记量为402.93万人，占比为64.02%。

（一）登记总量

1. 异地务工人员登记总量保持增长

2018年，广州实名制登记异地务工人员数量由上年的595.59万人上升至629.42万人，同比增长5.68%。

2. 异地务工人员增速有所回落

与总量增长相比，2018年广州异地务工人员的增幅较上年下降0.61个百分点。

（二）结构特征

1. 中青年异地务工人员为求职主体

截至2018年12月31日，25岁以下、25~34岁、35~44岁、45岁及以上异地务工人员分别占9.63%、49.70%、26.26%、14.41%。与上年相比，25岁以下、25~34岁的异地务工人员占比分别下降0.33个、0.91个百分点，35~44岁、45岁及以上的异地务工人员占比则分别上升0.39个、0.85个百分点，异地务工人员逐渐呈现大龄化（45岁以上）发展趋势，但25~44岁年龄层依旧是异地务工人员的中坚力量。

2. 跨省入穗异地务工人员占比下降

截至2018年12月31日，来自广东省内和省外的异地务工人员占比分别为35.98%和64.02%，其中，省外人员较多来自湖南、广西、湖北、四川、河南和江西等省（区），分别占15.82%、8.56%、7.15%、6.01%、

5.97%和4.72%。近年来，来自广东省内的异地务工人员占比呈现稳步上升趋势。

3. 异地务工就业分布继续侧重服务业

截至2018年12月31日，广州从事第一、第二、第三产业的异地务工人员占比分别为0.14%、33.92%、65.94%，相较于2017年，从事第一、第二产业的人员占比略有下降，从事第三产业的人员占比上升1.75个百分点。

4. 行业分布集中在制造业等五大行业

截至2018年12月31日，广州异地务工人员占前五名的行业分别为制造业（30.94%），租赁和商务服务业（11.97%），批发和零售业（9.18%），居民服务、修理和其他服务业（7.01%），科学研究和技术服务业（4.49%）。与上年相比，排位第五的行业由“住宿和餐饮业”转变为“科学研究和技术服务业”，表明科技行业重要性愈发凸显。

5. 工作年限累计7年以上人员占比大

截至2018年12月31日，广州累计工作7年以上、6~7年、4~5年、1~3年、1年以内的异地务工人员占比分别为48.86%、14.81%、13.85%、15.17%、7.31%，累计工作7年以上的异地务工人员占异地务工总数的近五成，反映异地务工人员对工作城市逐渐拥有归属感。

五　公共人力资源服务机构就业服务情况

（一）现场招聘基本情况

1. 招聘场次与企业数双增

2018年，广州公共人力资源服务机构共举办现场招聘会677场次，较上年增长0.59%；参与现场招聘会的企业数量较上年增长1.58%。

2. 供需总量双向共同增长

2018年，广州公共人力资源服务机构举办的现场招聘会中，进场供需总量为121.30万人次，较2017年（107.86万人次）同比增长12.46%。其中，企业提供岗位数量增长15.29%，进场求职人数增长7.26%。现场招聘会的岗位空缺与求职人数的比率为1.97，同比上升0.13，说明企业用工需求扩张快于求职者增长。

3. 供需匹配错位现象持续

2018年，广州公共人力资源服务机构举办的现场招聘会中，达成就业意向人数占总进场求职人次比为18.07%，与上年（26.12%）相比下降了8.05个百分点，劳动力市场供需双方意向“错位”现象加剧。

（二）网上求职者基本情况①

1. 男性占比远高于女性

网上登记求职者中，男性占比高达68.82%，超过女性求职者人数的2倍。

2. 求职者以年轻人为主

网络求职者规模排前三位的年龄段依次是21~30岁（53.38%）、31~40岁（22.52%）和41~50岁（14.45%），其中30岁以下的求职者累计占60.79%，超过网络求职者总数六成。

3. 省内求职者占大多数

从网上求职者地域分布看，省外求职者占34.46%，省内求职者占65.54%，相差高达31.08个百分点。省外网上求职者来源省份排在前5位的依次是湖南、广西、湖北、江西和河南，占比分别为22.17%、15.27%、10.53%、9.80%和7.73%。省内异地网上求职者以粤西、粤北地区为主。

（三）网上招聘企业及岗位相关情况②

参与网上招聘的企业所在行业排前三位的依次为批发和零售业、制造

① 本节数据来源于广州市人力资源服务中心网站。

② 本节数据来源于广州市人力资源服务中心网站。

业、房地产业，占比分别为18.61%、18.17%、12.86%。

1. 营销人员居网上招聘用工需求首位

营销人员处于网上招聘用工需求岗位首位，占20.09%，排前十位岗位用工需求合计占总用工需求的比例为69.16%。

2. 供需双方薪酬水平多低于5000元

排名前三位的岗位工资区间为3500～5000元、5001～8000元、2500～3500元，占比分别为48.36%、21.67%、19.21%，合计岗位工资水平在5000元以下的占比为67.57%。在求职者方面，期望月薪在5000元以下的人数占比为82.50%，表明供需双方在薪酬水平上具有一定契合度。

六　2019年广州人力资源市场展望与对策建议

展望2019年，中国经济深耕以待春来，“减速提质”将向纵深发展，中国经济虽有短期调整，但长期向好方向不变。越过改革开放40周年里程碑再出发，广州就业工作既面临国际经济贸易不确定性及经济转型发展、经济增速放缓等不利因素，就业存有隐忧；也面临着粤港澳大湾区建设和新旧动能转换的重大机遇，需进一步优化广州营商环境，提高公共服务水平，增强广州人力资源市场的竞争力，吸引人才，服务人才；尤其要把握新时代，树立新理念，全面贯彻落实党的十九大精神和习近平总书记视察广东重要讲话精神，坚持稳就业总基调，通过全方位就业创业制度创新，持续减轻企业负担，增强企业活力，推进实体经济健康可持续发展，促进劳动力市场平衡性和更高质量就业。

（一）创新思路，促新业态健康发展

1. 发挥新就业形态功能

根据新业态发展趋势和行业特征，及时调整培训和就业援助等相关扶持政策，加强相关创业就业培训、技能培训，培养专业人才，通过培训带动创业就业，实现新业态高质量稳定就业。

2. 完善政府监管与执法

针对新业态的多样性、复杂性，与时俱进地调整监管政策，尤其是在劳动关系、劳动安全保障、税收等方面要加大监管力度。要加强市场改革，挖掘新业态就业潜力。整合各部门资源，依据重点企业用工需求进行用工招聘，打通政府服务平台最后一公里。

（二）加大培训，提升职业技能水平

1. 以企业需求为导向开展培训

产业结构的转型升级衍生出对技能人才的迫切需求，因此，技能培训应该以转型企业需求为导向展开，培养高技能人才，促进就业结构性矛盾的解决。

2. 以精准落实为原则提高效率

建立健全以技能为重心、以市场为核心的职业技能培训市场运行机制，让劳动者能够就近地得到职业培训；科学评估现有职业技能教育与培训的绩效，进一步提升职业技能教育与培训效能，优化公共就业服务和职业技能教育培训服务，进一步做强广州职业技能教育与培训。

（三）政策驱动，助推企业转型升级

1. 切实落实稳企保岗相关政策

积极向招聘企业和求职者宣传最新政策，进一步简化相关办事流程，协助符合条件的招聘企业申报相关补贴，降低企业社保成本，为实体经济健康发展保驾护航，提供持续支持；鼓励企业积极用工，打通政策落实的最后一公里，加大就业促进的公共服务力度；切实帮扶实体经济发展，促进就业岗位有效增长。

2. 积极培育人力资源服务产业

一是加快建设国家级人力资源产业园。进一步提升广州人力资源服务业发展水平，发挥人力资源产业园区在稳定与促进就业创业方面引领作用。二是加强人力资源市场互联互动。充分利用市人力资源服务中心多年来积累的技术和人才资源，逐步实现统一招聘会计划、统一办会流程、统一信息库、统一数据分析“四个统一”，形成全市人力资源市场的互联互动模式。三是完善专业性人力资源市场建设。运行模式上，既可以采取政府主导模式，也可以实行市场运营模式，或者采取二者相结合的混合运营模式。

3. 加大重点用工企业服务力度

全面贯彻落实就业新政，对重点用工企业设立就业服务专员，全程提供用工政策对接和协调服务。深入开展重点用工企业人力资源需求摸查，按照已建成、新开工、新投产、新规划进行分类，建立台账和数据库，实行动态管理。落实人力资源服务机构为重点用工企业介绍员工补贴，增加他们服务重点企业的积极性。

（四）推动“双创”，促进更高质量就业

1. 推进“双创”基地建设

一是深入调查挖掘潜力载体。广泛走访考察创新创业（孵化）平台，切实帮助解决存在的实际困难；重点扶持有潜力有意向的载体平台建设。二是贴身服务营造便利环境。在创业（孵化）基地内建设完善创业就业服务工作站，进一步创新服务模式，拓展服务功能。三是搭建平台促进资源流动。打造辖内创业（孵化）基地联盟，定期举行沙龙分享会，组织走访调研优秀基地，分享管理经验和发展思路，促进资源共享。

2. 强化“双创”资源共享

加强与港澳的科技合作，共同实施粤港澳大湾区核心技术基础研究攻关计划，开展重大基础研究、应用基础研究和关键技术协同攻关；探索建立稳定增长的投入机制，加强对高校、科研院所基础研究的支持；推动重大科技基础设施开放共享服务体系；支持中小微企业购买科技成果、技术创新服务，共享仪器设施。

3. 营造良好“双创”环境

重点是优化营商环境，切实采取有效措施降低企业生产成本。支持银行机构探索投贷联动业务，支持银行机构参与设立各类产业投资基金；深入开

展科技信贷风险补偿工作，建立融资担保风险分担和补偿机制；深入推进专利保险试点，推广“政府+保险机构+服务机构”联动模式；引导和支持金融机构按市场化方式建立“贷款+保险+财政风险补偿”专利权质押融资模式。

（五）精准帮扶，增强市场平衡能力

1. 鼓励毕业生多渠道就业

健全高校毕业生到基层工作的激励政策和服务保障机制，引导鼓励高校毕业生到城乡基层、中小微企业就业。落实高校毕业生到艰苦边远地区基层单位就业学费补偿政策。探索通过购买服务方式，开发基层公共管理服务岗位，吸纳高校毕业生到基层就业。

2. 完善就业援助长效机制

合理确定就业困难人员认定标准和程序，强化分类帮扶和实名制动态管理。统筹叠加相关扶持政策，鼓励引导社会力量和诚信人力资源企业，搭建集聚高校毕业生、退役军人、失业人员等群体就业帮扶“一站式”服务周转中心。

3. 帮扶困难职工稳岗转岗

进一步加大援企稳岗力度，建立健全享受扶持政策的困难企业和困难职工实名制管理服务信息系统，完善认定标准和流程，做好动态管理和跟踪服务，依法依规妥善处理劳动关系和社保转移接续等工作，及时提供求职指导、岗位信息、技能培训和创业支持等服务；依法依规调处劳动争议，预防化解矛盾纠纷，确保稳定。

（六）双线融合，构建统一招聘平台

1. 整合线上线下资源

进一步整合线上线下平台资源，发挥线下平台审核严、交流细致和线上平台信息传播广的优势，促进线上线下招聘平台的融合发展。

2. 推进信息平台建设

加快构建全市统一的市场管理信息平台，推进人力资源市场监管全程信息化和智慧化。建立部门信息共享协作机制，逐步完成人社、工商、税务等信息系统的信息共享，为市场监管提供基础信息保障。

3. 加快新工具的应用

既要加大对人流聚集地的公共就业品牌宣传和服务指引力度，又要充分利用移动互联网便利，加强微信公众号平台、门户网站等信息化建设，加大对微信、移动客户端的应用力度，开发求职者和用人单位互动功能。主动升级软件服务，开发适应实际人力资源市场需求、互联网安全需求的网络平台。切实实现人力资源服务一站式服务，真正做到办理人力资源业务只需跑一次。

参考文献

广州年鉴编纂委员会：《广州年鉴》（2009～2018 年）。

广州市人力资源市场服务中心：《广州市人力资源市场供求分析报告》（2009～2018 年）。

产业经济

Industrial Economy

B.10
广州构建现代产业体系的思路研究

彭建国　朱洪斌*

摘　要： 当前，广州经济正处于转变发展方式、优化结构、转换增长动力的紧要关口。构建现代产业体系，既是广州作为国家中心城市的责任担当，也是培育广州产业竞争新优势、推动经济迈向高质量发展的必然要求。文章深入分析了广州建设现代产业体系的基础条件和存在短板，并从培育壮大支柱产业、加快创新成果应用转化、推动高端要素汇聚、优化产业发展环境、发挥外资积极作用五个方面提出对策建议。

关键词： 现代产业体系　高质量发展　转型升级

* 彭建国，广州市人民政府研究室综合处处长，研究方向为宏观经济、政策咨询；朱洪斌，广州市人民政府研究室综合处副调研员，研究方向为产业经济、区域经济。

一　广州建设现代产业体系基础雄厚

产业是广州建设国家重要中心城市的关键支撑，关乎广州的核心竞争力和发展后劲。广州作为改革开放的排头兵、先行地、试验区，一直处在经济社会发展的快车道，具有独特的先发优势。改革开放40年以来，广州产业发展成绩显著，形成了建设现代产业体系的坚实基础。

（一）产业基础实力不断增强

广州的经济总量稳居全国城市前列。2018年广州地区生产总值（GDP）达22859.35亿元，同比增长6.2%，约占广东省的1/4。工业规模不断壮大，2018年工业增加值达到5621.73亿元，2015～2018年年均增长6%左右，工业总产值在全国主要城市中排第7位，高于北京，低于上海、天津、重庆、深圳、苏州、佛山。工业门类齐全、结构完整，覆盖了41个工业行业大类中的35个，形成了汽车、电子、石化、电力热力、电气机械5个产值超千亿的工业行业。2018年三大支柱产业产值增长4.0%，先进制造业中的电气机械、医药制造业产值分别增长9.2%、8.1%，传统行业中的有色金属冶炼及压延加工业、非金属矿物制品业、家具制造业产值分别增长25.8%、17.9%、9.8%。2018年服务业增加值达16401.84亿元，2015～2018年年均增长9%左右，服务业增加值在五大城市中居第3位，低于北京和上海，高于深圳和天津，形成了批发零售、金融、房地产、租赁和商务服务、交通运输、信息服务6个增加值超千亿的服务业行业。2018年实现农业总产值407.26亿元，农业增加值为247.59亿元，农民人均可支配收入达2.58万元，同比增长10%。

（二）产业结构升级成效显著

三次产业发展更趋合理，三次产业比重分别由2015年的1.42∶33.56∶65.02调整为2018年的0.98∶27.27∶71.75。工业结构持续优化，

2018 年先进制造业和高技术制造业增加值占规模以上工业增加值的比重分别为 59.7% 和 13.4%，同比分别提高 1.6 个和 0.7 个百分点。其中，高技术制造业活力增强，增加值同比增长 10.2%。规模以上高新技术产品产值占全市规模以上工业的比重为 48.0%，同比提高 1.0 个百分点。在全国一线城市中首个获批"中国制造 2025"试点示范城市，创建全省首个国家制造业创新中心，入围全国数字经济"五大引领型城市"。服务业向高效优质发展迈进，现代服务业增加值占服务业的比重为 66.5%，同比提升 0.4 个百分点。"互联网 +"相关服务业迅猛发展，规模以上服务业中互联网和相关服务企业营业收入增长 58.2%，软件和信息技术服务业企业营业收入增长 25.9%。战略性新兴产业加快成长，2018 年新一代信息技术、人工智能、生物医药等 IAB 产业增加值增长 8.7%，高技术制造业投资增长 154.3%，新能源汽车、集成电路等新产品产量分别增长 2.8 倍、2.3 倍。都市型现代农业加快发展，大力实施乡村振兴战略，建设国际种业中心，发展乡村旅游、休闲观光、民宿等新业态，粮经饲统筹、种养加一体、农林牧渔结合的现代农业格局初步形成，农林牧渔业总产值达到 440 亿元，同比增长 2.4% 左右，农林牧渔业增加值达到 261 亿元，同比增长 2.2% 左右。

（三）产业发展环境持续改善

从软环境来看，广州营商环境建设取得明显成效。2010 年以来，广州五度荣居《福布斯》"中国大陆最佳商业城市"第一名；2016 ~ 2017 年连续两年被普华永道与中国发展研究基金会评为中国"机遇之城"之首；世界城市组织（GaWC）发布 2018 年世界城市名册，在 55 个世界一线城市中，广州的排名由 2016 年的 Alpha-级（第 40 位）上升到 Alpha 级（第 27 位）；对标世界银行营商环境 11 项指标，广州在"开办企业""办理施工许可""纳税"等指标走在全国前列，2018 年企业开办时间压减至 4 个工作日以内，政府投资工程建设项目审批时间压减至 90 个工作日以内，社会投资项目压减至 50 个工作日以内，企业退税时间和清税申办时间大幅压减。从硬环境来看，广州城市综合承载力快速提升。城市通达性显著增强，2018

年白云机场旅客吞吐量达6974.32万人次，居全国第3位；广州港口货物吞吐量达6.12亿吨，居全国第3位；港口集装箱吞吐量达2191.18万标箱，居全国第4位；城市环境质量明显改善，2018年PM2.5平均浓度35微克/立方米，连续两年达到国家二级标准，森林覆盖率为42.31%，建成区绿化覆盖率为42.54%，人均公园绿地面积为17.06平方米；民生和社会事业全面发展，城乡收入差距逐步缩小，农村居民收入增速连续8年快于城市居民，广州图书馆等一批文化设施建成，13个儿童公园建成开放，医疗卫生服务体系进一步健全，社会保持和谐稳定。

二　广州建设现代产业体系仍存在短板

近年来，广州高端高质高新产业体系建设取得明显成效，但与世界一流城市相比，在不少方面仍然存在差距，整体质量和竞争力仍需增强。

（一）产业整体水平有待提高

工业发展动力稍显不足，工业总产值在全国排名与城市地位不相适应，而且占比持续回落。增长动力稍显单一，高度依赖于汽车、电子、石化三大支柱产业，特别是汽车产业。低端产业占比偏大，纺织服装、食品饮料、化工行业占工业总产值的两成左右，转型升级压力大。新兴产业体量偏小，还不能完全挑起大梁。服务业大而不强，质量效益不高，含税量偏低，主要是广州的优势集中在传统服务业，而创税能力强的现代服务业产业规模仍然较小。

（二）产业创新能力有待提升

突出表现在“三少一低”，即高新技术企业偏少、研发投入偏少、发明专利等科技创新成果偏少，“一低”是指科技成果转化率偏低。比如：广州拥有全省77%的科研机构和2/3的高校，但由于没有妥善解决好“产学研用”体系协同和科研成果本土转化落地“最后一公里”等问题，科技成果转化机制仍然不够顺畅，一些瓶颈问题没有得到很好的解决，创新活动和成果转化应用仍存在短板。

（三）高端要素集聚有待增强

金融、人力资源发展相对滞后，企业发展能级有待提升，对产业转型升级的支撑力度不够。金融方面，广州金融机构资本实力和竞争力较为薄弱。广州金融业增加值占 GDP 的比重不到 10%，仅有广发银行、广州农商行、广州银行等本地银行总部，其他金融企业很多是地区总部或分行，缺少有全国影响力的金融市场交易平台。人力资源方面，广州产业高端人才集聚能力稍显不足。近年来，中山大学等“双一流”大学人才留广州人数呈递减趋势，广州对高端人才吸引力有所下降。特别是缺乏科技领军人才，广州两院院士和“千人计划”人数都不多。企业发展方面，缺少具有国际影响力和行业控制力的旗舰型领军企业。广州世界 500 强企业仅 3 家，不仅数量少，企业规模也不大，世界 500 强户均营业收入和利润与国内其他一线城市比存在差距。

三　广州建设现代产业体系的对策建议

党的十九大报告指出，我国经济已由高速增长阶段转向高质量发展阶段。当前及未来一段时期是广州发展的黄金期、窗口期、机遇期。推动构建支撑经济高质量发展的现代产业体系，必须抓住新一轮科技革命和产业变革机遇，把着力点放在实体经济上，努力推动质量变革、效率变革、动力变革，提高全要素生产率，增强产业核心竞争力。

（一）培育壮大支柱产业，打造建设现代产业体系的主引擎

目前广州汽车、电子、石化三大传统支柱产业支撑作用减弱，战略性新兴产业体量小缺乏支撑力，处于产业接续转换的关键时期，必须多措并举培育壮大支柱产业。

一是优化提升传统支柱产业。以数字经济、智能制造等方式推动汽车、电子、石化三大传统支柱产业优化升级，推动产业向价值链高端发展。汽车产业立足产业前沿，注入科技、品牌、互联网等元素，优先发展动力总成、变速器、电子控制系统等关键零部件，战略布局新能源汽车、智能网联汽车。电子产业以5G、智能制造、新型信息消费为导向，着力推动软硬融合、制造与服务融合、网络与产品融合，构建5G产业链，支持推进未来计算、人工智能与信息经济和电子信息产业的融合发展。石化产业按照“重整、绿色、集群、安全”的思路，重点推动龙头企业升级改造，加快培育化工新材料、专用化学品、现代煤化工等新兴产业，大力发展绿色石化。

二是构筑现代产业体系新支柱。聚焦新一代信息技术、人工智能、生物医药和新能源、新材料五大重点产业，打造万亿级产业集群。新一代信息技术以“芯、屏、机、核”为重点，大力发展新型显示、集成电路、新一代通信、数字视听等产业，构建“终端设备设施—基础网络服务—信息应用服务”完整产业链。人工智能产业重点发展智能制造，在流程型制造、离散型制造、智能制造装备、智能产品、智能服务、智能制造新业态等方面发力，打造人工智能产业链。生物医药产业重点发展生物制药、化学药、现代中医药等产业，开展创新药物、基因工程、细胞治疗等技术和产品研发。新能源产业重点发展节能通用设备、节能电器及电气机械、半导体照明材料、新型建筑材料和节能装备制造。新材料产业重点发展先进高分子材料、先进无机非金属材料、先进复合材料、先进合金材料等，打造具有国际竞争力和影响力的新材料产业基地。

三是强化经济功能区的集聚效应。坚持错位发展、协调发展，形成经济增长的动力源和增长级。广州开发区以广州科学城、中新知识城、国际生物岛为核心，重点发展新一代信息技术、生物医药、智能装备、检验检测等产业。南沙新区以自贸试验区建设为核心，着力构建国际高标准投资贸易规则，加快发展高端装备等大型临港工业和航运、特色金融等高端服务业。空港经济区以白云机场国际航空枢纽为核心，加快建设临空经济示范区，发展壮大航空总部、航空物流、飞机修造、融资租赁、跨境电商等产业。“黄金三角区”，即珠江新城、广州国际金融城、琶洲互联网创新集聚区，大力发展总部经济、科技服务等现代服务业。10 个价值创新园区重点加快产业导入，建成科技、知识、人才、资本全球密集度最高和单位产出率最高的创新园区。

（二）加快创新成果应用转化，使科技创新成为建设现代产业体系的驱动力

创新成果转化不足是广州科技创新的突出短板。要深入实施创新驱动发展战略，突出抓好科技创新成果转化产业化，推动科技创新与产业协同发展。

一是推进突破重大产业技术。组织重大科技专项，参与国家和省重大科技项目研发，在空天海洋、信息网络、生命科学、核技术等面向未来的核心领域，超前谋划布局，开展深海勘查、无人驾驶、量子通信、干细胞与再生医学、新一代核电装备系统等关键技术攻关，实现前瞻性基础研究、引领性原创成果重大突破，争取未来培育一批领跑全球产业。

二是加快企业建立研发机构。开展企业研发机构“灭零行动”，用好创新券、研发投入后补助等政策，推动主营业务收入 5 亿元以上工业企业研发机构全覆盖。支持组建一批国家级、省级产业创新中心、制造业创新中心、技术创新中心和综合性产业创新中心，试点组建市级产业创新中心。建立健全产学研用协同创新联盟，构建政府、科研机构、企业“三位一体”的创新研发“金三角”格局。

三是完善科技成果转移转化体系。制定更有竞争力的科研人员发明成果转化创业、科技成果收益分配、股权期权激励等政策，推动科研机构与企业双向交流。深入开展高校、科研机构科技成果转移转化，加快建设一批技术转移中心。加强科技企业孵化器建设，构建“众创空间—孵化器—加速器—科技园区”的科技企业孵化育成体系，建设一批以特定科技基础设施、行政服务体系、人居环境为支撑的科技创业社区。

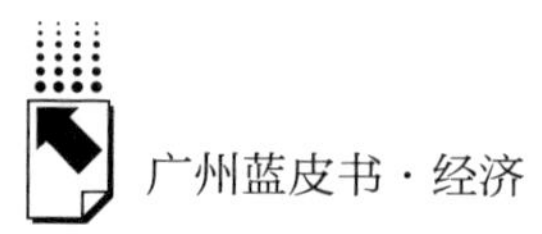

（三）推动高端要素向实体经济汇聚，形成建设现代产业体系的强大支撑

广州经过改革开放40年的发展，已经积累了丰富的人才、金融等要素资源，而且地域广阔。要落实支持产业发展政策措施，更好地发挥人才、资金、土地等要素支撑作用。

一是强化人才第一资源作用。实施更加积极、更加开放、更加有效的人才政策，实施重大人才工程，大力引进和培育战略科学家、企业家、创业家、产业领军人才等6类“高精尖缺”人才。用好“人才绿卡”制度，规划建设一批人才公寓，健全人才服务保障机制。保护和激发企业家创业家精神，积极培育具有全球视野和创新思维的优秀企业家。大力加强技能人才培养，大量培养掌握精密制造技术的工程师和工匠人才。

二是增强金融服务实体经济能力。加快发展天使投资、创业投资、风险投资等股权投资基金，撬动引导更多社会资金投入高端高质高新产业。大力发展科技金融，引导更多金融资源配置到战略性新兴产业和高技术产业，促进科技与金融协同发展。加快发展普惠金融，加大对小微企业、大学生创业就业等的金融支持。积极发展绿色金融，对企业节能减排、清洁生产、循环经济等项目提供绿色信贷，支持绿色发展。

三是激活用好土地资源。加大产业用地用房供应，用好新增的建设用地规模，重点支持工业项目用地。盘活利用旧厂房。鼓励社会资本参与成片连片村级工业园区改造，以“工改工”或“工改科”方式促进园区转型升级。降低产业用地成本，实行工业用地先租赁后出让、弹性年期出让，鼓励企业利用现有存量工业用地兴办国家支持的新产业新业态。

（四）优化产业发展环境，打造全球企业投资首选地和最佳发展地

要最大限度地减少政府对市场资源的直接配置和对市场活动的直接干预，更好地服务企业，激发微观主体活力。

一是深化“放管服”改革。继续推进简政放权，再精简和下放一批行

政许可备案事项，完善政府部门权责清单，推行并联审批、信任审批。全面实施市场准入负面清单制度和公平竞争审查制度，大幅放宽市场准入，完善外商投资备案事中事后监管机制。建立以“信用 + 监管”为核心的新型市场监管体系，形成联合奖惩长效机制。继续推进“互联网 + 政府服务”改革，构建“管运分离”的“数字政府”建设管理新体制。

二是深入推进要素市场化配置改革。持续构建对各类企业实行公平竞争的制度环境，深化国有企业改革，创造民营与国有、内资与外资、大企业与中小微企业之间更平等的发展机会。继续完善要素市场化配置，通过财税、金融、投融资、户籍制度等方面的改革，实现劳动力、土地、资本、技术、信息等要素自由流动，推动要素向优质产能、优秀企业流动。

三是加快完善现代产权制度。强化企业合法权益司法保护，加大对侵犯民营企业产权和财产权益犯罪的打击力度。创建国家知识产权强市，开展知识产权运用和保护综合改革试验，打造全国性知识产权交易中心。建立健全快捷公正的多元商事争议解决机制，建立与境外仲裁机构合作机制，加快建设以国际仲裁为特色的国际商事纠纷解决中心。

（五）发挥外资对产业提升的积极作用，努力营造产业开放新优势

对外开放是广州最大优势和最鲜明特征。要继续发挥对外开放门户枢纽作用，有效利用两个市场、两种资源，坚持“引进来”和“走出去”并重，推进重点产业领域国际化布局。

一是进一步扩大开放领域。积极落实国家大幅度放宽市场准入和放宽外资股比限制等政策，支持外资参与“广州制造 2025” “广州服务创新 2025”。加快汽车、航空、高端船舶制造等制造业对外开放，引导外资进入信息、科技服务和会计、教育、文化、医疗、养老等服务行业，鼓励跨国公司在广州设立地区总部和采购中心、营运中心、结算中心等功能性机构。发挥龙头企业辐射带动作用，支持资本雄厚的企业并购有品牌、技术、资源和市场的国外企业，开展全球高端资源和价值链整合。

二是推动存量外资优化升级。引导现有外商投资企业增加研发、销售、

总部等职能，鼓励企业从制造环节向服务延伸，加强对产业链前端设计企业的培育和扶持，鼓励本土企业与跨国公司构建战略联盟，探索外资企业和本土企业融合发展机制，推动外资企业加快转型升级。

三是加快企业“走出去”步伐。深化贸易往来和双向投资合作，推进在沿线国家和城市布局产业合作园区、重点投资项目和企业销售网络，鼓励对海外科技企业实施并购，推动有实力的企业在欧美等发达国家建立研发中心，支持金融机构为“走出去”企业提供完善的金融服务，加大企业海外投资的政策指导和扶持力度。

参考文献

盛朝迅：《构建现代产业体系的思路与方略》，《宏观经济管理》2019 年第 1 期。

黄群慧：《论新时期中国实体经济的发展》，《中国工业经济》2017 年第 9 期。

韩顺法、李向民：《基于产业融合的产业类型演变及划分研究》，《中国工业经济》2009 年第 12 期。

刘明宇、芮明杰：《全球化背景下中国现代产业体系的构建模式研究》，《中国工业经济》2009 年第 5 期。

B.11

粤港澳大湾区建设背景下广州产业发展战略与对策研究

王玉印*

摘　要： 粤港澳大湾区要建成世界一流的城市群，产业发展是重中之重。广州作为粤港澳大湾区的核心引擎，要充分发挥国家中心城市的引领作用，全面增强国际商贸中心、综合交通枢纽和科技教育文化中心功能，构建具有国际竞争力的现代化产业体系，打造一批全球叫得响的优秀企业，提升广州的城市显示度。

关键词： 粤港澳大湾区　产业发展战略　广州

一　总体思路和目标

（一）粤港澳大湾区建设背景及广州定位

粤港澳大湾区，是习近平总书记亲自谋划、亲自部署、亲自推动的重大国家战略，包括“9+2”城市，珠三角经济区9个城市：广州、深圳、珠海、东莞、惠州、中山、佛山、肇庆和江门以及香港和澳门2个特别行政区，具有“一国两制、三个关税区、三种法律制度、三种货币、三种语言”

* 王玉印，广州市工业和信息化局综合政策法规处，研究方向为产业政策的调查研究和制定等。

的复杂性和特殊性。目前，全球拥有东京湾区、旧金山湾区和纽约湾区世界三大湾区。从经济总量上看，粤港澳大湾区 GDP 总额超 10 万亿元人民币，超过俄罗斯，与韩国相当。从产业来看，粤港澳大湾区集聚了全球金融中心的香港、中国科技创新中心的深圳、全球 IT 制造业的东莞、全球最大赌业中心的澳门、华南重工中心的广州等，整个南中国实力最强的城市都汇聚于此。从城市体量上看，粤港澳大湾区阵容豪华，拥有中国两个特别行政区（香港、澳门）以及广州、深圳两大一线城市及中国（广东）自由贸易试验区。

广州是大湾区四大核心引擎之一，担负主阵地建设职责，经济总量约占大湾区 1/5 强，广州强则大湾区强。近年来，广州全面实施制造强市战略，积极构建现代产业体系，提出大力发展 IAB、NEM 产业，建设十大价值创新园区，陆续出台产业扶持政策。2018 年，全市拥有全国 41 个工业大类中的 35 个，是华南地区工业门类最齐全的城市，工业综合实力、配套能力位居全国前列，工业经济总量稳居我国城市第一方阵。广州在全国一线城市中率先获批“中国制造 2025”试点示范城市，入围全国数字经济“五大引领型城市”，成功创建了全国服务型制造试点示范城市、全省唯一国家制造业创新中心、唯一智能网联汽车与智慧交通应用示范区，全省首个 4K 电视应用示范社区、工业互联网产业基地，数字经济、绿色制造等指标位于全国前列。下一步，广州将发挥自身优势，瞄准高端高新，持续提高供给体系的质量和效率，坚定不移走高质量发展之路，深入实施“制造强市”战略，加快发展先进制造业，培育壮大战略性新兴产业，推动现代服务业出新出彩，大力发展海洋经济，促进产业优势互补、协同发展，打造广佛同城升级版，发挥产业优势催生辐射带动效应，联手打造具有国际竞争力的现代产业体系。粤港澳大湾区的产业重构，让广州制造业未来发展被赋予重塑想象的巨大空间。

（二）发展思路和目标

深入贯彻学习习近平总书记关于粤港澳大湾区建设重要论述以及对广东

发展系列重要讲话精神，充分利用“一国两制、三个关税区”的独特制度优势，深化改革创新，强化合作共赢，按照“做强广州本土优势产业、共建珠江两岸经济带、创建穗港澳产业合作综合示范区”的总体思路，协同构建以先进制造业、战略性新兴产业、现代服务业、海洋经济、都市现代农业为主体框架的现代产业体系，合力打造“一核二岸三区”[①] 产业发展格局，培育世界级先进制造业和现代服务业产业集群，切实发挥粤港大湾区核心引擎功能，在全省实现“四个走在全国前列”“两个重要窗口”中勇当排头兵。

紧密对接中央、省的规划部署，按照“三步走”安排，推动广州构建现代产业体系工作取得实效。

第一步，到 2020 年，先进制造业规模进一步壮大，占全市规模以上制造业比重达 70% 左右；战略性新兴产业发展步伐进一步加快，增加值占 GDP 比重超 15%；现代服务业主导产业地位进一步巩固，占服务业增加值比重达 70% 左右；海洋经济和都市现代农业综合效益显著提高，战略性新兴产业、高新技术产业、优势传统产业成为产业发展支柱，产业国际竞争力显著增强。

第二步，到 2022 年，科技创新对产业发展的核心支撑作用明显增强，产业迈向全球价值链中高端，新一代信息技术、人工智能、生物医药和新能源、新材料、金融业、物流业成为新的产业支柱，创新型产业发展布局基本形成，实体经济、科技创新、现代金融、人力资源协同发展的现代产业体系初步建立，为广州建设粤港澳大湾区的核心引擎奠定坚实基础。

第三步，到 2035 年，具有国际竞争力的现代产业体系基本建成，创新驱动发展模式基本确立，产业发展质量和效益大幅提升，形成一批世界级高端、高质、高新产业集群，支撑广州建设成为引领粤港澳、服务全中国、辐射全世界的国际科技产业创新中心、国际商贸中心、国际金融中心、国际航

① “一核”，即强化广州核心引擎功能和主阵地职责，发挥优势产业辐射带动作用；“二岸”，即强化广州与珠三角 9 市合作，共建珠江东岸高端电子信息制造产业带和珠江西岸先进装备制造产业带；“三区”，即强化穗港澳产业合作，共建南沙粤港澳全面合作示范区、穗港澳“飞地经济”示范园区、穗港澳产学研一体的现代产业综合示范区。

运中心、国际文化创意中心，粤港澳大湾区核心引擎地位充分显现、作用充分发挥。

二 重点发展产业及方向

（一）大力发展以高端装备为主体的先进制造业

1. 汽车

重点发展智能网联和新能源汽车、无人驾驶汽车、核心高端零部件等领域，依托广州在整车、高端零部件、汽车电子等方面的优势，以打造粤港澳大湾区唯一的全国智能网联汽车与智慧交通应用示范区为契机，加强产业链要素合作整合和产需对接，建设国际汽车名城，带动粤港澳大湾区汽车产业智能升级。

2. 高端装备

重点发展智能装备及机器人、工业机器人及智能装备、服务与特种机器人、人机协作机器人、双臂机器人、新型智能机器人；重载电力机车、新一代绿色智能、高速重载城市轨道交通整车及产业配套、系统集成，车辆牵引传动系统及配电控制设备、智能控制、盾构机械；研究开发可燃冰等海底能源开采技术装备，波浪能、潮流能等海洋可再生能源开发装备，海水提锂等海洋化学资源开发装备，以海洋油气为代表的海洋矿产资源开发装备和大型临港工程装备，无人潜航器、深水机器人等特种船舶装备，大型集装箱船、主流移动钻井平台、深潜器、军用船舶、海洋工程作业船、豪华邮轮等高附加值船舶；开展轻型、中型通用飞机的整机设计，民用飞机及机载设备、航空发动机、航空配件、航空维修；卫星通信应用、卫星导航应用服务、卫星遥感应用等产业。

3. 新材料及新能源

新能源方面，重点发展太阳能、风电、核电及输变电、生物质能、地热能、潮汐能等领域，加快建设南沙光伏发电示范区、广州开发区光伏发电规模化应用示范区、华南光伏产业科技园、广州擎天实业太阳能系统集成技术开发应用、广州金光伏公司薄膜太阳能电池产业化、瓦卢瑞克核电管材（广州）公司南沙工厂等项目，加快建设从化鳌头、大学城超算中心、万博中央商务区、中新知识城起步区等分布式能源站，以及广州迪森生物质能源产业化、广东科力科学城地源热泵等项目，将广州建设成华南地区最大的新能源装备制造基地和全国新能源技术创新基地。新材料方面，重点发展先进高分子材料、稀土功能材料、先进合金材料、精细化工、第三代半导体材料、新型锂离子电池材料等领域，加快建设广州新材料国家高技术产业基地、广州先进高分子材料产业创新中心，发展先进基础材料、关键战略材料、前沿新材料，打造具有国际影响力的新材料产业群。

4. 生物医药和高端医疗器械

重点发展生物医药和生物医学工程、高端医疗器械、现代中医药等领域，依托广州生物医药领先优势，加强与香港等国际创新资源合作，优化广州健康医疗中心产业基地、广东冠昊生命与健康产业园、广州白云生物医药产业基地、广州大学城健康产业产学研孵化基地、香港科大霍英东研究院产学研基地、国际医药港等产业功能，充分发挥科学城、生物岛、知识城核心载体作用，建设具有全球影响力的生物医药产业高地。

（二）加快发展以人工智能为重点的战略性新兴产业

1. 人工智能

重点推动以大数据和云计算为基础支撑的新一代信息技术与实体经济深度融合、赋能应用，加快发展基础硬件、核心算法开发、语音及语言理解、机器视觉、认知智能、脑机接口技术、机器翻译和智能技术应用等领域。

2. 新一代信息技术

重点发展新型显示、集成电路、电子信息制造、卫星通信、基础硬件，以及大数据、互联网、物联网、云计算、5G 通信及软件信息服务等领域，打造新一代信息通信、智能硬件、数字视听与数字家庭产品等产业，着力构建“终端设备设施—基础网络服务—信息应用服务”完整产业链，打造极具影响力的国家级新一代信息产业基地。

3. 工业互联网

重点发展平台体系、工业软件、研发设计工具、工控和安全系统、工业互联网标识解析体系等领域。

4. 未来产业

重点发展3D打印、VR/AR、干细胞与再生医学、量子通信、氢能源、区块链、石墨烯、太赫兹、5G等领域。

（三）全力发展以生产性服务业为重心的现代服务业

1. 服务型制造

重点发展现代商贸与会展、现代物流、检验检测、供应链管理、系统集成、专业设计、检验检测、电子商务、服务贸易等领域。

2. 高端专业服务业

重点发展现代金融、保险、会计、律师、广告、咨询、会展、教育培训、品牌培育、科技服务、知识产权交易、新型期货交易等领域。

3. 文化创意产业

重点发展文化艺术、传媒影视、出版发行、数字内容、动漫游戏、体育、旅游、都市时尚消费等领域。

（四）培育发展以现代科技为支撑的海洋经济

重点发展以建设国际航运中心为目标的海港物流供应产业，以高端船舶、海洋工程、高价值船用设备为重点的海洋装备产业，以现代生物技术为依托的海洋生物医药产业，以游轮度假、海上竞技为特色的海洋文旅等产业。

（五）积极发展以质量效益为导向的都市现代农业

推动以特色农产品供应为核心的一、二、三产融合发展，重点发展“丝苗米”、蔬菜、水产、水果、养殖等传统农业，花卉、种子种苗、高品质“菜篮子”、农产品精深加工等特色高新农业，“农业+旅游”“农业+文化”“农业+康养”等观光休闲农业。

三　重要路径及行动

实体经济是产业体系的根基。谁的实体经济发展得好、产业转型转得快，谁就能在激烈的竞争中走在前面。广州凭借率先改革开放的优势，较早地形成了“轻型外向”的产业结构，也较早地遇到了产业转型升级的压力。近年来，通过“腾笼换鸟”、创建制造业高质量发展国家级示范区，发展IAB和NEM等战略性新兴产业，有效推动了产业优化升级，2018年三次产业结构比例达到0.98∶27.27∶71.75，现代服务业增加值占服务业比重达66.5%，先进制造业增加值占制造业增加值比重达66.1%，战略性新兴产业保持两位数增长。

（一）开展产业科技创新行动

创新是引领发展的第一动力。这些年，广州坚持创新驱动发展战略，加大科技创新扶持力度，取得较好成效。广州有全省77%的科研机构、100%的国家重点实验室和2/3的高等院校，建有科学城、国际生物岛等一批创新创业基地，高新技术企业有11746家、科技企业孵化器面积980多万平方米，获批成立了国家级印刷及柔性显示创新中心、再生医学与健康省实验室、国家先进高分子材料产业创新中心，美国冷泉港实验室、斯坦福国际研究院成功落户。但对标先进城市还有一定差距，必须正视存在的差距与不足，把科技创新贯穿到现代产业体系建设的各个领域环节，推动形成有益于企业、人才、技术等创新要素自由流动和集聚的生态环境，使创新成为经济高质量发展的强大动能。

1. 搭建国际一流开放创新平台

加快建设中新广州知识城、科学城、琶洲粤港澳大湾区人工智能与数字经济试验区、广州国际生物岛、广州大学城—广州国际创新城、南沙粤港澳全面合作示范区、庆盛科技创新创业基地等重大创新平台。推动再生医学与健康省实验室、广东省新一代通信与网络创新研究院、中国科学院空天信息研究院粤港澳大湾区研究院暨太赫兹国家科学中心（暂命名）、清华珠三角研究院粤港澳创新中心、中科院南海生态环境工程创新研究院等重点科研院所建设。推动南方海洋实验室、环境研究院、化学地球动力学联合实验室、国家人体组织器官及移植大数据中心、国际中医药转化研究中心、种业科技创新中心等前沿交叉科技创新平台建设。香港科技大学麻省理工学院中心在南沙落户，支持新加坡国际制造创新中心、粤港澳转化医学联合研究平台、华南针灸粤港联合实验室、穗港高校协同创新研究机制（联盟）等联合创新平台建设。加快阿里工业云总部、腾讯云平台、中国信息通信研究院等工业互联网龙头企业平台落户，带动中小企业“上云上平台”，培育1～2家国际领先的跨行业跨领域工业互联网平台。

2. 推动粤港澳大湾区协同创新

以珠三角国家自主创新示范区（广州）为牵引，吸引和对接全球创新资源，加快“广州—深圳—香港—澳门”科技创新走廊广州段建设，形成“四核一枢纽二十节点”空间发展格局。深化穗港澳科技创新交流合作，引进港澳优质科技中介服务和管理人才，带动科技服务业升级发展，支持清华珠三角研究院建设粤港澳创新中心，打造港澳高端产业对接核心区，促进产业科技融通共赢。建设粤港澳大湾区青年创新创业基地，开展中国创新创业大赛港澳台分赛、青年创新创业大赛、创交广东等活动，打造大湾区创新创业共同体。

3. 促进创新成果产业化

构建开放共建、资源共享的技术交易市场体系，以广州科技成果转化基地、华南（广州）技术转移中心为依托，联合港澳共建国际级科技成果孵化基地，搭建面向华南、辐射全球的技术转移高端服务平台。加快推进广州大学城建设创新创业服务中心，整合科技创新创业服务资源，构建“线上+线下”相结合的科技成果转移转化服务综合体，探索开展在穗高校科技成果转移转化试点，吸引港澳科技人才和团队将其科技成果在穗落地转化。

（二）开展市场主体培育行动

目前，广州市场主体培育还存在一些亟待解决的问题。主要表现在：投资关键性作用发挥不充分，民间投资意愿不强，工业投资总量偏小、单个项目规模不大，技改投资对工业投资的拉动作用不明显，大中小企业融通发展局面尚未形成。下一步，着重在以下几方面加大工作力度。

1. 引进龙头骨干企业

重点围绕现代服务业和先进制造业，加大开放合作力度，紧盯产业发展前沿，追踪国内外重点企业产业布局和投资动态，落实促进总部经济发展实施办法，大力引进世界500强、中国500强、央企中国民营500强和占据产业链核心的“单打冠军”企业，在穗设立区域总部、营运中心、研发中心等分支机构，带动上下游配套企业和项目，加速全产业链要素集聚。面向粤港澳开展新一轮重大项目“攻城拔寨、落地生根、开花结果”行动，坚持以大项目带动大发展，招引一批重点产业项目和标志性项目，集聚一批“独角兽”企业和“单打冠军”企业。

2. 扶持本地优势企业

支持有潜力的本地龙头企业进行集团化改造，通过引进战略投资者、兼并重组等方式，形成规模优势和牵动效应。鼓励本地企业加强技术改造创新，对技术改造固定资产投入成效明显的企业，优先推荐申报国家和省市重点技术改造项目。实施企业品牌提升战略，充分发挥香港、澳门在质量认证、品牌创建等方面的国际地位和资源优势，指导本市灯光音响、服装皮具、珠宝首饰、家具、化妆品等优势企业开展品牌培育创建行动，通过提升品质、打造品牌，向全球输出广州企业的先进技术和品牌产品。

3. 壮大高成长性企业

实施企业研发投入与新产品开发倍增计划、创新型领军企业培育计划，完善“两高四新”（高科技、高成长，新技术、新产业、新业态、新模式）企业培育库，每年遴选100家科技创新标杆企业给予重点支持。推动高成长性企业创新创业，营造“政府扶持 + 市场驱动 + 金融支撑”产业生态，打造一批前景好、成长性强的科技型企业。整合基金、创投、上市中介等金融资源，推动“两高四新”企业快速进入资本市场，支持新三板企业利用“新三板＋H股”形式同时两地挂牌上市，鼓励广州医药企业借助港交所“允许尚未盈利或者没有收入的生物科技公司赴港上市”的新规，积极赴港上市。

（三）开展园区载体提升行动

当前，广州产业高质量发展水平有待加强，传统产业仍占较大比重，新兴产业增速快但体量小，新旧动能转换尚未形成有效支撑，产业集聚度不够高，低效园区和村级工业园占比较高。下一步，将着力打造价值创新园区，开展低效园区提质增效和村级工业园整治提升行动，腾出更多空间给IAB、NEM等现代产业的优质企业。

1. 建设一批高端产业园区

对标国际一流产业园区，集聚科研、生产、生活、生态等高端要素，完善城市服务、交通、教育、环境等配套建设，联动周边产业带及社区群，形成产城融合的产业生态群落。实施价值创新园区建设三年行动，近期重点打造十大价值创新园区，培育新能源汽车、智能装备、新型显示、人工智能、生物医药、互联网6个千亿级产业集群。增强广州在土地、环境、科技、金融、服务等市场要素方面的综合优势，吸引更多粤港澳龙头企业入驻价值创新园区，增强湾区产业集聚效应。

2. 提升一批低效产业园区

实施低效园区提质增效三年行动，开展村级工业园整治提升工作，通过淘汰退出、重组盘活、引入置换等方式，腾出资源重点发展先进制造业、生产性服务业等新产业、新业态，深入实施“互联网＋先进制造业”专项行动，加快布局发展工业互联网平台，推动先进制造业与现代服务业深度融合。首次选取一批试点园区，优先支持大湾区龙头企业和专业机构竞争成为园区改造运营主体，参与孵化和投融资活动，开发利用现有工业用地兴办先进制造业、生产性及高科技服务业、创业创新平台等国家支持的新产业、新业态（即“工改新”），加快实施园区相关改造和扩建工程，营造集生产、生活、生态于一体的产业园区环境。

3. 做优一批特色园区

围绕金融保险、商务服务、现代物流、科技研发、咨询服务、文化创意、现代农业等特色产业，重点培育8家主营业务收入过千亿的综合型龙头产业园区和20家百亿元以上的专业化产业园区，探索建设香港赛马会从化马场服务园区。加快琶洲国际会展商务区、广州国际金融城、荔湾花地河电子商务集聚区、广州检验检测高技术服务业集聚区（一区三园）、番禺节能科技园、国家级文化产业示范园区（北京路文化核心区）、国家广告产业园、广州创意产业园等园区建设，打造一批年产值超百亿元的专业化产业园区。以番禺海鸥岛现代渔业园、增城小楼人家农民集约创业农业园、从化万花园现代农业示范区、白云区空港农业综合示范园区、广州花卉之都现代农业园区等为重点，推动优质农产品向现代农业园、重点“菜篮子”基地等特色板块集中，建设高水平现代农业示范区。

（四）开展“两带三区”产业协同共建行动

1. 共建珠江东岸高端电子信息制造产业带

加强与深圳、东莞、惠州等城市合作，提高自主配套能力，提升终端产品价值链，联手打造全球领先的电子信息产业集群。

新型显示产业集群。依托广州开发区和增城区两大核心集聚区，以乐金8.5代液晶面板和富士康10.5代显示器全生态产业园项目为纽带，推动广东聚华与深圳天马、华星光电、惠州信利、TCL、华瑞光电、佛山国星光电等龙头企业联合攻克核心技术短板，引进上下游配套企业和项目，建设“世界显示之都”。提升4K花园、珠江数码等骨干企业资源整合和集成创新能力，共建国家超高清视频（4K）产业基地。

高性能集成电路产业集群。依托广州知识城新一代信息技术价值创新园区，建设粤港澳大湾区集成电路产业创新园。主动参与并争取国家集成电路基金支持，加快“粤芯”12英寸晶圆、番禺国家集成电路设计产业化基地等项目建设，与以色列、欧洲等先进芯片设计企业开展合作，建立以芯片制造为核心的产业链、供应链。以广州半导体协会为纽带，推动粤芯、安凯、泰斗微电子与中芯国际、上海华虹、华为海思、中兴微电子、深爱半导体、格力控制器芯片等企业合作，设立大湾区半导体产业联盟，增强产业黏性，加速集成电路产业集聚。

人工智能产业集群。依托南沙国际人工智能价值创新园、广州开发区国家新型工业化（智能装备）产业示范基地、番禺智慧城市价值创新园，发挥广州国际人工智能产业研究院、中科院广州智能软件产业研究院、科大讯飞华南人工智能研究院、云从人工智能视觉图像创新中心、思科（广州）智慧城等产业平台作用，组建粤港澳人工智能产业技术创新战略联盟，推动人工智能技术在装备制造、汽车、交通、教育、医疗、家居等领域的示范应用，打造全球领先的人工智能研发高地和“AI＋”智能城市。

2. 共建珠江西岸先进装备制造产业带

加强与佛山、珠海、中山等城市产业合作，提升广佛同城化“一核一带两轴五片区”产业合作层次，共建产业合作试验区，促进先进装备制造、汽车、新一代信息技术、生物医药与健康领域合作，培育万亿级产业集群，联手打造粤港澳大湾区重要增长极点。

新型汽车产业集群。依托广州五大汽车零部件产业园，与深圳、佛山、珠海等市的骨干企业联合攻克新能源汽车“三电”技术短板，带动全产业链要素整合集聚和产需对接，高质量建设全国智能网联汽车与智慧交通应用示范区，打造世界级汽车产业集群。

智能装备及机器人产业集群。实施工业机器人及智能装备产业发展专项行动，依托黄埔、增城、花都等智能装备重点园区，推动广州明珞、数控、启帆与深圳大族粤铭、优地科技、珠海格力智能、佛山美的等大湾区骨干企业合作，整合工信部电子五所、国机智能、中国电器院、中国（广州）智能装备研究院、国家机器人检测与评定广州中心以及华南理工大学、中科院深圳先进技术研究院等高端创新资源，联合攻克共性关键技术和核心零部件，做优整机制造特色产品，建设国家智能制造示范区。

生物医药产业集群。加速释放广州科学城、中新广州知识城、广州国际生物岛等重点基地辐射带动作用，以再生型医用植入器械国家工程实验室、中药提取分离过程现代化国家工程中心、临床医学分子诊断国家地方联合工程实验室等创新平台为依托，联合香港大学生物医药技术国家重点实验室、香港中文大学医学院等国际领先创新主体，打造一批国际知名品牌企业和产品，打造10个世界一流的生物医药产业集聚区。布局发展海洋生物医药产业，争取引进一批海洋生物医药科研机构及龙头企业。

交通装备产业集群。以广州地铁为龙头，盘活广州和谐型大功率机车修造基地和番禺南车城市轨道车辆维修组装基地，促进轨道交通产业集聚发展。依托南沙龙穴造船基地、大岗重型装备产业园、科技兴海产业示范基地，推动中船防务与深圳、珠海、汕头、江门等地龙头企业合作，打造国际先进海洋工程装备基地。以广州国家临空经济示范区为载体，依托广州飞机维修工程有限公司、新科宇航飞机维修基地，引进南航大飞机发动机维修业务，促进航空装备产业集聚发展。

3. 共建南沙粤港澳全面合作示范区

加快推进南沙粤港深度合作园建设，全面铺开起步区建设工作，在特定区域内试行“港人、港企、港服务”。规划明珠湾起步区作为粤港合作的金融集聚区，在灵山岛、横沥岛尖10平方公里的范围内重点发展特色金融，加快推进国际金融岛建设，大力发展产业金融、航运金融、科技金融、融资租赁等服务实体经济的特色金融。在南沙湾区块核心区约5平方公里的范围，探索建立大湾区合作先行区，依托中科院“一院六所”及香港科技大学霍英东研究院，重点培育一批创新孵化器和服务平台。在庆盛枢纽区块8平方公里的范围内，打造大湾区国际科技创新中心的创新特别合作区。

4. 共建穗港澳“飞地经济”示范园区

参照“港深落马洲河套创新科技园”和“深汕特别合作区”做法，先行在广清、广梅产业园以及南沙、番禺南站、知识城等地探索发展“飞地经济”。重点依托南沙、番禺、黄埔、广州开发区等首批十大价值创新园设立“飞地”区块，以龙头企业为带动，优先引进有成熟经验的港澳开发商或园区管理机构作为合作方，导入先进的理念、技术、模式和团队，带动上下游产业链集成招商，共建“飞地经济”示范园区。探索建立“飞地”园区共建互惠机制和利益分配共享机制，支持香港数码港（香港大学支撑）、香港科学园（香港中文大学支撑）等机构以独立或合作模式运营“飞地”园区，争取更多国家和省级粤港澳合作项目落地；推动葡语系国家商品展示销售综合平台升级，探索建设粤澳合作葡语国家“飞地”产业园。

5. 共建产学研一体的现代产业综合示范区

借鉴“硅谷—斯坦福”校企联动模式，高标准、高起点规划香港科技大学南沙分校周边的产业区块，推动穗港澳高校和科研机构科技成果转移转化，形成“产学研用金”协同创新机制。引入澳门大学“中药质量评估、智慧城市（物联网）、集成电路”三个国家实验室，发挥港澳的科技、金融、人才优势，力争打造若干个像中关村、张江高科等综合性现代产业科技园。发挥庆盛高铁站与广深港澳科技走廊沿线重点区域互联互通优势，围绕人工智能、智能制造、生物医药、“互联网+”等高端产业，打造南沙庆盛人工智能产业集聚区。以广州知识城上升为中新国家级合作项目为契机，复制试行自贸区、自贸港政策，拓展大湾区科技创新综合孵化园空间，探索建立“一带一路”科技创新联盟、大湾区数据交易中心（所）和科技创新基地。

协同构建粤港澳大湾区现代化产业体系是一项长远而系统的工程，抢占粤港澳大湾区发展先机，是广州产业再出发、再发展的重大历史机遇。广州要按照中央和省的统一部署，突出自身产业基础和自然禀赋，联合“9+2”的优势资源，综合施策、协同推进，加快产业结构转型升级和经济高质量发展，实现更开放、更创新、更出彩、更出新。

参考文献

张日新、谷卓桐：《粤港澳大湾区的来龙去脉与下一步》，《改革》2017年第5期。

向晓梅、杨娟:《粤港澳大湾区产业协同发展的机制和模式》,《华南师范大学学报》(社会科学版) 2018 年第 2 期。

汤贞敏:《创新驱动粤港澳大湾区发展的若干思考》,《广东经济》2017 年第 11 期。

辜胜阻、曹冬梅、杨嵋:《构建粤港澳大湾区创新生态系统的战略思考》,《中国软科学》2018 年第 4 期。

B.12
广州加快大数据产业发展的对策研究

梁 锐 范明祥*

摘 要： 近年来，广州大力实施大数据发展战略，奠定了良好的发展基础，但也存在数据汇聚共享和开放不顺畅、大数据产业龙头企业不足、专业人才匮乏等问题。针对这些问题，广州要主动紧密对接国家和省的相关布局，积极引领建设粤港澳大湾区大数据中心，把握“扬长避短、因地制宜、前瞻布局”三个原则，聚焦“数据资源、数据应用、数据产业”三个关键，以应用促产业，以产业带应用，推动大数据技术、产品、服务和解决方案与实体经济深度融合，打造数字经济发展先行区和示范区。

关键词： 大数据产业 数据资源 数据应用 广州

大数据产业是指以数据生产、采集、存储、加工、分析、服务为链条的相关经济活动，对经济运行机制、社会生活方式和国家治理能力产生着越来越重要的影响，美国、欧盟成员国、日本等都将大数据产业发展提升至国家战略高度。党的十九大报告强调，推动互联网、大数据、人工智能和实体经济深度融合。目前我国大数据产业正处于蓬勃发展的

---

* 梁锐，中共广州市委政策研究室经济研究处处长；范明祥，中共广州市委政策研究室经济研究处主任科员。

起步阶段，北京、上海、广东、贵州等地立足先发优势，积极创建国家大数据综合试验区，竞争激烈。为加快发展大数据产业，本课题调研组会同有关部门进行了调查研究，分析了广州大数据产业发展的现状和问题，提出了政策建议。

一 广州大数据产业的基本情况

近年来，广州高度重视实施大数据发展战略，整合政府及社会数据资源，以应用推动市场，以市场促进产业集聚，为推进大数据产业和数字经济发展打下较好基础，但也存在不少问题。

（一）发展现状

2015 年 8 月，广州成立大数据局，积极推动顶层设计和政策支持，出台促进大数据发展的实施意见和信息共享管理规定实施细则，统筹部署了夯实大数据基础设施、促进数据资源共享开放流通、推动大数据应用示范、完善产业链、加强安全防护等重点工作任务，着力构建大数据产业发展的良好生态体系。经测算，2017 年广州大数据及人工智能产业产值约 600 亿元，初步形成以广州科学城、中新知识城、天河智慧城、大学城、南沙人工智能产业集聚区等为基础的组团式空间布局，广州开发区大数据产业园、广州增城大数据产业园被评为省级大数据产业园，南沙独角兽牧场、天河区佳都大数据产业园等被评为省大数据创业创新孵化园。2019 年机构改革后，成立市政务服务数据管理局，原大数据局部分职能优化调整，大数据产业发展进入新阶段。

从大数据企业主体来看，广州拥有云从科技、巨杉软件、金域医学、广电运通、佳都集团、蓝盾股份、科大讯飞、唯品会、鼎甲计算机、艾媒数聚、赛宝联睿、思迈特、极天信息、亿航智能等重点大数据企业，企业类型实现大数据基础支撑、分析与服务、融合与应用等全覆盖，门类齐全，行业整体稳健发展（见表 1）。

表1　广州大数据产业重点企业

序号	类别	主要企业
1	大数据基础支撑	巨杉软件、鼎甲计算机、北明软件、广信通信、杰赛科技、奥飞数据、蓝盾股份、极天信息
2	大数据分析与服务	金域医学、赛意信息、世纪龙、云润大数据、艾媒数聚、科韵大数据、万丈金数、佰聆数据、赛宝联睿
3	大数据融合与应用	广电运通、佳都集团、科大讯飞、唯品会、云从科技、云宏信息、有米科技、安居宝、图普科技、极飞科技、机智云、思迈特、南方海岸、舜飞科技、互动派科技、申迪计算机、汇量网络、亿迅科技、三盟科技、久邦数码、城市信息研究所、金鹏科技、亿航智能、论客科技

从项目落地来看，思科（广州）智慧城、广州南沙国际人工智能产业研究院、广州智能软件产业研究院、科大讯飞华南人工智能研究院、云从人工智能视觉图像创新中心等项目落户建设，云从科技获得中国智能科技最高奖“吴文俊人工智能科学技术奖”。

从产业集聚来看，广州开发区打造“1 + N”大数据产业园发展模式，产业引进及招商工作全面展开。到2020年，全市计划培育10家主营业务收入超20亿元的大数据龙头企业、10个大数据产业园区（小镇）、10个大数据创新创业孵化平台，初步建成全国大数据应用先行区、大数据创新创业示范区、大数据产业核心集聚区和具有国际竞争力的国家大数据强市。

从数据共享来看，市政府信息共享平台接入123个成员单位，日均交换数据约1904万条，汇集数据超过71亿条，已开放66个政府职能部门的超过1000项数据集，涉及经济发展、城市建设、道路交通、教育科技、民生服务、企业服务等16个重点领域。2018中国政府信息化大会上，广州《整合政府信息资源，建广州特色信息共享模式》案例荣获“中国政府信息化管理创新奖”。

（二）主要问题

一是数据汇聚、数据共享和数据开放不够顺畅。当前广州一些政府部门和大多数企业还存在“信息孤岛”问题。虽已出台《广州市政府信息共享管理规定》及实施细则，但执行过程中个别单位存在不愿开放、不敢开放、不会开放的现象，数据开放共享的意识较为薄弱。一些自身拥有大量高价值数据的企业，例如三大电信运营商、金域等检验检测服务企业缺乏相应的工作机制，数据资源是否可以互通互联，如何开放给目标客户、权益如何分配等，没有相关法律法规可循，仍在探索之中。

二是大数据产业界定不明确。目前，针对大数据产业边界的定义不够清晰，全国没有统一的产业统计口径，尽管不少地区都根据自身理解有所探索，但口径差异较大，比如对产值、营收等规模数据无法实现同一标准，不利于大数据产业发展情况的横向对比，也对本地大数据产业发展形势研判、政策制定、产业分析监测等工作带来困扰。

三是大数据产业龙头企业不多。广州大数据产业的盈利模式和服务方式等尚不明晰，在数据交易、融合服务、信息服务、第三方数据服务、软硬件销售等多元化商业模式上，缺少能够带动产业发展的龙头企业，产业链各环节尚未形成明显的上下游协作发展与共赢模式。

四是大数据产业领军人才及专业人才匮乏。广州大数据产业领军人才和专业人才数量不多，同时广州大数据相关职位岗位需求量不断增大，主要集中在互联网、金融、消费品、生物医药、医疗等行业，既懂大数据分析技术又懂相关业务知识、既有互联网思维又熟悉制造业的复合型人才明显不足。广州现有的部属、省属、市属重点院校以及职业技术学校培养各类大数据人才不足，其他城市来穗就业的相关专业毕业生也比较少。

二　其他城市发展大数据产业的经验启示

北京以加强基础设施统筹、打破数据资源壁垒、发掘数据资源价值为主攻方向，联合天津和河北，共同打造京津冀大数据综合试验区。上海围绕资源、技术、产业、安全四方面推进大数据产业发展，努力构建交易机构、产业基金、创新基地、发展联盟、研究中心五位一体的综合发展体系。杭州互联网产业发达，把“数字经济”作为市委一号工程推动各产业跨界融合，

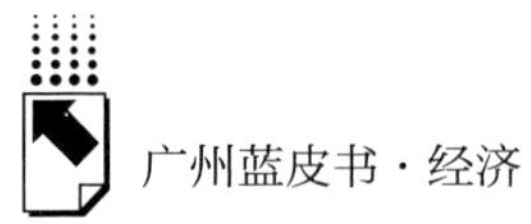

争创中国数字经济第一城。深圳科技创新能力突出，着力形成具有核心自主知识产权的大数据产业链。贵阳以打造大数据产业集群为中心努力提高政府治理能力，服务社会民生（见表2）。我们对其他城市发展大数据产业主要做法进行了总结整理，以资借鉴。

（一）强化顶层设计

北京推进数据信息共享和产业协同发展，出台“十三五”时期软件和信息服务业发展规划、大数据和云计算发展行动计划（2016～2020年），与天津、河北共同签署协同发展合作协议，有效促进京津冀大数据综合试验区建设发展。上海出台实施大数据发展实施意见，2018年4月正式成立大数据中心，全市统一实施政务数据共享开放工程、社会数据交易流通工程、政府治理大数据工程、民生服务大数据工程、产业大数据工程、关键技术突破工程、产业发展支撑工程、数据资源开放创新工程、基础设施布局发展工程、网络和大数据安全保障工程等10项专项工程。深圳出台促进大数据发展行动计划（2016～2018年），强化统筹领导机制，建立跨部门大数据工作联席会议制度，加强全市大数据规划、建设和应用等工作的统筹力度。杭州2017年成立数据资源管理局，提出组织实施城市“数据大脑”等重大项目的建设，推动数据资源在政府管理和社会治理领域的应用，从而促进全市大数据产业发展。贵阳出台政府数据共享开放条例和政府数据资源管理办法，让数据采集、开放、应用等全生命周期管理有规可依。

（二）夯实基础平台

上海以大数据相关资源、技术和应用机构为基础成立大数据发展联盟，并建立面向应用场景的在线、延续、自动化的交易平台，通过国有控股、混合所有制、市场化运营方式推动数据引申产品的交易。杭州以国家下一代互联网示范城市为抓手，大力推进骨干网、城域网和接入网升级改造，依托阿里云计算等技术，推动“下一代互联网＋云计算平台”智慧云基础设施建设，建成国际一流、国内领先的云平台。深圳支持围绕海量数据存储、数据分析挖掘、数据可视化等大数据关键技术与应用领域，建设各级重点实验室、工程实验室、工程技术中心、企业实验室等大数据科技创新载体。贵阳注重搭建政府数据共享交换平台，构建数据共享流通管道，将深藏在各个独立封闭系统中的数据进行自流程化共享，平台已向社会免费开放数据集和API资源1184个、数据530多万条。

（三）促进产业集群

北京与河北共建北京张北云计算产业基地，阿里北方数据中心已投入运营，加快建设阿里张北数据中心、阿里张北云联数据中心项目二期、长城网数据中心等项目。杭州云栖小镇以“云计算大数据”为主攻方向，全力打造云生态，集聚游戏、移动互联网、App开发、电子商务、互联网金融、数据挖掘等细分领域的优秀创新型科技类企业，形成基于云计算、大数据产业的特色小镇。深圳支持华为、中兴、腾讯和深圳超算中心等优化布局、集约发展第三方云服务平台和数据中心，加大力度培育大数据企业，推动前海蛇口自贸片区加快建设面向港澳和国际的大数据交易服务平台。上海在静安、杨浦等区设立了大数据产业基地，构建以自主创新为特色的大数据产业集群。贵阳着重依托中关村贵阳科技园建设国家大数据创新示范区，吸引国内外知名企业建立数据中心，逐步形成大数据产业生态圈。

（四）推动深度融合

北京积极引进国内外高端要素，整合中央和地方资源，建立产学研相结合的协同研发和产业转型升级机制，在人才、技术、项目等层面对大数据产业形成有力支撑。上海面向城市管理中的交通出行、健康养老、食品安全、环境保护、城市公共设施等重点领域，开展大数据采集处理、分析挖掘和创新应用，探索城市大数据管理新机制。深圳以数字城管为基础，推进市政管理、安全生产、环保、工程建筑等大数据应用，提高城市管理精细化水平。杭州大力推进社会民生智慧应用，包括智慧教育、智慧医疗、智慧养老、智慧文化、智慧就业、智慧旅游等，努力建成覆盖城乡、全民共享的智慧民生服务体系。贵阳针对权力运行中的各类不作为、乱作为和腐败行为，建立“数据铁笼”，借助大数据手段进行全程记录、融合分析，及时挖掘和分析可能存在的风险，实现政务管理精准化。

表2　国内其他城市发展大数据产业情况

城市	战略目标	主要举措	核心企业
北京	到2020年,北京市大数据和云计算创新发展体系基本建成,成为全国大数据和云计算创新中心、应用中心和产业高地	1. 夯实大数据和云计算发展基础 2. 推动公共大数据融合开放 3. 全面深化大数据和云计算创新应用 4. 强化大数据和云计算安全保障	百度、太极计算机、小米、滴滴出行、今日头条、高德、软通动力、思特奇、神州泰岳、东方国信、拓尔思、亚信、百分点、久其软件、旷视科技、明略数据、九次方
上海	到2020年,基本形成数据观念意识强、数据采集汇聚能力大、共享开放程度高、分析挖掘应用广的大数据发展格局,大数据对创新社会治理、推动经济转型升级、提升科技创新能力作用显著	1. 统筹大数据资源,推动共享开放和流通 2. 深化大数据应用,服务治理能力提升、民生改善和经济转型 3. 发展大数据产业,实现自主知识产权的关键技术和产品突破 4. 建设大数据功能型设施,加强数据采集和储备 5. 加强数据安全防护,提高安全保障能力	支付宝、网宿科技、晶赞科技、依图、达观数据、万达信息
杭州	到2022年,全市数字经济总量达到1.2万亿元以上,打造全国数字经济思想和技术策源地、全国数字经济企业和人才集聚地、全国数字产业化发展引领地、全国产业数字化变革示范地、全国数字治理系统解决方案输出地、国际一流的数字经济营商环境,争创中国数字经济第一城	1. 加快信息基础设施建设 2. 抢占数字经济和智慧产业发展制高点 3. 提升产业智慧化水平 4. 大力推进智慧应用服务 5. 优化完善产业空间布局 6. 深入实施项目带动 7. 创新发展体制机制	阿里云、蚂蚁金服、海康威视、浙江大华、数梦工场、同盾科技、天夏科技

续表

城市	战略目标	主要举措	核心企业
深圳	到2018年底，建成完善的大数据基础设施，政府数据开放和大数据应用取得明显成效，基于大数据的政府治理能力和公共服务水平有效提升，形成较完善的具有核心自主知识产权的大数据产业链，成为国内领先的大数据创新应用示范市和大数据产业发展高地	1. 统筹大数据基础设施建设，推动政府数据开放共享 2. 创新大数据应用，提升政府治理能力和公共服务水平 3. 发展大数据产业，培育新兴经济业态 4. 强化安全保障，促进大数据健康发展	华为、腾讯、富士康工业互联网、华大基因、迅雷、商汤科技、视界信息
贵阳	到2020年，大数据产业载体建设顺利推进，聚集一批具有较强市场竞争力的骨干企业，数据中心布局合理，政府数据资源实现有效整合，大数据开放与管理机制初步建立，应用水平明显提高，以大数据引领和支撑贵阳经济社会转型发展的能力显著增强	1. 建设大数据基地，优化产业布局 2. 实施数据资源开发利用、产业技术创新和成果转化、高端人才引进和培养、大企业培育和大项目带动等计划，推动信息产业“蛙跳式”发展 3. 推动云计算服务发展，创新产业发展模式 4. 拓展大数据应用领域，提高科学发展水平	云上贵州、高新翼云、大数据交易所、宏图科技、数景未来、黔龙图视

三　加快广州大数据产业发展的政策建议

广州要焕发老城市新活力，建设国际大都市，发展大数据产业非常必要、势在必行。实施大数据发展战略尤其是支持大数据产业发展，应成为广州推动经济高质量发展、勇当“四个走在全国前列”排头兵的重要抓手，也是深化营商环境改革的重要基础。下一步，要主动紧密对接国家和省的相关布局，积极引领建设粤港澳大湾区大数据中心，把握“扬长避短、因地制宜、前瞻布局”三个原则，聚焦“数据资源、数据应用、数据产业”三个关键，以应用促产业，以产业带应用，推动大数据技术、产品、服务和解决方案与实体经济深度融合，打造数字经济发展先行区和示范区。

（一）着力完善实施大数据发展战略的统筹抓总机制

大数据的发展和应用涉及众多职能部门和各区，部门之间、市区之间仍在数据归集和开放上缺乏共识，建议参考上海、杭州、贵阳等地的做法，将此上升为一把手工程，成立专门的市实施大数据战略工作领导小组，由党政一把手分别担任组长和常务副组长，统筹数字经济以及数据管理、应用，加强对于数字政府和数字经济工作的政策设计、任务部署、专项督查；深化机构改革，强化其对接各部门的协调服务能力。将大数据纳入战略性新兴产业、科技和创新发展、工业和信息化发展等专项资金的重点支持领域，充分利用现有的专项资金，引导企业推进大数据应用，鼓励和支持各区制定大数据发展扶持专项政策。争取省和港澳支持，由广州牵头成立粤港澳大湾区大数据研究院和产业协同创新联盟，整合大湾区大数据资源，引领建设粤港澳大湾区大数据中心。提升干部数字素养水平，充分发挥媒体、图书馆、科学馆、博物馆、档案馆等的作用，全面提高公众数字化认知水平。

（二）着力提升大数据基础设施建设水平

推进网络城市建设，打造全光网城市，重点推进高速光网、IPv6、4G和5G网络、移动互联网等新一代信息基础设施建设，扩大4K电视业务普及应用，探索“5G+8K”前沿数字技术方案，支持基础运营商围绕连接、枢纽、计算、感知等信息基础设施建设开展广泛深入的战略合作，带动高水平的普惠接入和高质量的公共服务。推动传统基础设施数字化改造，发挥广州国家级互联网骨干直联点的优势地位，加快电力、民航、铁路、公路、水路、水利等公共基础设施的网络化和智能化改造，推动数字经济向社会各领域渗透。提升能源供应、重要制造等行业的关键信息基础设施的安全保障能力，推进在线安全监测，提升应急处置能力。

（三）着力促进数据资源共享开放流通

统筹规划全市数据中心、云平台建设布局，推动政府部门信息基础设施共建共享和优化升级，加快建设“数字政府”。实施政府数据全生命周期管理，出台政府数据管理办法，推进政府数据的目录编制、清洗比对、提质入库等数据治理工作，按照“应采尽采”的原则开展政府数据采集，确保准确性和及时性，提升数据质量。遵循“共享为原则，不共享为例外”，探索更多激励举措，推动政府数据跨部门、跨地区、跨层级共享。充分发挥政府主导作用，建设面向产业服务的数据资源平台，分级分领域推进政府数据脱敏开放，打造全社会各行业参与、利益共享、激励创新的公共数据生态。积极对接和推动国家有关部委加快数据确权步伐，鼓励本地企业在不违法违规的前提下先行先试将数字资源转化为数字资产，健全数据交易流通的市场化机制，在跨境电商、航运物流、金融服务等领域率先开展数据交易试点，引导培育大数据公开交易市场。

（四）着力构筑大数据产业发展生态圈

充分发挥大数据产业研究院、协同创新联盟和三大电信运营商的作用，以数据为纽带促进政产学研金深度融合，重点突破大规模数据采集、预处理、存储管理、分析挖掘、结果展现等关键共性技术，以及云计算下大数据安全防护核心技术，建立关键技术专利池，形成安全可靠的自主核心大数据技术体系。按照“大企业造平台、小企业上平台”原则加快推进“企业上云”，鼓励大型企业搭建行业大数据平台，将中小企业纳入大企业创新体系和供应体系，带动中小企业数字化转型。构建基于大数据与云平台的产业生态，促进网络工厂、个性化定制、模块制造等新技术新模式的产业应用，加快培育一批数字化转型整体解决方案提供商，带动形成数据驱动型创新体系和发展模式。以政府数据资源为招商要素，合理向产业园区、企业、高校、科研院所等开放数据，大力引进高性能服务器、海量存储设备等核心云基础设备制造商，加快发展云计算基础软件和云终端设备嵌入式应用软件，完善首台套产品推广应用政策，将软件产品适度纳入支持范围，助力企业做大做强。充分发挥广州医疗资源集中优势，加快推动中国电子广州健康医疗大数据产业园落地建设，在园区内向企业定向释放检验、诊断、愈后等数据，带动医疗大数据和人工智能产业集聚发展。

（五）着力集聚大数据产业人才

支持行业协会和龙头企业牵头搭建行业交流平台，举办大数据和数字经济领域的高端论坛、峰会、创新创业大赛等，抢占行业发展话语权。优化落实“1+4”人才政策，引进大数据领域产业领军人才和团队，提高企业人才入户、住房和子女教育等保障水平，增强人才获得感、认同感和归属感。建立校企大数据人才联合培养机制，支持高等院校、职业学校和社会化培训机构等开展大数据职业技能的培训。推动建立联合实验室，鼓励企业在开放一部分数据和应用场景的同时，以“揭榜制”发布部分研发问题让高校联合解决，形成可持续发展的人才培养机制。

参考文献

张述存：《打造大数据施政平台　提升政府治理现代化水平》，《中国行政管理》2015 年第 10 期。

万岩、潘煜：《大数据生态系统中的政府角色研究》，《管理世界》2015 年第 2 期。

王伟玲：《大数据产业的战略价值研究与思考》，《技术经济与管理研究》2015 年第 1 期。

徐宗本、冯芷艳、郭迅华、曾大军、陈国青：《大数据驱动的管理与决策前沿课题》，《管理世界》2014 年第 11 期。

迪莉娅：《我国大数据产业发展研究》，《科技进步与对策》2014 年第 4 期。

刘小刚：《国外大数据产业的发展及启示》，《金融经济》2013 年第 18 期。

B.13
广州新能源汽车消费调查报告

张开仕　吴 晴　谭琛铧 等*

摘　要： 为满足消费者需求，推动广州新能源汽车产业发展、新能源汽车广泛应用，广州市消费者委员会开展了新能源汽车消费调查。调查主要从新能源汽车使用状况、车辆评价以及充电设施建设三大方面展开。调查结果表明，在使用感受上，消费者关于新能源汽车性价比的总体评价并不高；在相关技术上，里程衰减、续航能力、充电技术等方面问题较为突出；在充电设施建设上，还存在数量少、分布不合理、区域分布不平衡等问题。基于调查情况，调查组认为广州还需要在技术研发、配套设施建设、政策法规、市场机制建设、市场宣传等方面加大投入力度。

关键词： 新能源汽车　消费调查　广州

一　调查背景和说明

（一）调查背景

随着广州新能源汽车①鼓励政策出台及基础设施建设提速，未来广州新

---

* 张开仕，广州市消费者委员会副主任；吴晴，广州市消费者委员会副主任；谭琛铧、李琼，广州市消费者委员会；卢斌，广东省现代社会评价科学研究院研究总监，研究方向为公共政策第三方评估、政务大数据等；黄晓丽，广东省现代社会评价科学研究院研究员，研究方向为消费者行为、公共政策分析。

① 本调查中涉及新能源汽车是指纯电动式和插电混合式乘用车。

能源汽车销量增长速度将会明显提升。《广州市新能源汽车发展工作方案（2017～2020年）》提出，预计到2020年底，广州新能源汽车保有量累计将达20万辆，各类充电桩（机）保有量将达10万个。

从新能源汽车产业发展的角度来看，新能源汽车除传统汽车相关产业外，还涉及电池、电控及相关制造产业。大力发展新能源汽车有助于催生新产业、缓解能源危机、减少城市汽车尾气污染等。但广州新能源汽车产业快速发展的背后仍有一些短板亟待解决，如基础设施充电桩建设相对滞后、充电桩行业盈利模式不清晰、对充电桩建设的政策细则不够明确、充电桩用电无保障、电池和充电技术有待继续改善等。

在此背景下，广州市消费者委员会联合现代社评院，以满足消费者需求、倡导消费者树立品质消费、追求绿色协调共享的消费理念为导向，试图通过科学、客观、全面的调查研究，深入了解新能源汽车的消费情况，为广州发展新能源汽车产业、加快新能源汽车推广应用提供切实有效的参考建议。本调查得到以下单位的大力支持：广州市工业和信息化委员会、广东省新能源汽车产业协会、广东出入境检验检疫局技术中心、广东劲天科技有限公司、广汽丰田汽车有限公司、比亚迪汽车销售有限公司、广州特来电新能源有限公司、“有车以后”微信公众号。

（二）调查方法

1. 文献研究

通过文献资料研究，对国际、国内与新能源汽车有关的理论文献、典型案例、评价体系、数据、研究报告等信息进行全方位搜集、筛选、分析，研究其他省市新能源汽车推广案例。

2. 专家访谈

通过对新能源汽车行业内专家一对一深度访谈，了解广州新能源汽车发展现状及存在问题，并提出相应建议。

3. 问卷调查

调查内容主要围绕新能源汽车使用状况、车辆评价以及充电设施建设三大方面进行。

本次调查采取拦截访问和网络问卷调查形式，总共完成896份调查问卷。其中拦截访问通过在市内充电桩使用率较高的大型公共充电站，选取粤A车牌新能源汽车车主进行访问，共完成237份调查问卷。网络调查通过网站、网络固定样本库、微博、“有车以后”等微信公众号及朋友圈、消费者志愿者群、微信等针对车主和关注新能源汽车的消费者开展，调查时间为2018年8月30日~10月15日，共完成659份调查问卷，其中车主82份。

（三）样本分布

1. 人群分布

本次调查受访者中新能源汽车车主为319人，占35.6%；使用过（驾驶或乘坐）新能源汽车的有577人，占64.4%（见图1）。

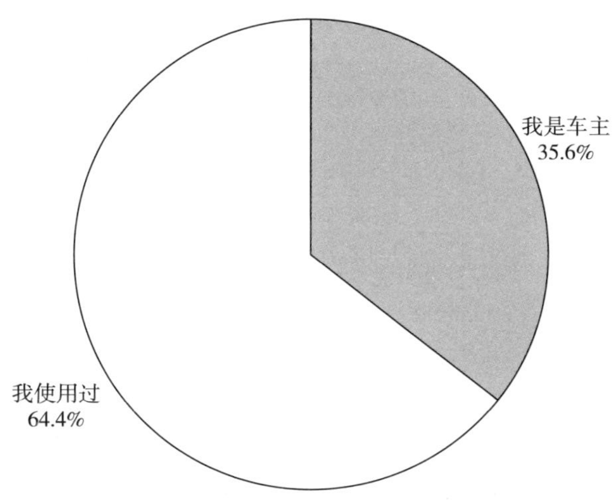

图1　您与新能源汽车有过哪些接触？（单选）

2. 受访者特征

本次调查受访者特征如表1所示。

3. 受访车辆特征

本次调查受访车辆特征如表2所示。

表1　受访者特征

单位：%

类别	选项	占比
性别	男	81.1
	女	18.9
年龄	20岁及以下	2.9
	21~30岁	48.0
	31~40岁	36.3
	41~50岁	10.6
	51~60岁	1.8
	60岁以上	0.4
婚姻状态	已婚	59.4
	未婚	39.3
	其他	1.3
学历	初中及以下	8.9
	高中	21.1
	大专	23.9
	本科	38.2
	研究生及以上	7.9
职业	外资/合资企业员工	10.4
	私营企业员工	28.5
	国企员工	14.0
	事业单位	9.4
	公务员	3.7
	个体户	9.0
	学生	4.1
	外来务工	6.3
	务农	1.9
	其他	12.8
月收入	3000元及以下	7.8
	3001~5000元	19.3
	5001~8000元	35.6
	8001~10000元	20.9
	10001~13000元	8.8
	13001元及以上	7.6

表 2　受访车辆特征

单位：%

类别	选项	占比
购车类型	插电混合动力汽车	17. 6
	纯电动汽车	82. 4
车辆品牌	比亚迪	37. 5
	特斯拉	4. 7
	北汽新能源	24. 0
	吉利汽车	15. 8
	东风汽车	3. 8
	其他	14. 2
购车时间	2016 年 6 月以前	10. 0
	2016 年 7 ~12 月	6. 9
	2017 年 1 ~6 月	9. 1
	2017 年 7 ~12 月	16. 9
	2018 年 1 月至今	57. 1

二　调查结论

主要调查结果为广州新能源汽车发展现状，包括当前新能源汽车质量及相关技术和广州新能源汽车充电设施建设以及共享新能源汽车使用体验。

（一）新能源汽车质量及相关技术

1. 新能源汽车性价比有待提升

受访车主认为当前新能源汽车性价比一般。调查发现，车主对新能源汽车性价比总体评分为 3. 37 分（满分 5 分）。其中，特斯拉居第一，为 3. 73 分，略高于其他品牌；北汽新能源次之，为 3. 40 分；比亚迪、东风汽车、吉利汽车分别为 3. 39 分、3. 33 分、3. 31 分；其他品牌为 2. 83 分（见图 2）。总体评分不高，新能源汽车还需加大力度提升质量、降低成本。不过中国电动汽车百人会理事长陈清泰在 2018 第二届全球未来出行大会上曾表示：“最迟到2025年，电动车的性价比将达到或超过燃油汽车，市场的力量将推动消费转型，向电动化倾斜，燃油车与电动车此时将此消彼长，传统车面临更大的压力。”

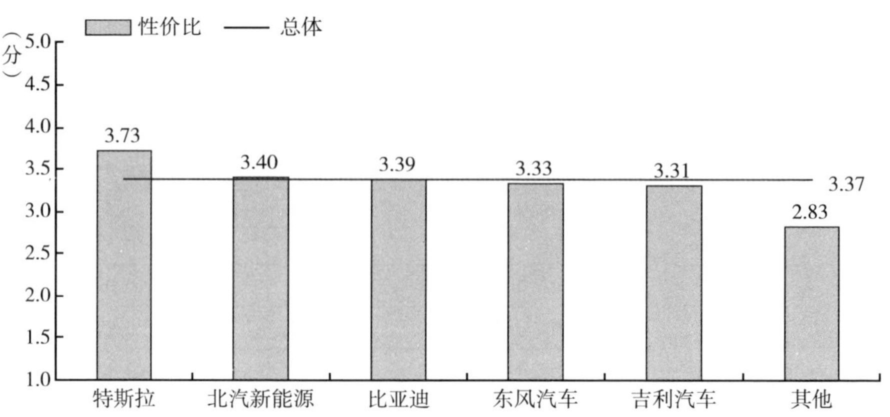

图2　性价比评分

2. 新能源汽车里程衰减较为普遍

调查显示，根据不同的购买时间，近七成车主表示汽车有出现不同程度的里程衰减，其中，衰减了10%以内的车占38.9%，10%～20%的占19.7%；6.3%衰减程度为21%～40%，1.6%衰减了40%以上，33.5%车主表示没有出现衰减（见图3）。受访专家表示，电池的衰减与行驶里程和温度有关。一是行驶里程越长，充电次数越多，衰减越大；二是温度越高，衰减越大。此外，据媒体报道，车主实际用车时续航里程与购车时商家宣传不符，也是车主感到出现续航衰减的原因之一。

从品牌来看，比亚迪里程衰减程度最低。按1～5分为分数区间，5分表示没有衰减，1分表示衰减40.0%以上，续航衰减程度越低，评分越高。调查显示，车主对新能源汽车整体衰减程度评分为3.97分。比亚迪续航衰减程度最低，评分为4.11分；北汽新能源次之，为4.09分；东风汽车4.08分，居第三；吉利汽车和特斯拉均低于总体评分，分别为3.76分和3.20分，其他品牌为3.80分（见图4）。

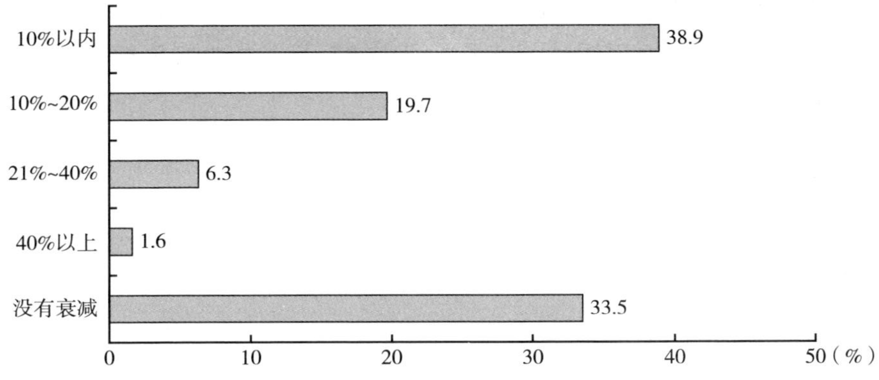

图3　里程衰减了多少？（单选）

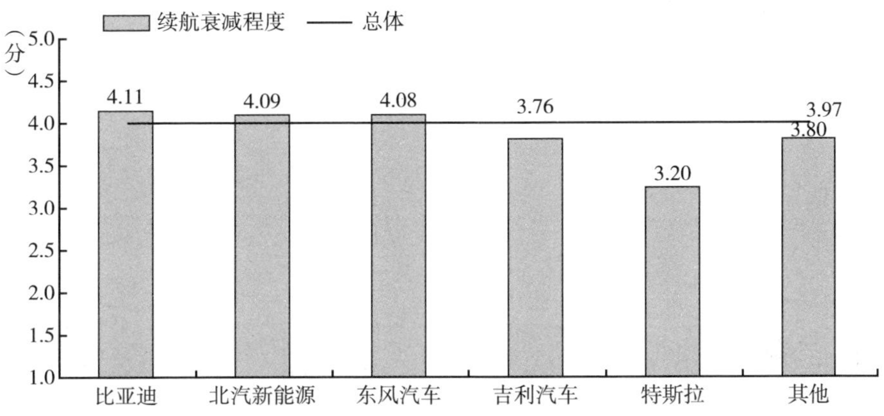

图4　里程衰减程度评分

说明：东风汽车、特斯拉样本量较小，结果仅供参考。

3. 续航能力是目前新能源汽车最大短板

电池是新能源汽车重要组成部分。课题组选取了续航能力、充电速度、电池耐用性及电池安全性四大指标，根据车主及使用者评价，在一定程度上反映了目前电池质量及技术。

调查显示，当前新能源汽车续航里程集中在201~400千米的较多，400千米以上的较少（见图5）。在消费者评分中，续航能力评分最低，为3.38

分，说明消费者对目前新能源汽车的续航能力较不满意。其他指标中，充电速度为 3.41 分，电池耐用性（寿命）为 3.47 分，电池安全性为 3.65 分（见图 6）。

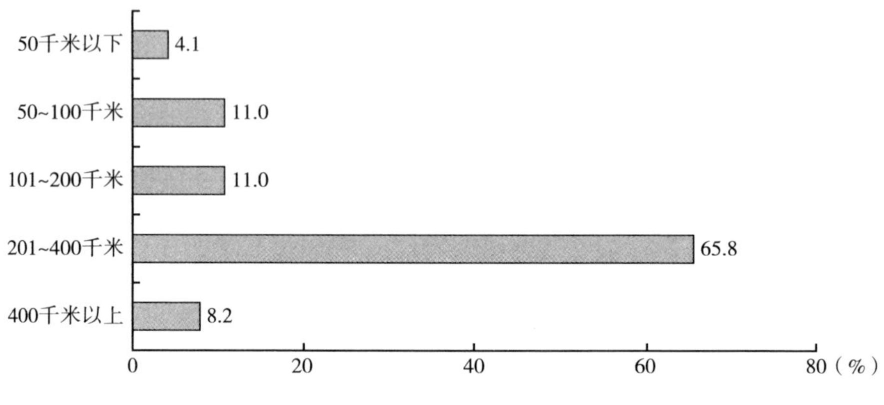

图 5　续航里程

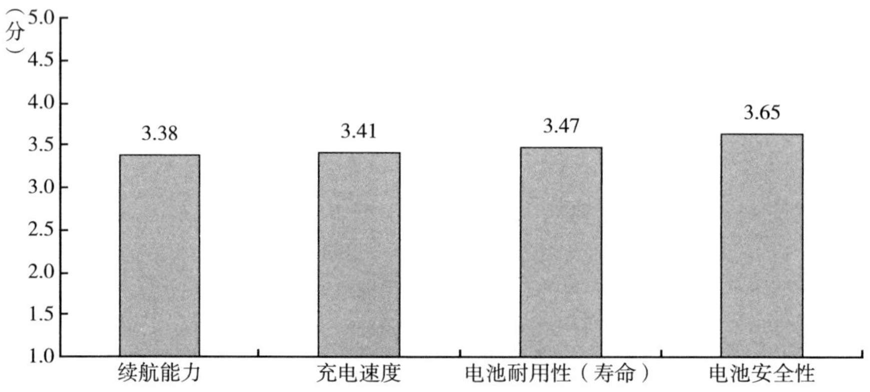

图 6　您对目前新能源汽车以下各项指标评价如何？（满分为 5 分）

对于电池起火事件，受访专家表示，一是电池生产质量问题，其在生产过程中可能掺入了杂质；二是电池连线失效问题导致电压检测线失效，造成电池过充现象，从而引起着火，甚至是爆炸；三是部分电池受外部不可抗压力影响，过度撞击等均会导致起火。但总体来说，电池起火仍是小概率事件。

4. 自主品牌媲美国外知名品牌

新能源汽车品牌众多，为进一步分析各品牌车辆使用情况，调研组选取了续航衰减程度、续航能力、电池安全性、电池耐用性及性价比五大指标，基于车主评价，通过赋分换算后，得出各品牌推荐系数。

综合比较来看，特斯拉与比亚迪并列第一，其后依次是东风汽车、北汽新能源和吉利汽车。从各项指标来看，里程衰减比亚迪表现最好，续航能力特斯拉评分最高，电池安全性特斯拉、比亚迪评分较高，电池耐用性（寿命）特斯拉评分最高（见表3）。

表3　五大品牌各指标口碑评分排名

品牌＼指标	续航衰减	续航能力	电池安全性	电池耐用性	性价比	推荐系数排名
特斯拉	3.20	4.27	4.20	4.07	3.73	1
比亚迪	4.11	3.87	4.16	3.94	3.39	1
东风汽车	4.08	3.42	3.83	3.83	3.33	3
北汽新能源	4.09	3.29	3.84	3.72	3.40	4
吉利汽车	3.76	3.46	3.98	3.68	3.31	5

5. 公共充电桩充电效率仍显不足

充电时长在一定程度上也影响新能源汽车使用。受访专家表示，充电桩目前分为快充和慢充两种，快充桩通常半小时能充80%的电量，充满电最快一般需2小时，慢充桩一般需6~8小时。

调查显示，受访者的新能源汽车2小时以内充满电的占46.1%，2~4小时充满电的占37.0%，5~7小时充满电的占11.0%，7小时以上充满电的占6.0%，公共充电桩充电效率仍显不足（见图7）。有受访车主表示，在充电站充电时间太长，不像加油站加满油立刻就能走，而且大部分露天充电站无休息室，充电体验不佳。

6. 充电技术瓶颈依旧突出

调查显示，受访者对目前充电桩技术满意率为51.5%，不满率为

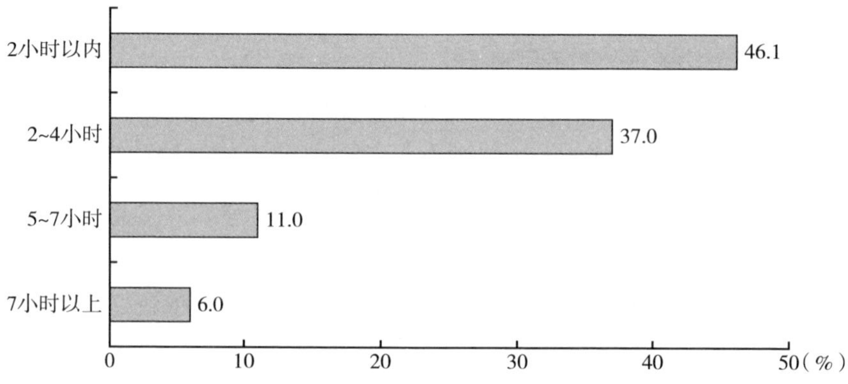

图7　充满电一般需要多长时间?(单选)

13.4%,感觉一般的占35.1%。总体来说,现有充电技术的用户体验还不理想(见图8)。

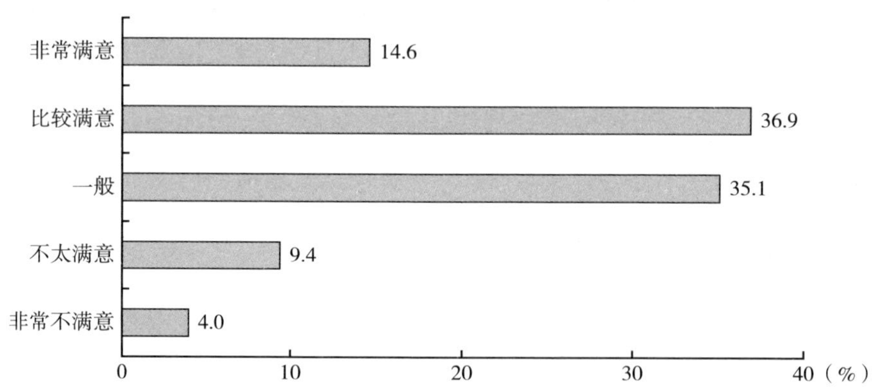

图8　您对使用过的充电桩技术评价如何?(单选)

从以上数据可以看出,动力电池技术有待提升。一是电池续航能力不足。一方面,动力电池续航里程不足。目前市面上新能源汽车续航里程主要以201~400千米为主,续航里程达400千米以上仍是少数,续航里程不足导致消费者出现里程焦虑,长途出行受限。另一方面,随着充电次数增加,续航里程也会出现不同程度的衰减。二是电池质量问题。一方面,目前动力电池技术发展存在瓶颈。如市面上动力电池主要有三元锂电池及磷酸铁锂电池，前者能量密度高但安全性较低，后者安全性高但能量密度低，而部分汽车厂商片面追求续航里程，一般采用安全性能相对低的三元锂电池。另一方面，存在部分生产企业为缩短生产周期，忽视技术规范和标准、电池产品测试验证不足等问题。

（二）广州新能源汽车充电设施建设

1. 广州充电桩设施亟须完善

调查显示，受访者对广州充电桩建设满意率为39.7%，不满率为22.1%，感觉一般的占38.2%（见图9）。

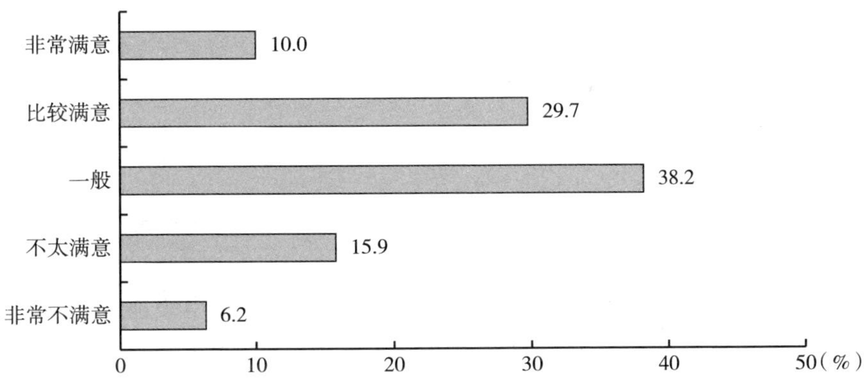

图9　您对目前广州新能源汽车充电桩建设满意吗？（单选）

2. 充电桩少、分布不合理等问题突出

据广州市发改委相关负责人披露①，目前全市新能源汽车保有量超过6万辆。广州充电设施智能管理平台数据显示，截至2018年10月31日，全市充电桩运营商共58家，充电站（群）2077个，充电桩总数为17180个，与原计划2018年建成充电桩34700个存在较大差距。据以上数据测算，现有新能源汽车车桩比②约为4∶1，充电桩数量偏少。

① 李文：《广州公交车、公务车逐步推广新能源车》，《南方都市报》2018年8月15日。

② 车桩比=新能源汽车保有量/充电桩总数。

本次调查显示，充电桩少（54.1%）为新能源汽车充电设施建设最大问题。其次是充电桩分布不合理（46.9%）、充电车位被占（38.5%）、充电桩质量参差不齐（30.7%）；充电接口不兼容、充电桩安全性能问题、充电费用支付不便等问题程度较少；此外，其他问题占6.9%；认为没有问题的受访者仅占2.3%（见图10）。

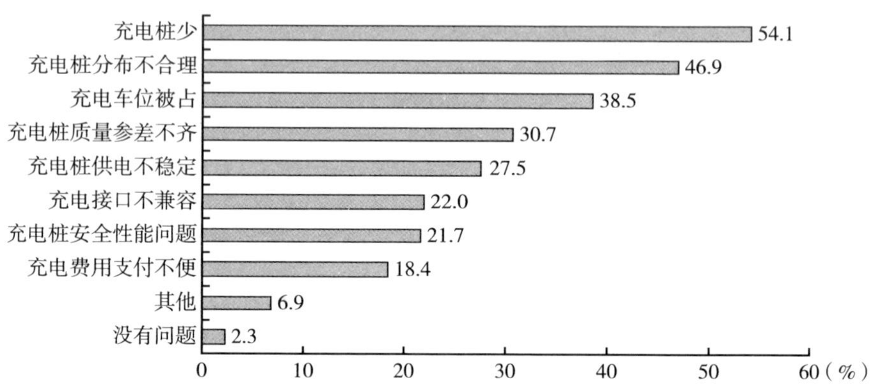

图10　您认为新能源汽车充电设施存在哪些问题？（可多选）

受访专家表示："2015年以来，随着新能源汽车充电设施奖励政策出台，充电桩数量也明显增长，甚至可以说是处于'野蛮生长'阶段。一方面，早期建桩并没有首要考虑选址、分布等因素，而是先注重建成数量，因此导致许多充电桩选址偏僻。另一方面，当时市场上没有统一的行业标准，导致充电桩匹配性差、充电不兼容，性能也参差不齐，桩建好了使用率却不高。"

此外，如果车主要自建充电桩，也会面临很多困难，主要有电力供应难协调、小区物业难协调、充电车位管理难协调等问题。

3. 查找充电桩设施的便捷度不高

47.0%的受访者表示在广州找充电桩方便，24.6%的受访者认为不便，还有28.3%的受访者表示方便程度为一般（见图11）。

有受访车主表示："充电桩位置隐蔽，相当不好找，续航里程剩30千米左右就要开始找充电桩，不然怕半路没电，还是非常不方便的。"

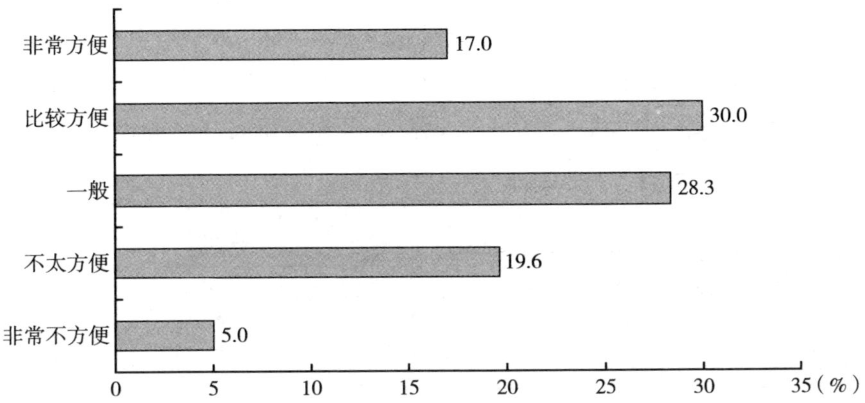

图 11　您认为目前在广州找充电桩方便吗？（单选）

4. 全市充电桩分布存在区域不平衡

据本次受访的市工信委相关负责人透露，全市来看，南沙充电桩建成数量最少，为 540 个，其次是荔湾（631 个）、从化（661 个）、增城（742 个）、越秀（831 个）；海珠、花都、黄埔、番禺、天河、白云建桩数量均达 1000 个以上，白云建桩数量最多，为 3729 个（见图 12）。

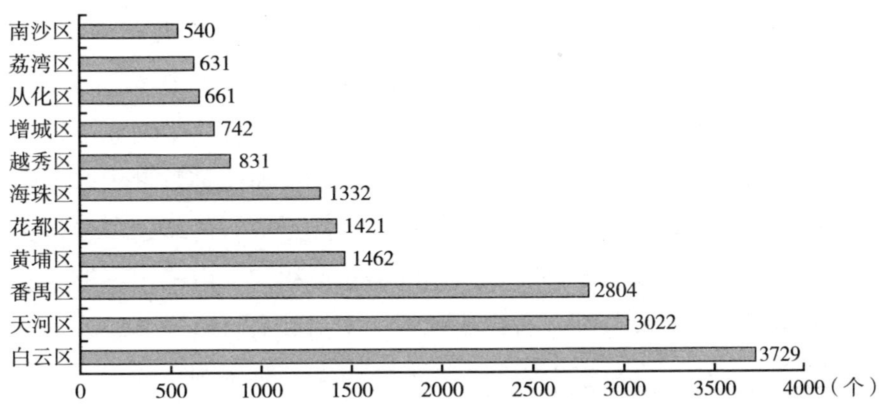

图 12　广州各区充电桩数量

本次调查显示，全市来看，距离市中心较远的区充电比中心城区困难。排名前六的均为距市中心较远的区，其中，从化区充电最困难，占（41.0%）；其次是南沙区（33.9%）、番禺区（32.7%）、花都区（31.0%）、增城区（28.6%）；中心城区充电普遍更方便，充电困难程度均低于25.0%，但黄埔、越秀区相对较难（见图13）。

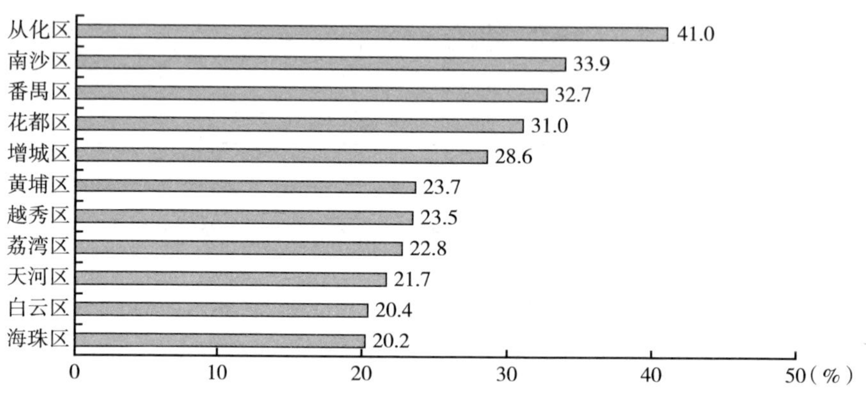

图13　您认为哪些区域充电困难？（可多选）

从以上数据可以看出，广州充电配套设施建设不完善。一是充电桩数量偏少，分布不够合理。广州充电设施智能管理平台数据显示，广州2018年底计划建成34700个充电桩，截至10月底，实际建成17180个，充电桩建设速度相对滞后。据测算，现有新能源汽车车桩比约为4∶1，总体看来，充电桩数量偏少；另外，充电桩建设分布不均。早期充电桩行业盈利模式不清晰，部分企业通过扩大网点，通过增加建桩数量领取补贴盈利，建桩选址不尽合理，造成“有车无桩，有桩无车”的现象。二是充电桩质量参差不齐。有受访专家表示，充电桩建设初期，由于市场上缺乏统一的行业标准，存在部分企业为降低成本，所选取的材料性能较差，导致产品匹配性差、性能参差不齐问题。三是充电桩管理不到位。一方面，存在燃油车占领充电车位，车位没有做到充电专用；另一方面，运维工作不到位，对于出现故障的充电桩没有及时维修，造成闲置浪费，甚至产生安全隐患。

（三）共享新能源汽车[①]租驾体验

1. “Gofun 出行”选用率最高

本次调查显示，各大共享出行平台中，“Gofun 出行”选用率最高，为 40.3%；其次是“立刻出行”（35.9%）、“Ponycar 马上用车”（34.7%）；再次是“EVCARD”和“途歌 TOGO”，分别为 29.7% 和 25.7%；“盼达用车 PANDAAUTO”和“巴歌出行”选用率较低，分别为 19.3% 和 14.1%；其他如“驾呗”“一度用车”等平台选用率为 6.3%（见图 14）。

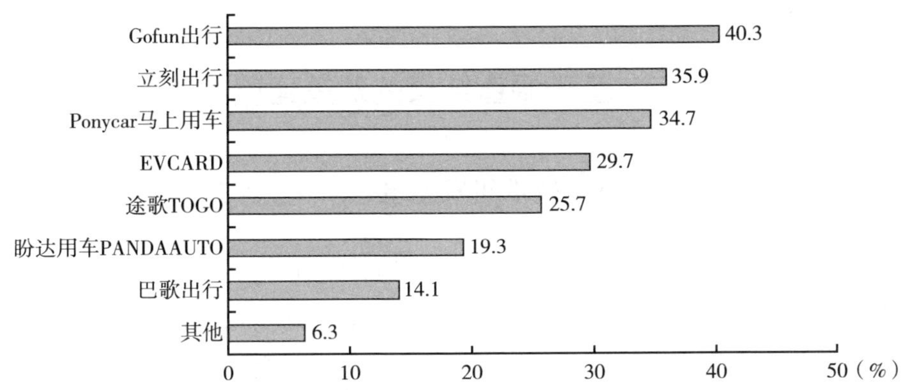

图 14 您在哪些平台租驾过新能源汽车？（可多选）

2. “Ponycar 马上用车”用户体验最好

在选用平台中，哪家平台体验最好？数据显示，“Ponycar 马上用车”用户体验最好，第二名为“立刻出行”，“EVCARD”“Gofun 出行”“途歌 TOGO”居中，“盼达用车 PANDAAUTO”及“巴歌出行”排名靠后，平台服务有待加强（见图 15）。

① 共享新能源汽车特指在共享汽车平台租驾的新能源汽车。

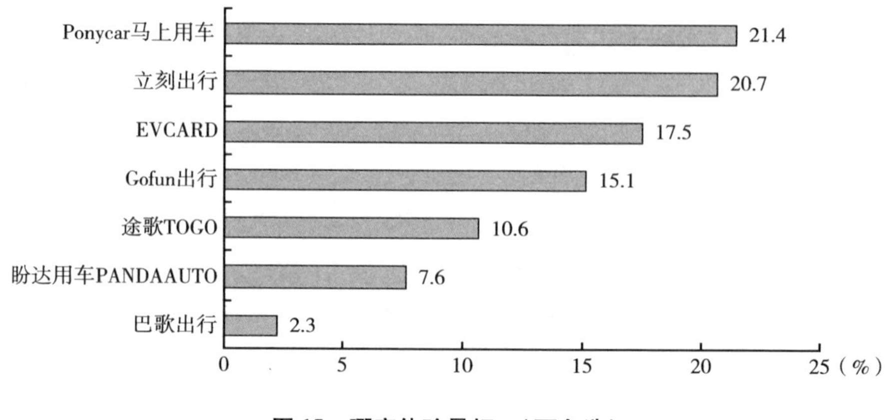

图15　哪家体验最好？（可多选）

三　基于调查结果的对策建议

（一）加大新能源汽车技术研发力度

调查显示，71.4%的受访者认为要提升新能源汽车质量与电池技术，加大新能源汽车技术研发力度是重要举措。一方面应由政府部门牵头，搭建新能源汽车技术研发平台。一是要加大研发经费投入，通过吸纳优秀车企、厂商、科研机构等单位，组建专门技术开发队伍，提升研发水平；二是设立新能源汽车行业技术进步及科研创新奖，对于取得重大成果单位或个人予以奖励，鼓励自主创新。另一方面汽车企业应加大科研投入，加快产品研发。一是掌握核心技术。坚持以市场为导向，加大对关键技术的研发投入，提高新能源汽车的生产工艺水平，努力掌握电池、电机、电控等关键核心技术。二是在保障安全的前提下提高电池各项性能。通过提升动力电池模块安全技术、加强新型电池材料的研究与应用推广，不断提升产品的市场竞争力。

（二）加快新能源汽车配套设施建设

随着新能源汽车的推广应用，公共充电设施将发挥基础性作用。调查显示，74.2%的受访者提出要完善充电设施建设，充电桩少及分布不合理成为消费者购车的最大阻力。为加快充电基础设施建设，需加快推进以下几方面工作。一是加快完善新能源汽车充电设施标准规范。国务院办公厅印发的《完善促进消费体制机制实施方案（2018～2020年）》中提出，要完善新能源汽车充电设施标准规范，实施统一的充电设施标准，有利于提高车桩兼容性，提高消费者使用便捷性。二是要保障充电设施用地。简化审批程序及手续，优化土地供给管理，同时允许土地使用权取得人与其他市场主体合作，依法依规建桩；支持新建变电站用地兼容充电桩、储能站等设施。三是提供用电保障。出台新建建筑配套充电设施的配电要求指引，加快建设配套电网，解决老城区供电能力不足的问题。四是加快公共充电设施建设。打造"半径5千米"充电圈，鼓励商业中心、停车场、加油站、高速公路服务区等地配套建桩，鼓励具备条件的公交、环卫等充电站点对外提供公共充电服务，优化中心城区与郊区充电桩布局。五是协调推进住宅区充电桩建设。由街道办、居委会、业委会等牵头组织协调，搭建业主与物业的沟通平台，提升充电桩建设支持率。六是提高充电设施使用率。鼓励有停车场地的单位、车主自建充电桩，并适当向社会开放，共享共用充电桩。对于充电桩运营企业方面，应结合市场变化及现有桩群分布，结合各区新能源汽车保有量、围绕用户需求建桩，保证充电桩运行率，定期做好充电桩安全性能检测及维护。

（三）完善新能源汽车相关政策法规

一是加快完善新能源汽车相关政策法规。目前，新能源汽车相关政策法规存在滞后问题，如新能源汽车缺乏专属保险条款，现有传统燃油车险条款并不适用；《广州市推动新能源汽车发展的若干意见》暂缺具体实施细则；现有《新能源汽车动力蓄电池回收利用管理暂行办法》，由于政策并不具有强制性，且缺乏奖惩机制，未能得到有效落实。一方面，建议对现有政策法规查漏补缺，出台具体实施细则及专属条款，做到有法可依。另一方面，要明确奖惩机制，确保政策落地，促进依法行政。二是加大政策扶持力度。其一，继续实施新能源汽车车辆购置税优惠政策。其二，加大新能源汽车路权。调查显示，“车辆不限行”是影响消费者购车重要因素。可以通过减免通行费、建立专门停车场等，提高消费者出行便利性。加大现有充电基础设施建设和用电政策扶持力度，鼓励社会资本、外资企业投资充电桩建设。三是完善新能源汽车积分管理制度。通过出台具体实施细则，明确积分管理制度、新能源汽车积分技术指标等内容，加快落实乘用车企业平均燃料消耗量与新能源汽车积分并行管理办法。四是加快研究建立碳配额交易制度。在新能源汽车补贴政策逐步退坡阶段，建立碳配额交易制度，通过市场化手段激励和倒逼传统车企转型升级，加快产品研发和技术创新，以推动新能源汽车的发展。

（四）充分发挥市场竞争机制作用

一是政府部门应构建良好市场竞争机制。目前政策法规不够明确，政府部门出台了多项办法及实施意见，但缺乏具体实施细则，政策执行容易产生偏差。而且政策缺乏强制性，无奖惩机制等，政策难以落到实处。同时政策法规出台存在滞后性。要结合技术进步，提高行业门槛及充电设施、汽车生产标准。应对使用率低、损坏的充电桩进行统一整改、重建、升级，淘汰不具备生产新能源汽车资质的厂商。要加强市场监管，形成良性竞争。对于有“骗补”“偷电”等违法经营行为的企业进行曝光、责令整改或依法追究责任。要加强行业自律，依托行业协会、第三方评估机构等社会组织，规范行业行为。二是市场主体应注重提升市场竞争力。目前新能源汽车市场缺乏行业规范。新能源汽车推广应用初期，由于入行标准及门槛较低且市场乐观，大量资本涌入，部分企业制造成本低、质量差，存在打“价格战”等恶性竞争行为，影响行业健康发展。2020 年，新能源汽车政策补贴将全面退出，汽车质量及电池技术、品牌和价格等市场因素将决定消费者的取舍。激烈的市场竞争中，企业间的差距将拉大，缺乏竞争力的企业将被边缘化。三是充电桩运营企业要注重提升用户充电体验、充电效率。例如，可推动“互联网＋充电基础设施”，提高充电服务智能化水平；结合用电政策制定合理充电费用，建立 24 小时全天候线上服务，及时响应用户需求；联合停车场，打造“充电+停车”合作模式，由停车场协同管理，做到充电车位新能源汽车专用；搭建大数据分析平台，整合车、桩、客户、电网全方位数据，借鉴加油站经营模式，充分利用充电等待时间，打造包括餐饮、零售、租车、洗车、车辆体验等“充电后市场”的综合配套增值服务。四是汽车企业要提高服务质量。重视客户满意度评价，不断创新，诚信经营，通过提供优质售前售后服务，尽可能消除消费者购车顾虑，提升消费者用车体验。

（五）加大新能源汽车宣传力度，树立绿色消费理念

一是提高消费者新能源汽车认知度。一方面，提高消费者对新能源汽车的认识。调查显示，媒体报道是获取新能源汽车相关信息的重要途径，应通过新闻媒体、自媒体等途径，加大新能源汽车宣传力度；对于电池起火等极端事件应给予客观报道，避免误导消费者。另一方面，可联合车企厂商开展线下乘车体验等活动，吸引更多消费者主动了解新能源汽车。二是树立绿色消费理念。促进消费者牢固树立绿色消费理念，积极拥抱节能、低碳、环保生活，主动了解新能源汽车相关知识，结合自身经验及需求，主动为新能源汽车发展献计献策。

参考文献

聂新伟：《我国新能源汽车消费补贴政策的演变及效果评析》，《中国物价》2019年第3期。

顾洪建、贺畅、魏冰：《2018年中国新能源汽车消费者满意度研究分析》，《汽车工业研究》2019年第1期。

郑吉川、赵骅、李志国：《双积分政策下新能源汽车产业研发补贴研究》，《科研管理》2019年第2期。

王志辛：《新能源汽车节能技术的应用》，《节能》2019年第2期。

B.14 广州民营新经济企业现状调查和发展思路研究*

中共广州市委统战部、广州市工商联调研组**

摘　要： 壮大新经济企业是发展新经济、增添发展新动能的重要途径。本文首先介绍了《快公司》"中国最佳创新公司50"的评选背景，分析了近年来广州入选"中国最佳创新公司50"企业存在创新性强、成长性快、发展后劲足、行业影响大的优势和经营管理水平较低、发展过度依赖资本、不确定因素较多的不足，了解了新经济企业在创新氛围、人才、资本、政策落地等方面的需求和困难。在此基础上，提出了聚焦氛围营造，优化创新环境；搭建发展平台，创新工作抓手；加大服务力度，吸引创新人才；加快创投发展，补足资本短板；加强跟踪落实，确保政策实效；突出问题导向，分类施策解决等具体政策建议。

关键词： 新经济企业　创新氛围　创新资本　创新人才

* 本文为"促进广州民营新经济企业发展的对策研究"课题成果，该课题为中共广州市委统战部、广州市工商联2018年度重点课题，获2018年中共统战部经济局"民营经济统战工作课题研究优秀成果"二等奖、2018年广州市统一战线"我为广州发展献一策"一等奖。

** 调研组成员：董延军，市委统战部常务副部长，市工商联党组书记、常务副主席；余剑春，市工商联党组成员、副主席；孙伟，市委统战部研究室主任；赵建勤，市工商联调研信息部部长；黄备粮，市委统战部研究室副调研员；王禄超，市工商联调研信息部副部长；侯雪刚，市工商联调研信息部副主任科员；程传波，市委统战部研究室。

壮大新经济企业是发展新经济、增添发展新动能的重要途径。“新经济”自1996年美国《商业周刊》首次提出，迅速席卷全球，不断重塑世界经济结构；自2016年全国人大会议上首次进入《政府工作报告》，迅猛发展，形成了各大中城市竞相追赶的新发展格局。2018年初，中共广州市委统战部、广州市工商联成立民营新经济企业调研组，通过实地走访、深度访谈、召开专题座谈会等多种方式，对近三年广州入选《快公司》“中国最佳创新公司50”企业进行重点调研，开展麻雀式解剖，深入了解企业经营状况和发展需求，提出对策建议。

一 《快公司》“中国最佳创新公司50”的评选背景

《快公司》与《财富》《商业周刊》并称美国三大商业媒体。2013年4月，《快公司》与南方报业传媒集团属下的21世纪传媒合作，正式发行中文版。从2014年起，主导推进“中国最佳创新公司50”“中国商业最具创意人物100”等榜单评选。

从2015年到2017年，广州共有33家次企业入选快公司“中国最佳创新公司50”。其中，2015年13家，2016年9家，2017年11家。因6家企业（巨杉软件、花镇情感、尚品宅配、亚洲吃面、多益网络、考拉先生）连续两年入选，实际入选企业共27家。入选企业主要集中在高新技术（8家）、互联网（7家）、文化创意（5家）等行业，在所属细分领域的创新力表现较为突出。以跟踪调研反馈的情况看，绝大部分企业的总体发展形势比较乐观。

二 广州入选“中国最佳创新公司50”企业的特点

调研发现，这些入选企业在创新程度、发展速度、行业影响度以及发展后劲等方面存在比较明显的共性优势。但是，也存在初创企业普遍面临的共性弱势。总体上，这些企业具有新经济企业的代表性特点。

（一）共性优势

1. 创新性强

入选企业无论是在技术、产业，还是业态、模式等方面，都体现出很强的创新性。例如，巨杉软件入选硅谷著名分析机构 Firstmark 发布的 2016 全球“大数据地形图”，成为国内唯一一家入选的企业；芬尼科技是泳池恒温专用热泵全球最大的制造商和中国最大的出口商之一，公司还独创“裂变创业”模式，开启了“传统制造业 + 互联网”转型的先河；奥飞集团实现从精品 IP 打造到全产业链变现的业态运作，是国内领先的泛娱乐集团；亚洲吃面、名创优品、楼小二、考拉先生在经营模式上都很有创意，打破了传统和常规的运营方式，这些创新元素正是《快公司》评选所看中的核心竞争力。

2. 成长性快

27 家企业在发展上都具有高成长性的特点，特别是近几年的发展更为迅速。除个别原因未能提供年营业收入情况的 4 家企业外，23 家企业中有 13 家近三年连续实现营业收入 50% 以上增长，部分企业甚至呈现出成倍增长的态势。唯品会复合增长率达到 103.8%，位列全球增速最快的零售商榜首，在《财富》中国 500 强企业中，三年时间从第 490 多位提升到第 115 位。名创优品 4 年时间全球开店 2700 多家，遍布世界 60 多个国家，平均每月开店80 ~ 100 家，营业收入从 2015 年的 50 亿元上升到 2017 年的 120 亿元。

3. 发展后劲足

由于这些企业有着核心技术和新模式的支撑，业务上高速增长，发展上潜力大、后劲足。例如，巨杉软件、筷子科技等企业，研发团队人数占企业总人数的 50% 以上，知识前沿、技术过硬，筷子科技自 2013 年成立以来，5 年时间申报或获得 21 项自主知识产权，2017 年公司还提交了 2 项国际专利申请；汇桔网的“知商云”汇聚了 1900 多万个商标数据和 7500 多万条专利数据，拥有海量的知识产权资源，在行业内具有强劲的竞争力；尚品宅配不仅仅是一家家具制造公司，更是国内家具设计软件领域的龙头企业。

4. 行业影响大

入选企业在各自行业与领域都具有较高的知名度和较大的影响力，有的公司创始人在业内也是领军型人才。中科健齿专利拥有量占全国口腔修复领域专利总量的33%，在国内3D打印植入式医疗器械领域站到了企业类第一位的高度，并入选“广州未来独角兽企业”第一名。黑格智造是为数不多能够实现3D打印量产化的领先企业。图普科技在互联网内容智能审核方面技术领先，图像识别第三方云平台处理量为国内第一。亚洲吃面公司为餐饮企业提供创意设计、品牌升级和投资孵化服务，参与设计的品牌和文创产品在年轻群体中具有广泛的传播影响力和感召力。“YOU +”青年社区的业务模式契合了当前租购并举的房地产发展趋势，目前已是中国最具影响力的公寓行业领导品牌之一。

5. 创业激情高

据统计，这些上榜企业的创业核心团队都比较年轻，平均年龄为33岁。他们热情洋溢、不知疲倦，崇拜创业英雄、渴望成功成名。黑格智造的核心团队是由全美前三位工科院校的7名“90后”留学生组成，其3D打印技术在荣获美国芝加哥创业比赛第一名后，三名留学生立即休学回国投入创业。

（二）共性弱势

1. 普遍存在技术创新能力较强，营销、管理和社会沟通能力较弱的现象

27家企业的创始人多为技术创业，创始人虽然在行业内属于技术领军人才，但部分企业在产品营销、内部治理、社会沟通等方面的能力还有待提升，不利于企业更好地整合利用市场资源和社会资源。例如，2015年入选的企业优卡狮就因为内部管理不善而发展前景不明。一些企业面临的困扰也大多是政策沟通、人力资源和市场营销方面的问题。

2. 普遍处于投入阶段，对资本过度依赖

调研发现，27家企业能够实现盈利的约占30%，大多数企业仍处于资本投入阶段，部分企业成立3年以上仍处于负利润状态，企业运营主要依赖外部资本的投入，部分企业未能实现整体业务的盈利。

3. 影响企业长远发展的不确定因素较多

总体来看，入选企业的规模并不大，有的企业只有三五十人，且面临人才流失、技术迭代、同业竞争、模式淘汰等市场风险。同时，受 BAT 互联网巨头的行业扩张挤压，企业只能被挤到更为细分的行业领域中“摸爬滚打”。

三　新经济企业反映的困难问题

调研中，这些入选企业结合行业和自身实际，反映了不少它们在发展中遇到的困难和问题，主要集中在以下五个方面。

（一）创新氛围方面

企业普遍认为，广州城市创新氛围总体不错，近年来更是大有进步，但仍存在一些不利因素。

一是低调的文化特质不利于营造新经济发展的氛围。广州本土有优秀的产品、优势的行业、成功的企业以及本可更加耀眼的创业家，但本地媒体的关注和宣传相对不足。

二是创新企业与传统产业融合发展的渠道有待畅通。政府在促成创新企业与传统企业合作方面还有提升空间。例如，机智云希望政府能牵线搭桥提供他们与家电行业企业的交流合作平台；铂涛集团希望与本地房地产企业合作发展，共同降低房屋空置率等。

三是创新公司分布零散，不利于聚拢人气。目前，广州各种创新创业型产业园区多是因地制宜进行改造而成的，分布比较零散和偏远。27 家上榜企业除少数落户在中心城区外，大部分分散在城区边缘的不同区域，有些公司的办公条件及周边交通和生活环境有待提升。

（二）人才资源方面

企业普遍反映，现在广州还存在一些招人难、留人难的问题。

一是人才公寓供给相对不足。创新型企业员工主要为外来年轻人，对人才公寓的需求量比较大，但目前广州人才公寓供给相对不足，难以满足需求。

二是人才考评和认定缺乏差异化。巨杉软件、筷子科技、唯品会、汇桔网、奥飞集团、亚洲吃面等互联网、动漫、文创企业反映，新经济企业对懂技术、善设计、有创意的“怪才”需求更为强烈，学历职称、专利成果往往是这些“怪才”的短板。

三是对本土人才关注度有待提高。广州的大学资源、科技资源、人才资源极为丰富，但没有很好地留住资源。例如，奥飞集团提到，广州拥有全国知名的美术类院校，希望政府出台相关政策，支持企业定点培养动漫人才并定向输入。

（三）创新资本方面

一是优质项目找资本较难。调研中，大部分企业反映广州创投氛围和创投市场还不能满足新经济企业的发展要求。上榜的 27 家企业得到的第一笔股权投资，主要来自北京、深圳的创投机构。

二是资本找优质项目较难。不少创投机构也反映，获取优质创新创业项目信息的渠道不够便捷，效率不够高，使得找项目成为一件很累的工作。

三是政府引导基金作用发挥不足。广州的政府引导基金在引导风险投资特别是天使投资方面，潜力没有很好地释放。

（四）政策落地方面

一是宣传指导不到位。缺少一个集中的查找、咨询、解读相关政策的权威平台。很多企业不清楚到底有多少政策，哪些政策对哪些企业有哪些帮助，该怎么操作办理，初创企业尤其如此。

二是实施细则不到位。据企业反映，一些政策原则性较强，缺乏实施细则，部分实施细则不具体、操作性不强，影响了政策的落地。

三是政策执行不到位。部分政策设定了一些限制性或倾向性条款，而且在政策的执行过程中，手续比较烦琐、不够透明，政策“门槛”较高，导致企业获得扶持的成功率偏低。此外，由于经济形势变化很快，政策未能及时调整，有些政策出现与企业的实际经营不相符的情况。

（五）企业反映的其他实际困难

此外，企业还反映了一些实际问题和困难。例如，奥飞集团、亚洲吃面等文创类企业提出文创行业的税收减免问题；前后文化、亚洲吃面、《快公司》中文版团队提出在文化创意、网络游戏、游戏机制造等传统优势领域如何进一步发挥行业聚集效应的问题；唯品会、名创优品、三七互娱、中科健齿、极飞科技、黑格智造、芬尼科技等企业反映生产经营用房用地需求无法满足的问题；奥飞科技、汇桔网、三七互娱、亚洲吃面等企业反映知识产权保护难的问题；唯品会反映“最后一公里”配送商品的快递三轮车被查扣的问题；黑格智造反映园区公共交通配套不足的问题。

四　促进民营新经济企业发展的对策建议

促进民营新经济发展，广州各级党委政府已经高度重视，也出台了不少扶持政策。当前，最重要的是进一步优化环境、营造氛围、搭建平台、抓好落实。

（一）聚焦氛围营造，优化创新环境

一是深化对新经济企业发展规律的认识把握。新经济企业往往有着不易被理解、不易被接受的新技术或新模式，建议通过聘请创业家进机关开讲座、机关干部进新经济企业参观等多种方式，帮助广大干部了解新业态、理解新模式。

二是提升新经济企业的行业影响力。借鉴广州国际灯光节、杭州中国国际动漫节等成功做法，区分动漫娱乐、文化创意、人工智能等不同领域，支持新经济各行业协会创办有创意、有影响的国际性品牌活动，提升影响力。

三是加大本土标志性创业人物和创新企业的宣传力度。结合“民营经

济20条”中展示民营企业和企业家良好形象的工作，把其中正能量最突出、特色最鲜明、示范引领性最强的人物或企业打造成为广州创新精神的形象代言人，实施传播。

四是引导传统企业与新经济企业深度合作。按照不同传统产业与互联网的亲近程度，支持传统企业迎接数据革命，提升“传统产业＋互联网”行动计划的实施效果；依托中小企业服务中心、商协会、龙头企业建设好孵化空间、技术研发联盟、渠道合作平台等媒介，撮合传统企业与新经济企业深度合作。

五是鼓励引导本地媒体关注新经济企业。加大与《快公司》《21世纪商业评论》等财经媒体的交流合作力度，讲好讲活“创新创业的广州故事”，营造敢创新、能创新、善创新的浓厚氛围。

（二）搭建发展平台，创新工作抓手

一是搭建商会服务平台。以“创新50”企业为骨干，依托市工商联（总商会），组建“广州新经济企业商会”，发挥行业商协会集聚合作交流的平台作用。

二是搭建创业投资平台。支持市委统战部、市工商联发动民营企业家，筹建“花城创投基金”，重点帮助广州高成长性的初创期企业解决融资问题，为新经济企业发展提供资本支持。

三是开展新经济企业“政策大辅导”活动。在全市范围内，联合有关部门、各区党委政府开展“涉企政策大辅导”活动，指导企业用足用好最新政策。

四是举办“新经济发展高峰论坛（广州）”。结合《快公司》报告以及广州“IAB＋NEM”战略，与知名财经媒体合作主办“新经济发展高峰论坛（广州）”，探讨新经济的发展趋势和路径，提升广州新经济发展的品牌效应。

（三）加大服务力度，吸引创新人才

一是统筹建设人才公寓。重点在产业聚集区，由政府牵头，采取多种投

入机制的模式，建立高标准、环境优美的人才公寓。鼓励有条件的区、镇街、企业连片租赁改造村屋并进行统一管理，改善居住环境。加大对企业自建人才公寓的支持力度，特别是在琶洲等新经济企业集聚区，支持有条件的企业建设员工公寓。

二是完善人才激励政策。完善以企业缴税与个人缴税为标准、针对民营企业人才的奖励激励政策，对于缴税额度超过一定标准的企业给予人才指标，并对于该企业个税缴纳超过一定标准的员工直接给予人才奖励。

三是开展民营企业人才高级职称评审工作。用好广东省向广州、深圳两市下放正高级职称评审权的新政策，借鉴湖南开展非公有制经济领域特别优秀人才高级职称评审工作的经验，探索启动在民营企业特别是民营新经济企业中开展专业技术人才高级职称评审工作。

四是帮助解决人才子女入学问题。借鉴东莞经验，拨付财政资金购买一定数量的优质学位，搭建企业和民办学校对接平台，鼓励高质量民办学校办学，为新经济企业人才子女入学提供更多选择。

五是加大对基础研发人才、本土人才的扶持力度。特别是在人才公寓、落户随迁、定点培训等方面，给予政策性扶持，增强对他们的吸引力。

（四）加快创投发展，补好资本短板

一是积极推动本地民间资本涉足创投领域。支持大中型民营企业特别是已经在主板上市的企业成立创投部门；积极构建各种撮合民企和创投企业（基金）对接的平台；支持批发市场等传统企业利用自有存量用地打造风投集聚区；对部分民营龙头企业抱团成立广州本土创投基金的，给予多方面的支持。

二是发挥好政府基金的引导作用，集聚国内外知名创投机构。对政府引导基金的专项子基金实施优扩劣汰，逐步形成具有不同政策导向、不同投资偏好的专项基金群，吸引国内外知名创投机构来穗集聚。探索政府引导基金通过“跟进投资”方式扶持初创期企业，可参照“杭州经验”，把引导基金总规模的10%切出来，按“跟进投资”的模式单独运作。

三是以 PPP 方式在主城区高水平建设优质项目的物理展示空间。“回归闹市、地铁周边、挤在一起”已经成为全球新经济企业活动的偏好。建议精心选址、科学规划，按 PPP 项目方式高水平建设这样的物理空间，引导创新要素集聚。

（五）加强跟踪落实，确保政策实效

一是督促落实“民营经济 20 条”。组织对“民营经济 20 条”落实情况开展专项督查和政策评估，强化跟踪问效，强化问责追责，确保政策红利充分释放。

二是提高扶持政策制定的针对性。针对民营新经济企业的不同行业、不同特点、不同需求，尽可能地进行分类施策、分企施策，有效发挥政策的引领和激励作用。

三是扩大政策宣传的覆盖面和知晓度。充分利用信息化的平台载体，采取多种方式方法进行全面宣传。可搭建一个专门为民营企业进行政策宣传交流指引的信息化平台，通过购买第三方服务，实行政策精准推送。

（六）突出问题导向，分类施策解决

一是争取相关税收减免政策落地落实。北京、上海等地对认定的动漫设计类文创企业减按 15% 的税率征收企业所得税。可借鉴这一做法，明确广州文化创意产业可参照科技产业给予相应的政策扶持。

二是夯实传统优势行业基础。加大对游戏、文创、医药健康等传统优势行业的扶持力度，从集聚园区建设、土地与人才保障、税收补贴、行业展会创办等方面发力，进一步巩固广州优势行业在国内的领先地位。

三是适当保障企业的用地需求。对确需新增用地且项目能够如期开工、投产的企业，在统筹考虑城市用地总体规划和规模指标的基础上给予倾斜。

四是加快出台快递专用三轮车行业标准。快递三轮车不时被查扣，对电商业务的运行造成一定影响。目前国家标准已出台，但广州尚未出台实施细则，快递车上路尚无可遵循的标准。建议尽快出台快递专用电动三轮车行业

标准，设置统一标识，实现规范化管理。

五是加大对知识产权的保护力度。充分发挥国家工商行政管理总局商标审查协作广州中心和广州知识产权法院等平台的优势，创造条件支持汇桔网等企业建设知识产权实验室及成立海外创新中心等，为企业知识产权保护提供强有力的保障。

六是完善园区公共交通配套。针对常规公交与地铁接驳的问题，重点优化完善各产业园区的公交线网布局，增加发车班次，延长运营时间，为企业员工出行提供便利。鼓励产业园区与交通部门合作，对公交需求强烈的园区，可开通园区到地铁站或市中心区域的专线巴士，方便员工出行。

参考文献

胡泽文：《科技产业影响因素分析与预测研究——基于多元回归和 BP 神经网络的途径》，《科学学研究》2012 年第 7 期。

吴立：《把握周期反转与模式转型》，《环球财经》2016 年第 1 期。

刘慧琳：《广东人工智能发展面临的问题与建议》，《广东经济》2018 年 6 月。

广州市产业招商投资促进会、中关村天使投资联盟等：《广州市（准）独角兽企业发展白皮书（2018）》（内部资料）。

黄徽：《智能时代的经济学》，《21 世纪商业评论》2018 年 6 月。

B.15

广州品牌建设现状分析与发展思路研究

张德鹏　邓 伟　张诗健　黄 荣*

摘　要：　在品牌竞争时代，城市品牌建设水平和企业品牌数量多寡以及品牌影响力高低，已成为衡量一个国家和地区经济竞争力的重要标志。近年来，广州市政府不断推出品牌建设相关政策与措施，实现城市品牌与企业品牌相辅相成、相互促进，并取得了一定成效。但广州品牌建设仍存在政策体系有待健全、品牌培育方法有待改进、品牌建设环境有待完善等问题。因此，本文将从城市品牌和企业品牌两个方面分析广州品牌建设的实际情况，为广州品牌建设提出未来发展思路。

关键词：　品牌建设　城市品牌　企业品牌　政府措施

一　广州品牌建设情况分析

（一）城市品牌建设情况

城市品牌是一个城市形象软实力建设的总体绩效和受众认知的总和，也是一个城市综合实力、话语权、吸引力和辐射力的表征，更是区域发展的

* 张德鹏，广东工业大学管理学院院长、教授、博士生导师，博士，广州市人民政府决策咨询专家，研究方向为营销工程、企业管理、零售管理；邓伟、张诗健、黄荣，广东工业大学管理学院研究生，研究方向为企业管理、营销管理。

“方向标”、凝聚人心的“吸铁石”、城市形象的“金名片”。近年来，广州提出了国际交往中心城市、国际会展中心城市、世界历史文化名城等多个品牌战略，在硬件配套设施、交通可达性、气候环境治理、旅游资源开发等方面多维推进，“美食之都”“千年商都”等标签已被广泛认可，通过挖掘城市发展新动力，成功建立了“广州天河 CBD”（获国家级区域品牌示范区）、“广州北京路”（获世界优秀旅游目的地）等品牌，提升了广州城市品牌的国际影响力。

2018 年 11 月 2 日，中国社会科学院中国城市营销发展报告课题组和广东工业大学品牌战略研究院共同完成并在广州发布了《广东省城市品牌发展指数报告（2017～2018）》，报告从城市文化品牌、城市旅游品牌、城市投资品牌、城市宜居品牌和城市品牌传播 5 个一级指标对广东省 21 个主要城市的品牌发展指数（CBDI）进行了测评与分析。数据显示，2017～2018 年度广州 CBDI 的总体得分为 0.556，比 2016～2017 年度下降了 0.026 分，位列全省第一，全国第六，其中，广州在城市文化品牌、城市旅游品牌和城市品牌传播方面都是位列全省第一。由此可见，广州 CBDI 的总体得分位居前列，城市品牌整体发展水平较为稳定，后续发展需加强城市投资品牌和城市宜居品牌的建设。

（二）企业品牌建设情况

1. 入围2018年中国500强的品牌

在 World Brand Lab 发布的 2018 年《中国 500 最具价值品牌》排行榜中，广州入选品牌主要分布在传媒、房地产和家具等行业，包括中国南方电网、南航、《南方日报》、《广州日报》、恒大、广东广播电视台、《南方都市报》、《羊城晚报》、保利地产、富力地产、《南方周末》、广东发展银行、白云山、立白、双喜、穗宝、广之旅、珠江、诗尼曼在内的 19 个品牌，总计品牌价值为 6564.05 亿元，与 2017 年相比，新增了中国南方电网和《羊城晚报》。

2. 老字号品牌

根据国家商务部和广东老字号协会统计，截至 2018 年 12 月，入选中华老字号的广州品牌有 35 个，占全省入选总量的 61.40%，入选广东老字号的广州品牌有 36 个，占全省总量的 28.80%。广州老字号品牌主要分布在以陶陶居、莲香楼、银记等为代表的餐饮行业和以王老吉、陈李济等为代表的医药行业，以及食品、饮料、工艺品、塑料工业、电器等行业。

3. 商标注册申请量

国家工商总局数据显示，2017 年广东商标申请量高达 109.5 万件，占全国总量的 1/5，居全国榜首。其中，广州商标申请量共 31.7 万件，占全省商标申请总量的 28.94%；商标注册量为 14.9 万件，占全省商标注册总量的 28.99%；截至 2017 年末，广州有效注册商标量为 68.9 万件，占全省有效注册商标总量的 27.26%。

4. 商标侵权行政案件

数据显示，2017 年广州市工商局查办各类商标侵权和假冒伪劣商品案件 1168 宗，居全省第一，案值 3138.16 万元，罚款额为 1851.67 万元，移送司法机关案件 17 宗，捣毁侵权假冒窝点 30 个，侵权假冒案件行政处罚信息公开率为 100%。可见，为了营造广州企业品牌，建设良好的市场环境，政府加大了对商标、知识产权保护的力度，但商标侵权现象仍有发生，故品牌保护力度不能放松，品牌建设任重道远。

（三）广州品牌建设成效的评价

1. 城市品牌建设

近年来，广州市政府相继出台了一系列政策及措施加强城市品牌建设，并取得了一定成效。在《中国城市营销发展报告（2018）》中，广州 CBDI 的总得分位列全国第六，但其中的城市旅游品牌排名全国第七，相对靠后。总体来看，广州城市品牌发展水平较为稳定，但从 CBDI 中的其他细分指标来看，广州还需对自身城市品牌情况做出更为全面的剖析，充分挖掘和发挥广州独有的品牌优势，强化城市品牌建设。

2. 企业品牌建设

从老字号品牌和商标注册申请量可以看出，广州的企业品牌总体发展情况稳健，与此同时，广州市工商局也不断加大对知识产权的保护力度，为企业品牌建设营造良好的发展环境。但是，2018 年广州入围《中国 500 最具价值品牌》的品牌数量仅占全国总量的 3.8%，相较于同水平的一线城市，广州企业品牌的发展空间较大，亟须大力推进相关扶持政策，提升广州企业品牌建设整体水平。

二　广州品牌建设的主要措施

（一）城市品牌方面

1. 完善城市品牌定位，塑造城市品牌形象

素有“花城商都”“千年羊城”“美食之都”“购物天堂”等美誉的广州，在不同时期有不同的城市品牌定位和宣传重点。早在 2009 年，《广州城市发展总体战略规划（2010～2020 年）》已将广州定位为“国家中心城市——综合性门户城市、南方经济中心、世界文化名城”；2011 年定位升级为“国际商贸中心和世界文化名城”；2016 年定位为“广东省省会、国家历史文化名城，我国重要的中心城市、国际商贸中心和综合交通枢纽”；2018 年《广州市城市总体规划（2017～2035 年）》草案提出打造“美丽宜居花城、活力全球城市”的愿景，将广州逐步建设成独具特色、文化鲜明的国际一流城市。与每次城市品牌的定位提升相对应，广州都会通过各种形式和活动来宣传、推介，以此巩固城市品牌形象，如举办重大赛事、国际会议等。

2. 用心讲好“广州故事”，强化城市品牌传播

近年来，“广州故事”强势扬帆起航，推出一系列城市形象宣传片，向世界展示全面、真实、立体的广州形象。2017 年广州城市形象宣传片《花开广州·盛放世界》，以广州传统民乐贯穿，融入了行花街、叹早茶、听粤剧等广州元素，CBD 的繁华与城市街景相呼应，广州的高度与速度并济，向世界充分展示了“老广味”与“新广州”交融的广州城市形象。同时，该片借助《财富》论坛连续一周亮相纽约时代广场，充分展示了广州作为

国际交往中心的城市魅力，连续半个月在 BBC 世界新闻台的欧洲、美洲、亚洲等 54 个频道播出。此外，首次由美国 CNBC 国际知名电视台专业团队操刀的广州城市宣传片同样引人注目，受众人群覆盖 4 亿人（次）[①]。

3. 国际赛事、活动助阵，实现城市品牌国际化

广州在立足于“花城”的城市品牌形象同时，也在探索城市品牌对外传播的多元化路径。特别是 2017 年《财富》全球论坛创造了绝佳时机，让全球媒体聚焦广州，利用全媒体传播渠道的二次传播进一步强化了广州的国际影响力。截至 2017 年 10 月，累计 9000 多家境内外媒体、3000 多名记者，围绕“2017 广州过年、花城看花”、2017 中国广州国际投资年会、2017 小蛮腰科技大会、2017 世界城市日等 50 多个在广州举行的重大活动平台，对广州进行了全方位、立体化传播，全年媒体宣传报道量达到 16000 多篇（次）。广州以高度的文化自信，用国际语言，讲述广州故事，形成欧美主流媒体聚焦报道广州、全球政商学界精英广泛关注广州的热潮，向世界展示了一个充满文化底蕴又创新进取的广州。

（二）企业品牌方面

1. 实施联动机制，提升品牌质量标准

2017 年 10 月，广州市工信委、发改委等部门和各区政府联动实施了工业质量品牌创新试点，在重点企业中推广品牌培育管理体系，以品牌培育试点企业为骨干，带动广大企业开展品牌培育工作。2018 年 7 月，广州市政府联合质监局、工商局等 13 个政府部门携手完善了政府质量奖励制度，规范了市长质量奖评审工作，以此树立质量先进标杆，推动质量发展，建设质量强市。此外，广州市质监局、科创委等多个部门共同构建了技改推动采标的工作机制和应对技术性贸易壁垒的合作机制，推动了专利融入标准、科技成果转化标准的实施机制建设，建立了产品质量提升和品牌培育工作的长效

① 刘洁妍、常红：《9000 中外媒体聚焦广州》，人民网，2017 年 11 月 16 日，http：//world.people.com.cn/n1/2017/1116/c1002 - 29649970.html。

机制。

2. 优化行政服务，加强知识产权管理

为深入推进商标注册便利化改革，助力地方打造知识产权引领型创新驱动发展新高地，2017 年 11 月，商标审查协作广州中心正式开通商标“变转续”受理、商标注册申请事先咨询窗口两项便民服务措施。同月，广州市知识产权工作领导小组颁布了《广州市重大经济和科技活动知识产权评议实施方案》，进一步规范和指导全市经济和科技活动中的知识产权评议行为，鼓励企业在工商管理活动中自主开展知识产权评议活动，进一步加强商标保护措施，深化专利应用程度，提升品牌价值。

3. 组建专门机构，指导商标品牌培育

广州市工商局在全市深入推广设立商标品牌指导站，编制《商标品牌指导站工作手册》，分类指导和支持大型工业园区、行业协会和企业实施商标品牌战略，指导协助有关经济组织、行业协会注册培育集体商标，重点做大、做强“狮岭皮具”“白云裘皮”“新塘牛仔”“石碁红木”“沙湾珠宝”等区域品牌。此外，国家商标品牌创新创业基地建设也取得了重大进展，经国家工商总局批复同意，国家商标品牌创新创业（广州）基地覆盖区域由原来的流花展馆扩展至流花片区，共 8 平方公里，并于 2017 年 12 月 19 日正式开业运营。目前，该基地已吸引一批品牌企业及代理机构进驻经营，集聚和辐射效应初显。

4. 融合“互联网 +”，促进老字号创新发展

为促进广州老字号顺应消费需求新变化和“互联网 +”新趋势，2018 年 4 月 10 日广州市政府印发了《广州市促进老字号创新发展三年行动方案（2018 ~2020 年）》，方案坚持传承与创新相结合、经济与文化相结合、市场竞争与政府引导相结合的基本原则，确定了推动老字号的传承与保护、促进老字号的转型和升级、做好老字号的宣传和推广等任务，提出了加快相关配套设施建设和加强扶持等保障措施，力促广州老字号创新发展，着力形成中华老字号、广东老字号、广州老字号多层次共同繁荣发展的局面，不断提升老字号的文化特色、产品质量、品牌信誉和竞争能力。

5. 建立奖励制度，扶持品牌授权经营

为加快推进广州电影产业发展，提升城市影响力，2018 年 9 月 13 日广州市政府印发了《广州市扶持电影产业发展暂行规定》，提出设立广州电影产业扶持资金，鼓励出品优秀电影作品，推动电影作品高新技术应用，引导广州电影“走出去”等政策，对票房达到5000 万元以上的、播放传播广州城市形象的、在国际 A 类电影节等取得较好成绩的电影作品给予一定资助。同时，全面落实国家和广东省电影产业税收优惠政策，鼓励电影投资，大力引进和培育电影人才，依法确定广州市影视综合服务单位，以此为来广州拍摄、制作、发行影片的电影企业提供服务。

虽然，广州在品牌建设中取得了一定成效，但仍存在一些问题，主要体现在：一是品牌建设政策体系有待健全。品牌建设顶层设计仍不尽完善，尚未形成完备的品牌建设政策体系，政策的前瞻性、科学性和适用性相对不足，部分政策还存在覆盖面不够广泛、对品牌后续发展关注不足等问题。二是品牌培育方法有待改进。目前的品牌培育方法相对单一，未能做到因地制宜、因企施策。三是品牌建设环境有待改善。由于不法商家违法成本较低，惩罚力度相对不足，市场上仍存在知识产权侵权现象和假冒伪劣产品。

三 广州品牌建设的未来发展思路

（一）坚定花城品牌之路，强化城市品牌国际化

面对城市品牌形象传播的新形势，广州需要借鉴全球经验城市的成功做法，在不断地前进中思考广州未来的品牌战略，实现广州花城迈进世界花城的目标。要实现这一目标，需要在城市品牌传播的资源上，充分挖掘“丝路花语”的历史文化内涵，创意运用传统历史文化渊源巩固“花城”城市品牌定位。立足国际视野建构民族地域特色形象，明晰城市品牌传播内容。综合应用高低介入性传播媒介强化互动体验，把握城市品牌传播方向。创新开展全方位立体化营销策略，丰富城市品牌传播形式。合理选择城市品牌传

播渠道，利用全媒体传播渠道进一步强化国际影响力。此外，还要努力让广州市民成为城市品牌的打造者以及传播者，学会讲花城的故事，将花城故事传播给更多的人，共同将广州建设成为一座“有生命，会生长”、美丽宜居的世界著名花城。

（二）健全品牌建设政策体系，完善相关法律法规

第一，政府应制定全市整体品牌建设规划，明确自身在品牌建设中的定位与职能，使制度建设、政策保障、产业引导等政策能围绕品牌建设来展开，形成有效的品牌建设政策体系。加强市场监管局、工信局等相关部门的沟通与交流，充分发挥品牌建设的联动机制，协同推进广州品牌建设。

第二，实现政府的产业政策、财税政策、金融政策、文化政策、教育政策、人才政策对品牌建设的倾斜。例如，对具有符合低碳经济的小企业品牌给予“品牌规划与建设”专项基金支持，对具有创新能力、优秀产品的品牌给予进入“政府采购”目录待遇等。

第三，结合广州品牌建设实际情况，完善和执行商标、专利、知识产权、反不正当竞争、反垄断、连锁经营等相关法律法规，弥补相关法律法规漏洞。加大执法和惩罚力度，严厉打击商标侵权等违法行为，建立一个公平公正、法制健全、自由竞争的品牌建设与发展环境，助力企业品牌健康发展。

（三）重视区域品牌建设，打造国际国内知名品牌高地

首先，“品牌来源地”的区域形象，对提升企业品牌认知度和美誉度具有重要的符号作用。广州可在细节上优化“花城”“岭南文化之都”“丝绸之路名城”“广州工匠”等广州品牌形象的建设，通过深化城市品牌形象建设来助力企业品牌建设。

其次，在总部经济品牌“天河 CBD”、国际优秀旅游目的地“广州北京路”取得初步成绩的基础上，进一步丰富要素、传播声誉、充实内涵，重视以产业集聚所形成的区域品牌培育。在继续推动原有强势品牌发展的同

时，还应根据广州未来的产业布局，培育与建立汽车、互联网创新、智能制造、绿色食品、时尚服饰、灯光音响、文体用品等特色都市产业品牌，引领促进产业内的企业培育和发展自己的品牌。

（四）设立和布局“省级、国家、国际品牌”或“千百十品牌工程”战略目标

第一，部署1000家具有市场基础的优秀企业，发展成为本省优势品牌。鼓励企业因地制宜，导入品牌战略体系建设，对完成品牌管理中心、产品研发中心或技术创新中心建设和产品商标、专利及其他知识产权保护制度建设，且产品具有良好市场认可度的品牌企业，给予适当免税和优惠贷款支持，让这些有潜力成为国家品牌的企业稳步迈进品牌发展快车道。

第二，部署100家具有技术壁垒和完整知识产权系统的行业领导者，成为国家品牌领导者和国际品牌知名者。对在国外投资建立研发、生产、销售体系的品牌企业提供政策便利。对连续三年进入国家品牌价值排行前列的品牌，遵循“名牌在市场中产生、获消费者认可”的原则，力推成为国家品牌代表，迈向全球。

第三，力争部署10家品牌价值国际排行前列的先锋品牌，迈向国际一流品牌行列。

（五）建立政府的品牌专家委员会，优化企业品牌的培育方式

首先，增强政府品牌管理相关部门的品牌意识，提高政府官员的品牌建设专业水平和素养。各级政府应当认识到品牌建设的必要性和长期品牌规划的重要性，加强其对品牌建设战略和实施方案的理解，特别是要加强对品牌质量管理的重视，通过市场监管局、质量认证机构等通力合作，规范质量认证标准，正确引导和监督企业的品牌质量管理工作。同时，利用高校、科研院所的品牌管理专家、管理咨询智库力量，建立政府“品牌建设专家委员会”，为政府制定政策提供咨询意见，可以委托其作为第三方为政府承担“千百十品牌”布局的监测与提升工作，对品牌实力较弱但品牌建设意愿较

强的企业提供咨询建议，对人才匮乏的企业进行品牌管理培训。

其次，优化企业品牌的培育方式。在人才方面，政府要加强品牌建设人才的培养工作，可鼓励高校设立品牌建设的相关专业，加强品牌专业人才队伍建设；在技术方面，在引进科技人员的同时，注意与品牌培育工作相结合，推动强势品牌的形成；在管理方面，在重点企业中推广品牌培育管理体系，以品牌培育试点企业为骨干，带动广大企业开展品牌培育工作，尤其是推进老字号品牌和自主品牌的培育工作。

最后，结合大数据建立品牌跟踪监控机制，对品牌建设与发展进行长期的扶持与跟踪，把品牌建立与品牌资产跟踪、品牌维护与延伸等相关工作融合到品牌监管中，避免短期效应带来的发展不可持续的问题。

（六）弘扬岭南传统，重塑品牌文化

在建筑工艺、风情民俗、饮食文化、戏曲音乐等多个方面，广州都是岭南文化当之无愧的代表和中心，它集中反映了丰富饱满、独具一格和绚丽多姿的岭南文化特色。改革开放以来，广州又以其独有的多元、务实、开放、兼容、创新等特点，在中华大文化之林独树一帜，对岭南地区乃至全国的经济、社会发展起着积极的推动作用。政府应充分挖掘利用这一优势，一方面联合媒体、高校和行业协会等来加强岭南文化的传播，让市场充分地了解、认可岭南文化，另一方面积极引导企业结合岭南文化特色建设品牌文化，鼓励企业在塑造品牌的过程中彰显岭南文化传统，形成差异化的品牌形象，打造出一批真正体现岭南文化特色和水平的企业品牌。

参考文献

中国社会科学院中国城市营销发展报告课题组、广东工业大学品牌战略研究院：《广东省城市品牌发展指数报告（2017～2018）》，发布日期2018年11月2日。

董宇澜、张蕾、陈涛：《杭州城市品牌战略的大数据分析》，《宏观经济管理》2018年第7期。

张国华：《彰显城市特色　提升品牌优势——杭州记忆工程建设的实践与思考》，《浙江档案》2018年第2期。

刘彦平：《城市营销发展报告（2017）》，中国社会科学出版社，2018。

区域经济

Regional Economy

B.16 广州推进广深科技创新走廊建设的策略研究

郭昊羽　廖绮晶　王建军 等*

摘　要： 广深科技创新走廊建设是落实国家科技创新驱动发展战略的重要支撑，是广东“四个走在前列”的重要抓手。广深科技创新走廊广州段在科教创新资源和交通基础设施方面具有较大优势，但在公共服务水平等方面仍有不足。本文在区域协同发展、产业发展、空间格局、用地、交通模式、景观环境和服务设施方面提出了完善策略，推进广深港澳科技创新走廊建设。

关键词： 创新驱动战略　科技创新走廊　广州

* 郭昊羽，广州市规划和自然资源局副局长；廖绮晶，广州市规划和自然资源局总体规划处；王建军，广州市城市规划勘测设计研究院；课题组成员：朱倩琼、詹美旭、杨延、朱寿佳、景璨。

一　广州推进广深科技创新走廊建设的基本情况

（一）发展背景和历程

1. 诞生背景

在当今的经济环境下，创新，特别是科技创新，被广泛看作经济增长和发展的核心驱动力。新一轮科技革命和产业变革正在重塑世界经济结构和竞争格局，以科技创新促进产业升级、经济社会发展已成为国际共识，《粤港澳大湾区规划纲要》明确提出打造国际科技创新中心。为顺应全球科技发展趋势，广东省委、省政府提出建设广深科技创新走廊，于 2017 年 12 月 12 日正式印发《广深科技创新走廊规划》，重点推动“一廊十核多节点”创新平台建设。

2. 区域研判

珠三角地区内部产业发展差异显著，基本形成西岸装备制造业集群和东岸电子信息产业集群。其中，广州与深圳已提前步入后工业化时代，二者均体现“知识 + 资本 + 技术密集型”（以现代服务业、制造业为主）的产业特征，但产业优势不同。广州以批发零售、交通运输等传统服务业为主，是外地机构设立分支机构的最大目的地，呈现门户城市特征。深圳则以金融服务业、计算机通信设备电子制造业为主，表现经济中心的特点①。深广双城已在多方面形成复杂竞合关系，但在科技创新产业发展方面，深圳处于领跑地位。2018 年深圳高新技术产业产值 23871.71 亿元，同比增长 11.66%，占 GDP 的比重常年在 30% 以上，已成为深圳经济的第一增长点和第一大支柱产业②。相较而言，广州新兴产业仍处于发展阶段，创新环境还有待进一步

① 马向明：《湾区时代，中轴创新》，2018 年 9 月 5 日，https：//mp. weixin. qq. com/s/CpaVVAubnv_Ux8nZXBuB_ g。

② 深圳市科技创新委员会：《深圳市高技术产业发展情况（2018 年 12 月）》，深圳市科技创新委员会网站，2019 年 1 月 30 日，http：//www. szsti. gov. cn/zxbs/kjtj/201901/t20190130_15534162. htm。

提升。

打造广深科技创新走廊既是广东省委、省政府的战略部署，也是广州实现自身产业升级、打造国际科技产业创新中心的策略之一。广州市十五届三次全会提出“引领广深科技创新走廊建设，强化对沿线城市创新能力供给，集聚全球科技产业创新要素”。2018 年广州政府工作报告将“建设国家科技产业创新中心”列为重要工作目标，加快广深科技创新走廊建设是首要任务。2019 年广州市政府工作报告再次强调加快建设科技创新强市，明确指出要加快推进广深科技创新走廊广州段的建设。

3. 广州科技创新空间格局发展历程

广州科技创新空间发展经历了雏形诞生、蛙跳式拓展、规模扩张初期、规模提升与格局优化并存四个阶段，目前正向高端创新要素集聚区建设阶段发展。

雏形诞生、蛙跳式拓展阶段（1990 年之前）：创新空间向外围蛙跳式发展。中华人民共和国成立初期，广东大学农学院、华南农业大学、华南师范大学、华南植物园和广东省农业科学院相继落户广州天河，形成了广州城市创新空间的“雏形”。广州依托区位优势和“三来一补”政策，形成以纺织服装、食品饮料和家用电器等轻工业为主导的产业体系，1989 年广州第三产业增加值比重首次超过第二产业。1984 年，位于东部城区外的广州经济技术开发区成立，科技创新空间逐渐向外围蛙跳式发展。

规模扩张初期阶段（1990～1999 年）：软件信息技术等创新型产业开始出现，随之广州创新空间开始大规模发展。1991 年，国务院批准广州设立国家级高新技术产业开发区。1998 年下半年，广州经济技术开发区、广州高新技术产业开发区和广州出口加工区“三区合一”，有效地整合了资源。广州高新区带动了广州城区向东部延伸，形成了“天河以软件开发和系统集成为主，黄花岗以信息服务为主，科学城以产业化为主”的产业创新发展格局。

规模提升与格局优化并存阶段（2000～2010 年）：创新空间总体规模不断扩大，随着产学研一体化推进，创新空间出现功能叠加、格局优化。2000

年以来，广州战略性新兴产业加快发展，大量高新技术企业和先进制造企业落户科学城、大学城等以科技研发功能为主导的外围新城。创新空间整体规模不断扩张、发展方向不断外延。与此同时，广州本地的高校、科研院所和企业开始实行产学研合作，一些高校科技园、科研产业园，如中山大学科技园、华南理工大学科技园等相继成立。

高端创新要素集聚区建设阶段（2011 年至今）：总部经济和高端服务业快速发展，珠江新城、琶洲互联网创新集聚区等高端创新要素集聚区域逐步形成。2010 年以来，广州逐步出现以总部、金融、科技服务等新型服务功能为特点的驱动发展模式，形成新的经济增长点。服务业的蓬勃发展推动了创新空间格局的显著变化。珠江新城成为总部经济、金融服务聚集地，琶洲主要提供会展和商务办公空间，国际金融城提供优质商务办公，共同构成“十三五”时期广州总部经济创新发展的黄金三角。2018 年，广州继续落实创新驱动发展战略，围绕新能源汽车、智能装备、新型显示、人工智能、生物医药、互联网等战略性新兴产业，建设一批制造业创新中心、国家工程技术研究中心及工程实验室、企业研发中心、工业设计中心等高端创新要素聚集的园区，推动广深科技创新走廊广州段建设。

（二）目前总体建设情况

《广深科技创新走廊规划》重点构建“一廊十核多节点”的空间格局，其中广州段“四核”包括广州大学城—国际创新城、广州中新知识城、广州科学城、广州琶洲互联网创新集聚区，规划范围 110. 8 平方公里，规划建设用地 82. 6 平方公里；广州段“多节点”包括国际生物岛园区、天河智慧城、中大国际创新谷和南中轴创新带园区等 13 个节点，规划范围 159. 1 平方公里，规划建设用地面积 132. 5 平方公里。目前，广深科技创新走廊广州段发展现状如下。

1. 现状建设用地以工业用地、居住用地为主

平台、节点现状建设用地以工业用地、居住用地为主，教育科研等公共服务设施用地约占建设用地总量的 4. 6%，总体比例偏低。同时，平台、节

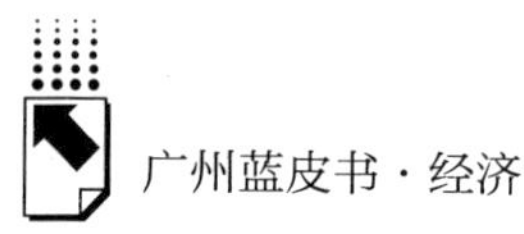

点之间发展差异较大，增城太平洋夏埔片区等节点的工业用地占绝对主导，而大学城—国际创新城则以科研用地为主。广深科技创新走廊广州段核心平台、节点的存量建设用地规模合计约37.6平方公里，挖潜空间较大。

2. 核心平台、节点交通基本实现1小时通勤

广深科技创新走廊广州段基本实现“四核十三节点”1小时通勤。轨道交通方面，“环+放射”网络格局基本形成，已开通11条地铁，共390公里（含广佛线）；2017年日均客运量768万人次，客流强度2.49万人/公里，居全国第一，基本实现“四核十三节点”1小时通勤时间。在公路交通方面，虽然快速路网尚未成体系，但主干道网状体系已经形成，在高速路网的配合下，基本实现“四核十三节点”之间，二环内半小时、市域内1小时通勤。

3. 广深高速整体景观风貌有待提升

广深高速公路（广州段）全长22.4公里，沿线经过天河、黄埔和增城三区，整体范围50.58平方公里。景观风貌主要分为6类，工业厂房与水乡田园本底并存。广深高速整体景观风貌不尽协调，科技创新元素特色相对不足，防护绿地景观有待提升。广深高速沿线环境质量、城市风貌差异较大，周边建筑形象有待提升，广告、分隔栏等设施比较简陋，出入口缺乏鲜明的城市区域特色。全线尚未形成连续的生态景观林带，沿线大部分路段防护绿化带养护水平有待提升。

二　广州推进广深科技创新走廊建设的条件分析

（一）有利因素

1. 粤港澳大湾区上升为国家战略

《粤港澳大湾区发展规划纲要》于2019年2月18日经中共中央、国务院印发，明确提出推进“广州—深圳—香港—澳门”科技创新走廊建设，共建粤港澳大湾区国际创新中心。随着广深港高铁、港珠澳大桥、南沙大桥的相继建成通车、深中通道的规划建设，区域交通基础设施将不断完善，有

效地改善了粤港澳大湾区城市之间的交通联系，为“广州—深圳—香港—澳门”科技创新走廊建设提供了有力的支撑。

2. 广州高等科教和科技企业资源丰富

广州围绕建设国家创新中心城市，通过中央“千人计划”“万人计划”以及“国家百千万人才工程”“千人才梯队工程”和博士后培养工程等项目，引进、培养了一批科技领军人才。2017 年，在穗工作的诺贝尔奖获得者 6 人，两院院士 77 人，中央“千人计划”专家 216 人。截至 2018 年末，广州共有高等院校 82 所，占全省总量的 54.3%，数量排名全国第三位；本专科在校生人数达 108.64 万人，数量居全国各大城市前列。2018 年广州科技创新企业总数突破 20 万家，新增高新技术企业超过 2000 家，高新技术企业总量突破 1 万家。

3. 广州具有较高的开放程度

广州拥有广州开发区、南沙经济技术开发区、增城经济技术开发区三大国家级开发区和南沙自贸区、中新广州知识城等国家层面的战略性平台，以此为依托，广州正大力发展更高层次的开放型经济。近年来，广州以推进南沙自贸试验区制度创新为牵引，不断加大营商环境改革力度，现代化国际化营商环境正加快形成，在“2018 年中国城市营商环境评价报告”中名列前茅。

4. 广州创新指数较快提升

全球创新指数（GII）是由世界知识产权组织、美国康奈尔大学、欧洲工商管理学院联合发布的。与 2017 年相比，2018 年 GII 评价指标体系中，知识与技术产出的评价方面，在原有国际专利申请量的基础上，增加了科技出版物指标，以此评价一般科学分析技术活动。广州 GII 排名从 2017 年的第 68 位大幅提升到 2018 年的第 32 位，其主要原因是广州在科学出版物方面表现较为突出。目前，广州已跻身全球 50 个科创聚落之列。

（二）面临的不足和挑战

1. 走廊各“核心”与“节点”的发展水平存在一定差异

广深科技创新走廊各“核心”和“节点”亟待优化发展，各区域优势产业集聚度亟待提升。广深科技创新走廊“四核”中，中新知识城和广州科学城已进入良好的建设轨道，琶洲互联网创新集聚区的已拍地块大部分已开工建设，但广州大学城—国际创新城仍存在用地指标不足等问题。“十三节点”中，国际生物岛已成为广州国家生物产业基地的核心区，天河智慧城的新一代信息技术产业集聚发展优势明显，但空港经济区、南站商务区等节点的品牌效应和产业集聚效应有待进一步提升。此外，南沙区位于广深科技创新走廊及粤港澳大湾区的中心支点位置，是广州对外开放的窗口门户，拥有南沙庆盛科技创新产业基地和粤港深度合作区等高水平科技创新载体，目前开发建设有待进一步加快。

2. 位于城市边缘空间的“核心”和“节点”公共服务配套水平有待提升

创新空间有两种不同的空间逻辑：一种是“高品质、高可触、高可达”，但这些区域往往在城市中心区域，成本相对较高，适合发展成熟的创新企业；另一种是“高品质、高可达、低成本”，可提供低成本、非正规的办公空间，如由旧厂房改造而成的办公楼，更适合处于初创阶段的创新企业。目前广州科技创新空间普遍存在这样一个问题，城市中心区域的公共服务配套水平国内一流，但成本较高，而具有“高可达、低成本”特征的城市边缘空间公共服务配套水平亟待提升。

三 广深科技创新走廊广州段的提升策略

广深科技创新走廊广州段应立足于广州粤港澳大湾区核心增长极的战略定位，促进科技成果转化，打造具有广州特色的科技创新产业体系，并通过用地等保障其有效地落地实施，将广州建设成为全球重要的科技创新中心。

（一）区域协同发展策略

落实区域协调发展新机制，强化与港澳科技合作，深度融入全球化创新网络，吸引一批海外科技项目和高端人才落地，形成全面开放新格局。

1. 加强与港澳科创合作，推动产业创新绿色发展

加强与港澳在创业孵化、科技金融、成果转化、国际技术转让、科技服务业等领域的深度合作，共建国家级科技成果孵化基地和粤港澳青年创业就业基地等成果转化平台。与香港合作建设国际智能制造平台，推动广州及大湾区智能制造产业发展。加强广澳中医药科技产业园建设，推进中医药防治肿瘤转化医学研究联合实验室建设。

2. 广佛同城强强联合，推动创新区域协调发展

2018 年 8 月 7 日，广州和佛山两市政府签署的《深化创新驱动发展战略合作框架协议》提出，广佛两市发挥互补优势，共同打造珠三角世界级城市群核心区。充分发挥广州高校林立、科研院所众多、创新资源集聚，佛山民营经济发达、制造业重镇、创新需求巨大的互补优势，推动两地创新链深度融合，形成“广州创新大脑、佛山转化中心”区域协调新格局。重点打造广佛科技创新产业示范区、珠江西航道创新带、广州大学城—国际创新城三大合作板块。加快推进广州黄金围产业园、佛山青年湖电子信息产业园、广州大学城卫星城等广佛同城重点工作，使其成为两市创新驱动发展的重要载体。

3. 广莞联手深化战略合作，共建广深科技创新走廊

2018 年 9 月 29 日，《广州市人民政府　东莞市人民政府深化战略合作框架协议》在广州签署，两地将深入推进全方位、宽领域、多层次的战略合作。建议加强两市经济和社会发展规划、城市总体规划等重要规划编制实施的衔接，编制穗莞合作发展规划，对穗莞合作进行总体规划和全面统筹。推进两市重大基础设施建设的规划对接及产业发展规划的衔接协调工作，重点加强广州南沙新区与东莞滨海湾新区，广州科学城、广州中新知识城与东莞松山湖高新区，广州开发区与东莞水乡经济区，广州开发区、增城开发区与东莞银瓶合作创新区的合作。重点推进两市 IAB、汽车、机械装备、精细化工、海洋生物等先进制造业以及金融保险、商务会展、科技服务、文化创意、网游动漫等现代服务业的深度合作，构建优势互补、合作共赢、协调发展的产业格局。

（二）产业发展策略

1. 加强基础研究能力建设

紧密对接国家“双一流”大学和“双一流”学科建设计划，推动中山大学、华南理工大学做大做强，加快培育一批在全国乃至世界具有先进水平的理工类、应用型重点学科。强化重大创新平台的源头创新能力建设，解决重大科学问题，取得重大原创突破。

2. 优化创新空间布局

建议在广深科技创新走廊“四核十三节点”的基础上，增加南沙庆盛科技创新产业基地、黄花岗科技园、广州民营科技园、广州经济技术开发区（东区、西区、永和片区）、从化明珠工业园、花都国际先进装备制造产业园、白云湖数字科技城等7个发展潜力良好、开发条件成熟的节点。

3. 分类提升创新节点

对接广州国家自主创新示范区建设，重点研究区域产业共建、科技资源开放共享、人才跨区域流动等政策措施，明确园区产业集聚功能布局，对于符合园区产业定位、产业集群聚焦的园区给予政策支持和倾斜。推动各重要节点特色发展，强化规划引领，引导走廊内核心、窗口、节点围绕一个细分行业、培育一家龙头企业、组建一个产学研创新联盟、建设一个公共研发平台、发起一支产业基金、规划一个特色园区的“六个一”，构建全链条产学研协同创新体系。

（三）用地策略

1. 促进城市功能布局混合

科学打造创新社区。面向创新创业和高端人才工作生活需求，打造一批创新功能与居住、生活、商务、娱乐功能混合且空间融合的科创社区，缩短人才通勤距离，形成舒适的工作和生活圈。适当提高用地兼容性，完善用地兼容性指引。借鉴新加坡“白地”经验，新增“混合用地”“弹性用地”等用地类型，提高城市规划弹性；适当提高用地兼容性，促进现有用地与创新型产业用地、孵化器、众创空间等新产业空间共生发展。

2. 促进存量空间改造，提高土地使用效率

提高工业用地效率，挖掘存量空间，促进其向创新空间转化。对广深科技创新走廊中的产业区块开展用地效率评价，对低效产业空间进行盘整。推进创新机构周边地区城市更新，加大科创用地供给，解决计划指标不足问题。

（四）交通优化策略

建设世界级空港和铁路综合交通枢纽，构建集空港、海港、铁路、公路为一体的复合型交通体系，实现广州与广深科技创新走廊内其他城市的互联互通。

1. 航空枢纽：强化广州航空枢纽地位及其对外联系

提升白云机场的国际枢纽承载力，建设广州第二机场（增城机场），重点发展航空物流，与白云机场形成功能互补，同时布局多个通用机场，构建多层级的航空运输体系。强化机场对外交通联系，推动高铁进白云机场，加快推进衔接白云机场的穗莞深、广佛环等城际铁路规划和建设工作，推动廊道内机场之间、机场与周边城市重点功能区的互联，实现白云机场 1 小时覆盖广深科技创新走廊。

2. 轨道枢纽：加强区域轨道网络建设，打造轨道上的广州

全面对接区域铁路干线，新增广河高铁、广湛高铁、广中珠澳线等线路，以便进一步扩大广深科技创新走廊的辐射范围。加强与东莞地铁线网衔接，规划预留 6 条与东莞地铁衔接通道。加强广州段内“四核十三节点”的联系，规划机场联络线、广从线、广佛环线等快速轨道交通线路，保证“四核十三节点”生产要素的快速流动。

3. 打造“三环 + 十九射”的高速路网

将《广深科技创新走廊规划》要求的“四纵七横”高速路网融入广州的“三环 + 十九射”的骨架高速公路网，通过广深高速、广深沿江高速、珠三环高速东段以及济广、花莞、番莞等高速公路，构建与深圳、东莞的 2 小时生活圈。

（五）生产服务设施完善策略

1. 争创综合性国家科学中心

着眼未来发展，围绕新一代信息技术、高端装备制造、绿色低碳、生物医药、数字经济、新材料、海洋经济等战略性新兴产业技术领域发展需求，布局建设一批大科学基础装置。在生物科学领域，以广州科学城、广州国际生物岛为核心区，布局建设细胞谱系研究大科学装置（含生物医学样本库）等重大基础设施。在信息科学领域，以广州科学城、大学城、琶洲新区为核心区，大力提升国家超级计算广州中心应用效能，建设国家广域量子保密通信骨干网。在海洋科学领域，以南沙区为核心区，布局建设南海海底科学观测网、科考船、天然气水合物钻采船、冷泉生态系统观测与模拟国家大科学装置等重大基础设施。

2. 完善实验室体系

在前沿技术领域、战略性新兴产业领域建设若干广东省实验室，加快推进南方海洋广东省实验室、再生医学与健康广东省实验室建设，整合各方优势科技资源。

3. 建设技术创新平台

支持企业与高校、科研院所联合共建省级工程研究中心、技术创新中心、制造业创新中心，积极申报国家级技术创新平台。支持企业以工程研究中心、技术中心、博士后科研工作站、院士工作站以及与高校、科研院所建立联合实验室等多种方式建设研发机构，构建多层次企业创新体系。

4. 壮大新型研发机构

推动政府、高校、科研机构、社会团体建设一批新型研发机构。支持新型研发机构探索完善运营管理、成果转化等机制，集聚培养高端人才，承担国家和省科技计划，参与全球科技项目研发攻关。

5. 完善专业服务平台体系

建设一批设计研发服务平台、技术转移中心、生产力促进中心、检验检测平台，培育和引进研究设计、电子商务、企业融资、知识产权、人才培训、法律等专业服务机构。建设全球专利大数据商用化平台，为企业创新提供专利信息支持。争取重要国际科技组织在广州建立总部或分部。

（六）生活服务设施完善策略

1. 构建公平优质、均衡发展的基础教育服务设施

针对基础教育设施无法满足日益增长优质学位需求的现实问题，引导基础教育资源合理布局、均衡发展，保障各类基础教育设施发展用地供给。鼓励各区根据功能定位、资源禀赋和发展需求，选择配置特殊教育学校和外籍人员子女学校等教育设施。

2. 形成体系完整、布局合理的医疗卫生服务体系

完善以片区医疗中心和基层医疗卫生机构为重点，以专科、康复、护理等机构为补充的医疗服务体系。健全由妇幼保健、疾病防控、卫生监督、社区卫生服务构成的公共卫生服务体系。

3. 打造15分钟优质社区生活圈

以社区为社会管理的基本单元完善公共服务，构建宜居社区，打造 15 分钟优质社区生活圈，加大社区公共服务设施向外围地区倾斜的力度，提升社区公共服务设施的便利度与覆盖度。

参考文献

广东省委、省政府：《广深科技创新走廊规划》，2017 年 12 月 15 日，http：//www. gd. gov. cn/gzhd/zcjd/snzcsd/201712/t20171225_ 263368. htm。

中共中央、国务院：《粤港澳大湾区发展规划纲要》，http：//www. gov. cn/zhengce/2019 -02/18/content_ 5366593. htm#1。

马向明：《湾区时代，中轴创新》，2018 年 9 月 5 日，https：//mp. weixin. qq. com/s/CpaVVAubnv_ Ux8nZXBuB_ g。

深圳市科技创新委员会：《深圳市高技术产业发展情况（2018 年 12 月）》，深圳市科技创新委员会网站，2019 年 1 月 30 日，http：//www. szsti. gov. cn/zxbs/kjtj/201901/t20190130_ 15534162. htm。

B.17
粤港澳大湾区会展业格局演变与广州的应对策略*

李铁成　刘　力　吴娜妹**

摘　要： 随着深圳会展新城的开发和世界第一大展馆的建设，粤港澳大湾区会展业以往广州占据优势地位的格局有可能被打破，广州会展业又一次站在了重要的发展节点上。面对未来会展业更趋均衡的发展态势，建议广州借鉴企业竞争中总成本最低战略，加快会展产业结构调整的步伐，夯实在粤港澳大湾区中的竞争基础。具体做法包括调整会展产业布局、优化会展业发展环境、不断完善会展产业链、加速会展与区域产业融合、全面推动大会展的发展等。

关键词： 会展业　会展场馆　广州　粤港澳大湾区

会展业是连接生产端与消费端、沟通国内市场与国际市场、推动产业创新与城市建设、促进全球文化交流与贸易往来的现代服务业部门。2015 年 4 月，国务院发布《关于进一步促进展览业改革发展的若干意见》，将展览业置于“构建现代市场体系和开放型经济体系重要平台”的战略高度，为我

* 2017年度广东省社科规划学科共建项目——会展产业的全球化和区域化及其与技术创新的关系研究（GD17XYJ12）；广东外语外贸大学南国商学院科研创新团队（2018TD04）。

** 李铁成，广东外语外贸大学南国商学院、空港经济协同创新研究中心，副教授，主要从事会展经济研究；刘力，通讯作者，广东外语外贸大学教授、博士，主要从事区域经济研究；吴娜妹，广东外语外贸大学南国商学院。

国会展业的高质量发展注入了新的动能。未来粤港澳大湾区有望形成国际性会展城市群，成为全球会展业最活跃的区域之一。2018 年 2 月，中共中央、国务院印发《粤港澳大湾区发展规划纲要》，在此背景下，考察粤港澳大湾区会展业近年来的演变过程和未来发展趋势，重新审视广州会展业面对的挑战，制定有力的竞争策略，对广州会展业和粤港澳大湾区会展业未来的发展，具有重要意义。

一　粤港澳大湾区会展业发展现状分析

作为广东会展业的主体，珠三角一直在我国会展业版图中占据重要地位。随着《粤港澳大湾区发展规划纲要》的实施，珠三角与港澳会展业面临新的竞合机遇。

（一）粤港澳大湾区会展业在全国会展中的地位

根据中国贸促会发布的《中国展览经济发展报告（2018）》，2018 年广东省共举办经贸类展览会① 505 个，占全国经贸类展览会数量的 13. 30%，仅次于上海，位列全国第二；经贸类展览会面积② 2727. 8 万平方米，占全国经贸类展览会面积的 21. 10%，居全国第一。2018 年广东省共有展馆③ 21 个，占全国展馆数量的 13%，居全国第二；室内总出租面积 154 万平方米，占全国室内总出租面积的 16%，居全国首位。

另据中国贸促会广东省委员会发布的《2017 年广东省展览业发展白皮书》，2017 年广东展览数量为 638 个，增长 2. 74%；展览面积约 2039. 41 万

---

① 经贸类展览会是各地区会展经济的主要组成部门，对地方经济的拉动最大，更能准确地反映各地展览会市场的发展概况；非经贸类展览会大体上涉及招聘会、展销会、年货会、书画艺术展、庆典活动等。

② 中国国际贸易促进委员会统计的经贸类展览会数量均有相对应的面积信息；统计中不包括港澳台和西藏自治区。

③《中国展览经济发展报告（2018）》对现有展馆进行了筛选，只将室内出租面积在 5000 平方米，且在 2018 年举办过 2 个以上经贸类型展览会的展馆列入了统计。

平方米，增长6.84%。广东展览业展览面积增长速度高于展览数量增长速度，说明单个展会的平均展览面积不断扩大，展会的规模效应逐渐增强。从展馆数量和面积上看，2017年广东共有34个展览场馆，室内可租用面积共147.62万平方米①。其中，珠三角地区（未统计江门）展览会数量占广东的88%，展览面积占广东的96%，场馆数量占广东的91%，室内可租用面积占广东的98.4%。因此，珠三角地区基本上可以代表广东会展业发展的全貌。

如果将香港和澳门会展业与珠三角地区会展业在统计上进行一体化处理，那么粤港澳大湾区会展业无论是在数量上还是在质量上，在全国的地位都将进一步上升。虽然在历年的相关统计中均未涉及香港和澳门，无法对粤港澳大湾区会展业进一步做出准确的量化分析，但是仅从展览会数量、展览面积、场馆数量和室内可租用面积等统计指标看，珠三角地区会展业基本上可以代表粤港澳大湾区会展业的整体情况。

（二）粤港澳大湾区各城市会展业发展的不均衡性

从2017年粤港澳大湾区会展业的发展情况看，各城市会展业发展不均衡的特点仍然较为明显：广州占据优势地位，深圳其次，香港、澳门、东莞和佛山等位列第三梯队。

从展馆资源来看，广州有明显优势，其次是深圳、香港和东莞。2017年，各城市平均每个场馆的可出租面积为4.21万平方米，其中广州、深圳、香港和东莞超过平均值，分别为10.02万平方米、8.38万平方米、5.8万平方米和4.81万平方米，广州为平均水平的2.38倍。

从展馆面积与GDP之比来看，各城市平均值为19，其中珠海最高为29，其次是中山、澳门、东莞和广州，显示会展产业在这些城市经济中地位更为重要，而香港和惠州比值仅为5和6，显示当地经济对会展业的直接依

① 《2017年广东省展览业发展白皮书》的展览会数量和面积统计包括非经贸类展览会，展馆数量也未作面积和数量方面的限制。

赖有限。

从展出面积来看，广州占据半壁江山，占比为52%。虽然增加香港和澳门的数据后，广州的占比会有所下降，但其绝对领先地位不会动摇。

从总展出面积与GDP比值来看，各城市平均值为235，其中广州、东莞和中山高于平均水平，尤其广州高出1倍，这显示这些城市的经济发展对会展业有较强的依赖性。

从展览会数量来看，各城市平均为80场，其中仅广州和深圳高于平均值，特别是广州展览会数量是平均数量的近3倍，显示广州在粤港澳大湾区会展业中的重要性和支配性地位。

（三）粤港澳大湾区会展业的区域差异

如果按湾区顶部、湾区东翼和湾区西翼进行区域划分，则粤港澳大湾区呈现湾区顶部和湾区东翼较强、湾区西翼较弱的特点，发展依旧很不均衡（见表1）。总体而言，湾区西翼展馆面积小、展览会数量较少，平均每场展览面积小；湾区东翼展览会数量占优，但由于缺少超大型展馆，在展览面积上受到制约；湾区顶部最突出的优势在于有大型展馆的支撑，这成为其会展经济领先的重要条件。

表1　粤港澳大湾区会展业发展的区域对比（2017年）

<table>
<tr><th rowspan="2">区域</th><th rowspan="2">城市</th><th rowspan="2">GDP（亿元）</th><th rowspan="2">占比（%）</th><th colspan="4">展馆</th><th colspan="2">展出面积</th><th colspan="2">展出场次</th></tr>
<tr><th>数量（个）</th><th>占比（%）</th><th>总室内展馆面积（平方米）</th><th>占比（%）</th><th>总展出面积(万平方米)</th><th>占比（%）</th><th>数量（场）</th><th>占比（%）</th></tr>
<tr><td rowspan="2">湾区顶部</td><td>广州</td><td>21503</td><td rowspan="2">31.6</td><td>5</td><td rowspan="2">31.4</td><td>501040</td><td rowspan="2">40.7</td><td>1022</td><td rowspan="2">60.6</td><td>233</td><td rowspan="2">47.3</td></tr>
<tr><td>佛山</td><td>9550</td><td>6</td><td>151765</td><td>168</td><td>33</td></tr>
<tr><td rowspan="4">湾区东翼</td><td>深圳</td><td>22438</td><td rowspan="4">56.4</td><td>4</td><td rowspan="4">34.3</td><td>335000</td><td rowspan="4">41.6</td><td>325</td><td rowspan="4">33.4</td><td>114</td><td rowspan="4">35.4</td></tr>
<tr><td>东莞</td><td>7582</td><td>4</td><td>192364</td><td>302</td><td>59</td></tr>
<tr><td>惠州</td><td>3831</td><td>2</td><td>24000</td><td>29</td><td>26</td></tr>
<tr><td>香港</td><td>21530</td><td>2</td><td>116000</td><td></td><td></td></tr>
</table>

续表

区域	城市	GDP（亿元）	占比（%）	展馆				展出面积		展出场次	
				数量（个）	占比（%）	总室内展馆面积（平方米）	占比（%）	总展出面积（万平方米）	占比（%）	数量（场）	占比（%）
湾区西翼	中山	3450	12.0	5	34.3	89200	17.7	87	6.0	75	17.3
	珠海	2565		2		73300		31		22	
	江门	2690		2		43000					
	澳门	3102		3		79382					
合计		98241	100	35	100	1605051	100	1964	100	562	100

资料来源：根据《2017年广东省展览业发展白皮书》整理。

从经济总量上看，湾区东翼GDP占56.4%，超过湾区顶部和湾区西翼之和，湾区东翼未来展出面积超过湾区顶部是必然趋势。从粤港澳大湾区会展业均衡发展的角度看，湾区西翼未来加大超大型场馆的建设力度、增加展出面积和展览会数量，也是可以想见的。因此，以广州为代表的湾区顶部会展业发展未来将面临越来越激烈的竞争环境。

二 粤港澳大湾区会展业发展影响因素

经济发展与市场变化、场馆建设和跨海湾交通通道建设是影响粤港澳大湾区会展业发展的主要因素，由深圳国际会展中心可能引发的新一轮区域场馆建设将成为重塑未来5年粤港澳大湾区会展业发展格局的主要驱动事件。

（一）经济发展与市场变化

会展业素有经济晴雨表和外贸风向标之称，展览会的数量、展览面积、展览会主题和展览会所在区域等方面的变化能够反映一个国家和地区经济发展状况和市场变化趋势。因此，一个国家和地区经济发展状况和市场变化趋势也将深刻影响一个国家和地区会展业的结构和发展质量。地区GDP和展览会面积二者呈现较强的相关性，以北京、上海、广州和深圳为例，二者的关系大体上保持同步的趋势（见图 1）。2013～2017 年，北京、上海、广州和深圳地区 GDP 的年均增长率分别为 10%、10%、9% 和 13%，展览会面积的年均增长率分别为 2%、10%、4% 和 6%。需要说明的是，北京由于首都城市功能要求，重点发展会议业，许多大型专业展览会近年来向南方（主要是长三角）转移，导致展览面积增速不高。通过对比可以发现，深圳地区 GDP 增速第一，但并未体现在展览会面积增速上；深圳地区 GDP 总量已于 2016 年超过广州，但是在展览会面积的绝对值上，与广州有 2 倍左右的差距。由此可以推断，未来深圳会展业的发展潜力较大。

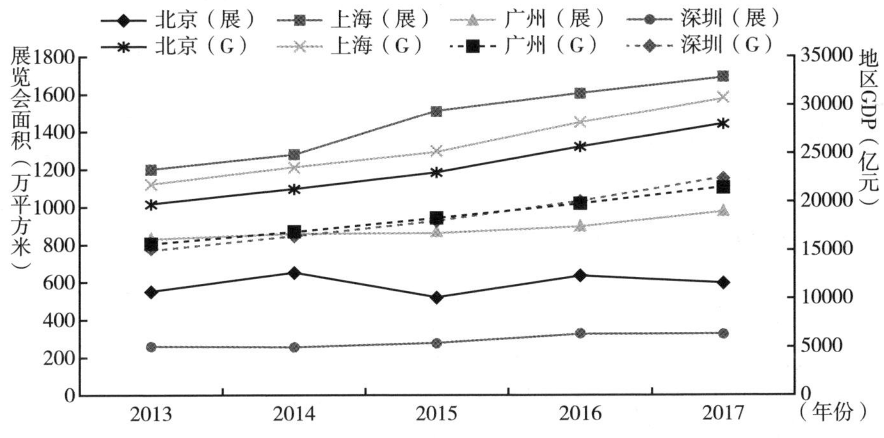

图 1　2013 年以来北上广深展览会面积与 GDP 变化情况

资料来源：根据《2017 年度中国展览数据统计报告》及统计局资料整理。

（二）场馆建设

会展场馆是会展项目开展的基本保障，是会展产业链中的核心环节，是会展集聚区的主体设施，是城市新区开发的重要依托，因此，各城市对会展场馆建设一直热情不减。即使在近年来经济发展转型换档期，各地的会展场馆建设也呈加速的状态。根据《中国展览经济发展报告》，2013～2018 年，中国专业展览馆由 132 个增加到 164 个，五年增长 24%，年均增长 4.8%；室内

可租用面积由572万平方米增加到984万平方米，五年增长72%，年均增长14%。根据《中国展览经济发展报告（2017）》，到2020年，我国还将新增约200万平方米的展馆面积，在现有基础上再增加21%，而且单体展馆大型化趋势明显。其中，于2019年建成的深圳国际会展中心一期40万平方米将投入使用，二期建成后总面积将达到50万平方米，成为世界第一大展馆。

（三）跨海湾交通通道建设

港珠澳大桥、南沙大桥、深中通道、深茂铁路等跨湾区交通设施建设，将成为重塑粤港澳大湾区会展业发展格局的重大战略机遇。马向明和陈洋（2017）研究指出，珠江三角洲是个典型的河口三角洲，汇集了西江、东江和北江入流，河网纵横棋布，有八大出海河口，河口带发育着淤泥滩涂湿地。珠三角的地理环境特征，对城市群的空间形态产生了根本性的影响，形成了现在东岸城镇密集、西岸城镇线性分布的特征。位居珠江口的珠海、中山以及广州南沙等尽管也位于环湾地区，但受制于海湾"天堑"，与东岸中心的实际联系较弱，中心近在眼前，却宛如处于空间引力场的外围。粤港澳大湾区新的交通基础设施将重塑区域时空格局，改变湾区时空距离。一系列跨湾区交通设施建设将极大地缩短两岸的时空距离，犹如湾区的时空"弯曲"将被"虫洞"打通，珠三角城市群的空间格局将会因此发生改变（见图2）。可以想见，未来粤港澳大湾区会展业将随着珠三角城市群空间格局的变化而不断演化。

三　粤港澳大湾区会展业格局演变与发展趋势

粤港澳大湾区会展业不均衡发展的特点是历史因素和经济发展过程共同决定的，广州在其中发挥了决定性的作用，并在粤港澳大湾区会展业未来发展格局中继续扮演重要角色。与此同时，伴随着深圳经济强劲的发展势头，深圳会展业的新一轮发展将深刻改变粤港澳大湾区会展业未来发展格局。对此，需要我们给予密切关注。

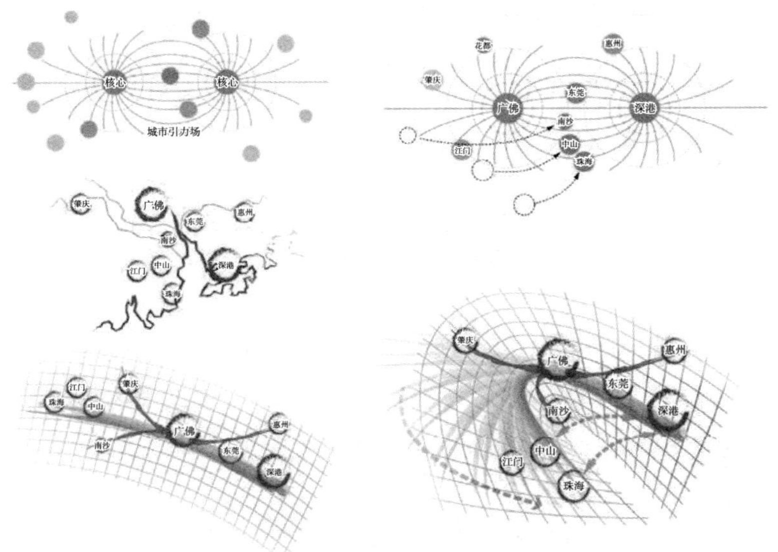

左侧组图为大湾区城市群空间关系现状，即沿海岸线呈线性关联，仿佛空间被拉直，处于两端的深港与珠澳的联系距离远远大于两者实际的物理距离

右侧组图为跨海湾通道建成后的状况，如同原本的平直空间被折叠弯曲，原本遥远的两点间距离被瞬间拉进，仿佛出现了“虫洞”效应

图 2 跨海湾交通通道建设改变粤港澳大湾区时空距离示意

资料来源：见马向明、陈洋，《粤港澳大湾区：新阶段与新挑战》，《热带地理》2017 年第 11 期。

（一）近年来粤港澳大湾区会展业格局演化过程

以展馆数量、室内展馆面积、展出面积和展览会数量等指标来衡量，粤港澳大湾区会展业有增有减，处于不断变化之中（见表 2）。从 2013 年至 2017 年，粤港澳大湾区的展馆数量增长 9%，室内展馆面积减少 6%，展出面积增长 36%，展览会数量增长 16%。其中，在室内展馆面积减少的情况下，展出面积增幅最大，说明大型和超大型展览数量在增加，平均展览面积在增加，这也是广东展览业始终位居全国前列的重要原因。

表 2　粤港澳大湾区场馆与展览会数量变化

项　目	2013 年	2014 年	2015 年	2016 年	2017 年	平均
展馆数量(个)	32	31	31	35	35	33
室内展馆面积(万平方米)	170	158	158	168	161	163
展出面积(万平方米)	1445	1677	1677	1862.45	1964	1725
展览会数量(场)	486	499	567	571	562	537

资料来源：根据《2017 年广东省展览业发展白皮书》整理。

从 2013 年至 2017 年，湾区顶部、湾区东翼和湾区西翼会展业的表现各不相同（见表 3），总体趋势是湾区顶部占比下降，湾区东翼保持稳定，湾区西翼占比上升。未来格局如何演化，值得关注。

表 3　粤港澳大湾区各区域场馆与展览会占比变化

单位：%

项目	区域	2013 年	2014 年	2015 年	2016 年	2017 年	平均	趋势
展馆数量占比	湾区顶部	41	35	35	34	31	35	下降
	湾区东翼	31	32	32	31	34	32	大致持平
	湾区西翼	28	32	32	34	34	32	上升
室内展馆面积占比	湾区顶部	48	42	42	43	41	43	下降
	湾区东翼	36	39	39	40	42	39	上升
	湾区西翼	16	19	19	18	18	18	大致持平
展出面积占比	湾区顶部	65	60	59	56	61	60	波动
	湾区东翼	32	35	35	36	33	34	大致持平
	湾区西翼	3	5	6	7	6	5	略有上升
展览会数量占比	湾区顶部	56	55	50	48	47	51	下降
	湾区东翼	36	33	33	33	35	34	大致持平
	湾区顶部	8	12	17	18	17	14	上升

资料来源：根据《2017 年广东省展览业发展白皮书》整理。

（二）粤港澳大湾区会展业发展走向前瞻

从产业规模上看，目前广州会展业占有一定优势。然而，从动态的眼光看，未来深圳会展业将成为广州会展业的强有力竞争者，并有可能改变粤港澳大湾区会展业广州独大的现状，从而推动粤港澳大湾区会展业走向广州与深圳二雄并立，湾区顶部、湾区东翼和湾区西翼更趋均衡发展的区域格局。

1. 湾区顶部、湾区东翼和湾区西翼将各有超大型展馆作为会展业发展的基本支撑

在湾区顶部，广州中国进出口商品交易会展馆以33.8万平方米的面积长期领先全国；在湾区东翼，深圳国际会展中心首期40万平方米场馆将于2019年投入使用，未来将建成50万平方米的世界第一大展馆；在湾区西翼，珠海有建设30万平方米新展馆的潜在要求。从单一场馆面积上看，预计2020年以后，粤港澳大湾区将形成湾区顶部33.8万平方米（广州）、湾区东翼50万平方米（深圳）和湾区西翼30万平方米（珠海）三足鼎立、大体均衡的格局（见图3），奠定未来粤港澳大湾区会展业均衡发展的基础。

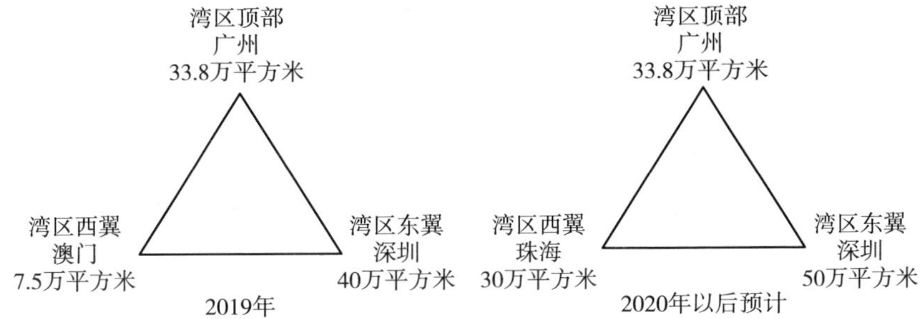

图3　粤港澳大湾区单一展馆面积格局演变预测

2. 湾区东翼的展出面积将逐步赶超湾区顶部

2017年湾区顶部和湾区东翼室内展馆面积占比分别为41%和42%，总供给能力相当，但湾区顶部和湾区东翼的展出面积占比分别为61%和33%，湾区顶部超过湾区东翼近1倍，反映了湾区东翼缺少超大型展馆的现实。随着深圳国际会展中心的建成，湾区顶部和湾区东翼的场馆面积供给形势将发生根本性的转变。到2019年，湾区东翼的场馆面积将由66.7万平方米跃升为106.7万平方米，占比跃升为53.2%，湾区顶部占比则下降为32.6%（见表4）。

表 4　2019 年粤港澳大湾区展馆数量与面积预计

区域	城市	展馆数量(个)	占比(%)	小计(个)	占比(%)	总展馆面积(平方米)	占比(%)	小计(平方米)	占比(%)
湾区顶部	广州	5	13.9	11	30.6	501040	25.0	652805	32.6
	佛山	6	16.7			151765	7.6		
湾区东翼	深圳	5	13.9	13	36.1	735000	36.7	1067364	53.2
	东莞	4	11.1			192364	9.6		
	香港	2	5.6			116000	5.8		
	惠州	2	5.6			24000	1.2		
湾区西翼	中山	5	13.9	12	33.3	89200	4.4	284882	14.2
	澳门	3	8.3			79382	4.0		
	珠海	2	5.6			73300	3.7		
	江门	2	5.6			43000	2.1		
合　计		36	100	36	100	2005051	100	2005051	100

资料来源：根据《2017 年广东省展览业发展白皮书》及相关资料整理。

3. 深圳会展业将与广州会展业并驾齐驱

与广州相比，深圳会展业的短板主要体现在发展历史短、缺乏超大型场馆等。随着深圳国际会展中心的建成，场馆供给短板不复存在，为深圳会展业快速发展奠定了基础。深圳地区 GDP 总量和增速以及可支配财政收入在国内各大城市中独具优势和潜力，高科技和创新型产业基础雄厚，研发投入强度大，专利申请量领先，具有国际影响力的企业数量多、宝安空港经济区发展势头良好等优势，这都为深圳发展会展业提供了良好基础和有利的环境。此外，粤港澳大湾区跨海湾交通通道的建设，将使深圳作为经济中心对珠江西岸城市的吸引力增加，珠江西岸城市的资源将进一步向深圳集聚，深圳在经济发展上的优势将进一步巩固，也有利于深圳会展业的发展。随着深圳会展新城建设的推进，深圳国际会展中心周边配套将逐步完善，会展集聚效应逐步显现，深圳会展业将进入一个质的提升阶段。未来深圳与广州会展业并驾齐驱的图景很可能在五年内成为现实。

四 广州会展业的竞争策略与应对措施建议

面对粤港澳大湾区可能出现的新发展格局和竞争态势，广州会展业需要制定新的竞争策略，并采取相应的对策措施。

（一）广州会展业的竞争策略

在企业经营层面，竞争优势是企业战略追求的重要目标。迈克尔·波特根据竞争范围选择和竞争优势来源的差异性，将基本竞争战略分成三种类型，即总成本领先战略、差别化战略和重点集中战略。在产业层面，可以借鉴企业竞争战略的思想，制定广州会展业在粤港澳大湾区建设背景下的竞争战略。建议广州会展业以总成本领先战略为基础制定竞争战略，有以下几个原因。

第一，会展业总体属于绝大多数购买者对产品的使用方式相同而对价格差异相对敏感的产业。会展业是一个成熟的产业，其产业链上游由主办方、活动计划者、政府部门、行业协会等构成，中游由会展场馆、展陈工程、物流、媒体等构成，下游由餐饮、酒店、公共交通、娱乐、购物等服务商构成，虽然有个性化的服务要求，但是在对产品的使用方式上，在各城市举办的会展活动中无显著差异。出于对效果的关注，会展活动参与者对总成本比较敏感，包括时间成本和机会成本，希望物有所值。因此，总体上性价比优越的会展活动更加具有竞争力。

第二，就整个产业而言，会展业的创新受制于商业模式的限制，提供差异化产品难度较大。相对于其他商业模式，会展活动的最大价值在于面对面交流和体验。各种会展活动都围绕面对面交流和体验开展创新实践，并积极拓展线上业务，使会展 O2O 有了一定的发展。但总体而言，离开了线下的面对面交流和体验，会展活动的价值将难以与电子商务相抗衡。由此可见，会展产业的创新明显有边界限制，不能脱离其基本模式进行颠覆式创新，否则将威胁会展产业的生存。因此，会展业的创新主要集中在新技术的应用

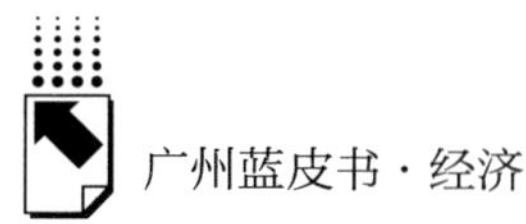

上，而新技术在会展业的渗透是涉及全行业的行为和漫长的过程，某一城市脱离整体环境单兵突进，很难取得成效，差别化战略在城市会展业的应用有较大的风险。

第三，针对细分市场的会展业竞争战略不适用于像广州这样的国家中心城市。重点集中战略在会展业的应用，意味着某一城市会展业主要集中在会展业中某一细分市场，如某些资源相对单一且优越的城市可以以会议市场为目标（如博鳌等），或以专业展览会为目标（如佛山等）。对广州而言，其会展业应该是面向全行业的，仅限于部分细分市场，无法体现广州的综合优势，也与其国家中心城市的定位和在粤港澳大湾区的地位不相称。广州多年来在会展业的发展积淀，也决定了其在大会展的发展中具有一定的优势。在阶段性的调整中不排除在会展细分领域中有所侧重，但其总体定位应是全方位面向会展行业的。

（二）广州会展业的应对措施

面对未来深圳会展业的快速跃升、粤港澳大湾区会展业发展格局的演变，建议广州借鉴企业竞争中总成本最低战略，加快会展业结构调整的步伐。在确保会展业发展质量的前提下，广州会展业应调整会展产业布局，优化会展业发展环境，不断完善会展产业链，加速会展与区域产业融合，全面推动大会展的发展。

1. 南北均衡布局

会展场馆是会展业发展的基础，城市会展业之间的竞争首先表现在会展场馆规模的比拼上。广州会展业之所以长期领先全国，重要原因之一是会展场馆长期具有竞争优势，从而在展出面积总量和单一展览规模上长期领先。面对国内诸多实施“以大型展馆建设为切入点提高会展业竞争力”策略的城市，广州也应建设新场馆，以保持在会展场馆上的竞争力。目前，我国会展场馆建设呈现临空化趋势，在全国 52 个临空经济区中，均有会展业布局，会展业已成为我国临空经济现代服务经济体系的七大产业之一。因此，广州应考虑发展临空会展业。此外，在粤港澳大湾区概念下，珠三角相关城市的空间战略向湾区倾斜，资源向湾区集聚，广州也可考虑在南沙布局发展会展业。在会展场馆建设上，广州不宜再以世界之最为目标，而应分散布局，通过增加展馆数量保持在城市展馆面积总量上的优势。建议在广州白云空港经济区和南沙新区各新建一个面积为20万平方米的会展场馆，以新增40万平方米的体量，使广州场馆面积的总面积继续保持全国领先水平。

2. 大会展全面开花

南北均衡布局，将有利于广州全面推动大会展创新发展。以往广州会展业以展览业为发展重点，会议业、节事产业和奖励旅游产业等会展业细分类别的发展并不突出。除受多种资源等条件限制外，场馆布局也是一个重要制约因素。目前，广州场馆主要集中在琶洲会展集聚区，会展活动主要集中在琶洲，而会展活动在CBD举办，无疑会带来巨大的交通压力，广州灯光秀不得不采取限流措施就是一个例证。受场馆展览档期限制，事实上在琶洲会展集聚区举办的除展览会之外的会展活动很少。作为国家中心城市、重要的旅游城市和对外交往的门户城市，广州发展大会展产业具有广阔的前景。通过广州白云空港经济区和南沙新区新建会展场馆使广州会展业均衡布局，可以有效缓解琶洲会展集聚区的压力，同时弥补广州会展业发展不全面、不充分的短板，进一步优化广州会展业结构，发挥综合优势，有效应对竞争压力。需要指出的是，新展馆除了要满足展览会的要求外，还要充分考虑发展大会展的需求，为会议、节事、奖励旅游等活动提供充足的场馆及配套资源。

3. 建设会展友好型城市

大会展在广州的全面发展，将倒逼广州会展业发展环境的优化，推动会展友好型城市的发展。会展业的发展，除对城市服务业有巨大的拉动作用外，也可能对旅游业等相关产业产生挤出效应，同时也带来城市管理的压力，如增加高峰期的交通流量、城市管理负担加重、城市公共服务需求增加等。因此，会展活动的开展，既可以提高城市的知名度，也可能带来一定程度的负面影响。大会展的全面发展，无疑将进一步加大城市管理的压力。然而，面对区域竞争，单一发展展览业，已不足以体现广州的竞争优势，发展大会展是有效的应对之策。为此，广州应着力建设会展友好型城市。建设会展友好型城市除了加大会展基础设施建设力度外，更需要构建良好的会展发展环境，为大会展提供优良的公共服务。例如建设一体化的会展服务公共平台，将公安、消防、工商、城管、质监、检疫、海关、安监、应急、知识产权、税务、统计等与会展相关的管理部门全部纳入统一的公共服务平台，增强部门联动，提高申报、审批和监管效率；为会展参与者提供通关、市内交通、旅游景点、购物等方面的便利；加大对会展业的政策支持力度，不断完善在市场化、认证、扶持资金等方面的政策措施。

4. 加速与区域产业融合

近年来，会展业通过与区域产业的融合从而在调整产业结构、推动产业升级与创新方面的作用与功能越来越被各地所重视。如海南将会展业列为“十二大”支柱产业，并提出会展业与其他产业融合，在每一个支柱产业中都要有相应的展会。从会展业的实践看，许多产业通过与会展业融合，使产业规模不断扩大从而产业结构得到优化，产业升级与创新有了显著进展，如农业类展览对我国农业产业化发展发挥了重要作用，提供了有力支撑。会展业与区域产业的融合，能够使通过展会汇聚起来的信息在相应的产业部门扩散，从而推动产业创新，这也使会展成为区域创新环境的一部分。在我国会展业已走过 30 多年历程的今天，会展业自身的功能完善显得尤为必要。广州创新型城市的建设，对创新资源的集聚和现有产业的升级有强烈的要求，而会展业多年发展的积淀，具备了与广州现有产业融合发展的基础。会展业与现有产业融合，不仅是广州推动创新型城市建设的一条特色路径，也是推动广州会展业升级的必要之举，更可以为应对会展业面临的区域竞争找到一个应对方式。

5. 完善会展产业链

区域会展产业的竞争，不仅是会展场馆之间的竞争，也不仅是会展公司和会展项目之间的竞争，更重要的是会展产业链之间的竞争。一个城市会展产业的竞争力，最终体现在会展产业链上的差距。一个展会的运作，包括策划、运营、服务和评估等环节，涉及会展主办方、场馆方、搭建商、物流商、广告商和媒体等主体部门，餐饮、酒店、旅游、娱乐、购物和交通等配套服务部门，以及公安、消防、城管、质监、海关和知识产权保护等公共服务部门。会展业是一个横向产业链发达的产业部门，其中既包括制造业部门，也包括服务业部门。在粤港澳大湾区主要会展城市中，会展产业链相对较完整，比较而言，相对薄弱环节在会展制造业。会展制造业是会展产业链中负责创意呈现和展会实体化的基础部门，为展会提供展台的设计、制造、运输和安装等服务，其总体处于小、散状态，面临极大的环保压力和安全生产窘境，技术含量难以提升，用工成本不断提高，国际化发展障碍重重，其生存和发展状况长期以来未被产业链的主导方和政府部门所重视。广州会展业应重视会展制造业的发展，出台具体措施，建设“粤港澳大湾区会展智能制造升级示范基地”，使之成为粤港澳大湾区会展业创新升级的重要抓手、区域合作的坚实平台、辐射全球会展市场的制造业基地，进而在粤港澳大湾区建设中发挥重要作用。同时，这一举措将有效提升广州会展业的竞争力，为广州会展业升级找到一个新的路径。

参考文献

柴金艳：《会展经济与航空经济协同发展的探索》，中国社会科学出版社，2015。

陈忠卫：《战略管理》，东北财经大学出版社，2011。

李铁成、刘力：《2015 年广州展览业发展情况及 2016 年展望》，载朱名宏主编《广州经济发展报告（2016）》，社会科学文献出版社，2016。

马向明、陈洋：《粤港澳大湾区：新阶段与新挑战》，《热带地理》2017 年第 6 期。

〔美〕迈克尔·波特：《竞争战略》，华夏出版社，1997。

B.18
粤港澳大湾区建设背景下广州推进港口资源整合的思路研究

林治顺*

摘　要： 本文分析了广州推进港口资源整合的必要性和优势条件，介绍了国内主要港口资源整合的工作概况以及广州推进港口资源整合工作取得的工作进展，并总结了主要经验，在此基础上，从大湾区建设的角度，发挥龙头企业平台作用，打造世界级航运港区、主动推进港口资源整合、打造超级港口运营商、再造港口产业流程、打造高效港口服务体系四个方面提出了加快广州港口资源整合的对策建议。

关键词： 粤港澳大湾区　港口资源整合　广州港

建设粤港澳大湾区，是习近平总书记亲自谋划、亲自部署、亲自推动的国家战略，是广东新时代改革开放的“纲”，也是广州发展的重大战略机遇。广州港是广州深度参与和引领大湾区建设的优势战略资源，港口资源整合的核心是通过区域合作实现港口资源的优化配置。推进港口资源整合，是大湾区建设的重要内容，有利于粤港澳大湾区港口群错位发展、协同发展，有利于增强广州城市发展的核心竞争力，巩固广州国家重要中心城市地位。

* 林治顺，广州港务局港务监督管理处工学博士，研究方向为国际航运中心建设及港口发展。

一　广州推进港口资源整合的重要性和可能性

（一）推进港口资源整合是推进大湾区港口群协同发展的重要举措

1. 实现港口资源优化配置、有效利用的需要

粤港澳大湾区港口群处于同一水域，间隔距离平均不足 50 海里，港口间距过于密集。此外，各港之间的货源腹地相互重合，服务内容相似。密集的港口群如果缺少协调与合作，容易造成同质、无序的竞争，降低各港口的利润和服务水平，严重影响港口综合效益的发挥，削弱港口群的核心竞争力，也不利于区域经济的长远发展。因此，要发挥大湾区港口资源优势、提升港口竞争力，有必要突破行政区划界线，加快港口资源整合，合理配置和有效利用港口资源，实现良性、有序的竞争与合作，形成科学发展合力。

2. 深度参与粤港澳大湾区建设的需要

粤港澳大湾区港口群是“一带一路”建设重要支点和重要枢纽，是我国南方对接“一带一路”建设的最佳区位，也是大湾区建设的主力军。以广州港、深圳港、香港港为核心的大湾区港口群，各有特色和优势，互补性强，合作发展空间大，具备成为世界级航运枢纽的优越条件。按照广东省委、省政府的战略部署，以广州港、深圳港为龙头，打造两大世界级枢纽港区。积极强化与香港合作，加快港口大型化、深水化、专业化码头建设，推进粤港澳大湾区基础设施一体化建设，并通过加强规划对接、产业协同、基础设施一体化，对于服务好大湾区建设具有重要意义。

3. 应对港口航运市场发展新形势的需要

随着经济全球化，世界各主要港口已不再只是依靠自身的力量和优势去获得竞争优势，而是依靠港口集群的整体优势来应对激烈的国际竞争。港口方面，粤港澳大湾区港口群未来发展还将面临来自新加坡及东盟的挑战。新加坡政府一直大力发展港口航运业，东盟近年来港口群迅猛发展，对大湾区港口群的国际中转业务造成巨大挑战。航运方面，一是船舶大型化、物流集

中化增加港口运营成本，港口需要升级改造，航道需要拓宽疏浚，锚地需要建设以满足大型船舶航行、停靠泊的需要。二是国际航运公司联盟化，大型航运公司对港口的议价能力越来越强。

4. 协同合作参与全球竞争的需要

从国际贸易增长趋势看，自 2012 年后全球贸易便已进入增速低于 5% 的低速增长期，增速较全球 GDP 之间的差距也有明显缩小，经济增长动能出现结构性转换。集装箱贸易总体呈现略好于经济的“低速增长”，逐渐呈现增长曲线“弧顶”，市场供需可能难以支撑港口产业的蓬勃发展。此外，国际贸易不确定性增强，各国经济博弈与贸易保护之风渐盛，特别是 2018 年 3 月下旬以来，美国主动挑起和推动的中美贸易摩擦，对全球经贸和港口航运业负面效果将逐渐显现，对于大湾区外向型经济发展将产生较大的不利影响。

面对激烈的竞争和复杂的发展形势，粤港澳大湾区港口要改变以往节点式发展的模式，走集群式发展的道路，合理整合区域内各港口的资源，形成跨区域战略合作，尽快形成规模效应、分工效应、关联效应，进而形成一个由主枢纽港、支线港与喂给港紧密结合的持续、协调、可持续发展的区域港口体系，以实现竞争力的提升。

（二）广州推进港口资源整合的有利条件

广州港是国家综合运输体系的重要枢纽，是广东省能源物资、重要原材料和外贸物资的主要中转港；我国最大的内贸集装箱枢纽港；也是华南和西南地区广泛连接国际市场、全面参与国际经济竞争与合作的重要支撑。广州港是广州城市发展的核心战略资源，也是广州深入参与国家“一带一路”建设和粤港澳大湾区建设的优势资源。

1. 港口资源优势

广州港“一港跨五市”，地处珠三角区域几何中心，连接珠江西岸和东岸，毗邻港澳。港口岸线 366 公里，陆域跨广州、东莞两市，面积约 92 平方公里；港区水域跨广州、东莞、珠海、中山、深圳五市和珠江口水域，港区水域面积约1300平方公里（广州行政区域内水域面积约506平方公里）。广州港出海航道沿经广州、东莞、深圳、中山、珠海等市，全长约153公里。广州港对航道、锚地、引航、调度实行“四统一”管理。因此，广州港与大湾区其他港口，特别是珠江口内和珠江西岸港口有着天然的联系。此外，广州港是国家综合性主枢纽港，集装箱、汽车、粮食、煤炭、石油化工、钢铁、矿石等货类齐全、均衡发展，对大湾区区域经济发展发挥着举足轻重的支撑作用。

2. 国际大港地位

2018年，广州港货物吞吐量6.13亿吨（见表1），居世界港口第五位；集装箱吞吐量2192万标箱，超越韩国釜山港，居世界港口第五位。南沙作业区完成集装箱吞吐量1557万标箱，居国内单一港区集装箱吞吐量第二位。广州港是华南地区最重要的汽车枢纽港，2018年商品汽车吞吐量132万辆，居全国第二；国际邮轮旅客吞吐量48.12万人次，居全国第三；广州港粮食吞吐量居全国第一；成品油、钢铁、煤炭吞吐量均为广东省第一。此外，南沙港区已成为亚太地区最大的工程塑料集散地，也是全国首个实现DIT（国际延迟中转）业务的口岸。

在新华·波罗的海国际航运中心发展指数中，广州国际航运中心建设排名由2015年的全球第28位上升至2018年的第18位，国内仅次于香港、上海、宁波舟山。在DNV. GL（挪威船级社与德国劳氏船级社）2017年世界先进海事中心综合排名中广州居第15位，我国内地仅上海、广州进入前15位。

表1　2018年粤港澳大湾区主要港口吞吐量情况

序号	港口	货物吞吐量（万吨）	序号	港口	集装箱（万标箱）
1	广州	61313	1	深圳	2574
2	香港	26600（预计）	2	广州	2192
3	深圳	25126	3	香港	1964
4	东莞	16416	4	佛山	399

续表

序号	港口	货物吞吐量（万吨）	序号	港口	集装箱（万标箱）
5	珠海	13799	5	东莞	356
6	中山	11526	6	珠海	231
7	江门	9368	7	江门	151
8	佛山	8973	8	中山	135
9	惠州	8757	9	肇庆	75
10	肇庆	3921	10	惠州	43

资料来源：广州港务局。

3. 世界门户枢纽功能

广州港已拥有各类码头泊位 807 个，其中万吨级以上泊位 76 个，泊位年综合通过能力 3.74 亿吨，集装箱吞吐能力 1576 万标箱，滚装船商品汽车吞吐能力 63 万辆。南沙港区四期工程 4 个 10 万吨级集装箱泊位按自动化集装箱码头已开工建设，计划 2020 年建成投产。广州港深水航道拓宽工程一期工程实现了 10 万吨级集装箱船与 15 万吨级集装箱船（减载）双向通航。南沙国际邮轮码头、南沙国际汽车物流产业园汽车滚装码头、南沙港区近洋码头、新沙港区二期等工程加快建设。南沙港区国际通用码头、南沙港区粮食及通用码头扩建工程、珠江口公共锚地等项目正在推进前期工作。

4. 港口辐射能力

至 2018 年底，广州港已开通集装箱航线 209 条，其中外贸班轮航线 103 条。全球主要班轮公司均进驻广州港开辟集装箱航线。广州港还开通了覆盖珠三角及广西、海南等地区的水上驳船支线 160 多条。目前，广州港是我国内贸集装箱第一大港，非洲、地中海航线核心枢纽港、国际集装箱干线港。在辐射内陆腹地方面，南沙港铁路已全线开工建设，预计 2020 年完工。广州港已在全国各地布局了 36 个内陆港办事处。开通了广州至内陆腹地的海铁联运班列、海铁联运货运通道，开通了中欧班列。2018 年广州港海铁联运完成 6.2 万标箱。提升国际影响力方面，广州成功争取 2019 年世界港口大会举办权。积极开拓国际友好港，广州港已与全球 45 个重要港口建立了友好港合作关系。积极开拓海外市场，广州港已在北美（美国）、欧洲（荷兰）、新加坡设立了3个海外办事处和中国台湾（台北）1个办事处。

5. 服务要素集聚能力

目前，广州拥有和控制的船舶运力规模达到3600万载重吨。拥有全球规模最大的散货运输船队中远海运散货运输有限公司、全球规模最大的特种船运输船队中远海运特种运输股份有限公司、亚洲规模最大的集装箱船队中远海运集装箱公司之华南区域总部等航运总部企业。中远海运、马士基国际航运巨头均在广州港参与码头投资运营。中交四航局、中交四航院、中交广州航道局、广东省航运集团等央企和省企总部坐落于广州。全球主要船级社均在广州设立了办事处或者分支机构。广州船级社、广州海事法院、广州航海学院、粤港澳大湾区供应链研究院等一批航运服务机构在广州集聚。广州航运交易发布的珠江航运运价指数是华南地区唯一航运运价指数。成立广州南沙航运产业基金以及各类港航融资租赁、融资担保公司。组建广州国际航运仲裁院、最高人民法院国际海事司法广州基地、广东自由贸易区巡回法庭等，提升海事服务水平。广州还是我国三大造船基地之一。

二　国内主要港口资源整合的经验借鉴

（一）工作概况

上海于2005年实施“长江发展战略”，利用管理、资本和技术优势，采取参股、控股、合资等方式，参与长江沿岸重要港口的建设、经营，培育长江集装箱市场，确保上海港的箱源。浙江于2004年启动宁波港、舟山港资源整合，2015年宁波港集团与舟山港集团完成控股式合并，成立宁波舟山港集团，是年宁波舟山港集团资产注入省海港集团，成为省海港集团的全资子公司。2016年原宁波港股份有限公司更名为宁波舟山港股份有限公司，标志着宁波舟山港实质性一体化完成。江苏于2017年5月成立江苏省港口集团有限公司，整合省属港航企业以及南京、连云港、苏州、南通、镇江、常州、泰州、扬州等沿江沿海 8 市国有港口企业。山东批准设立的山东渤海湾港口集团于 2018 年 3 月 28 日正式成立，已整合东营港、潍坊港、滨州港三港全部国有及非国有港口资产。福建交通运输集团基于股权优势，2017 年开始拟对福州港、湄洲湾和厦门港进行整合。河北于 2009 年以原秦皇岛港务集团为主体，将秦皇岛、曹妃甸、黄骅三港整合组建为河北港口集团有限公司。2017 年交通运输部与天津、河北省部省联动推出《加快推进津冀港口协同发展工作方案（2017～2020 年）》，共同推动津冀港口跨省级行政区域资源整合。河北港口集团和天津港集团成立了渤海津冀港口投资发展有限公司。辽宁省政府与招商局集团于 2017 年 6 月签订港口合作框架协议，合作建立辽宁港口统一经营平台，以大连港集团有限公司、营口港集团有限公司为基础，以市场化方式实现辽宁沿海港口经营主体一体化。先整合大连港集团和营口港集团，再整合葫芦岛港、丹东港等港口。2019 年 1 月 4 日，辽宁港口集团揭牌成立，标志着目前国内规模最大的港口资源整合项目成功落地。广西的防城、钦州和北海三港于 2009 年整合为广西北部湾国际港务集团，统一使用“广西北部湾港”名称。海南于 2016 年出台了省港口资源整合方案，由海南港航控股有限公司牵头，以海口港为核心，开展省内港口资源整合工作。湖北于 2008 年提出建设“武汉新港”的重大战略，实施鄂东南五市港口岸线资源整合，优化港口布局。此外，安徽、湖南、江西等省份也纷纷提出推进港口资源整合。

（二）主要经验分析

一是遵循“两个保障、三个统一、四个结合”原则。两个保障：既保障国家战略利益实现，也保障合作各方合理的利益诉求。三个统一：港口岸线与功能规划、管理、运营相统一；信息资讯与价格规制相统一；内外贸航线布局相统一。四个结合：港口资源整合与国家战略布局和区域经济发展战略相结合；与大区域产业布局和临港产业布局相结合；与国家集疏运系统和区域集疏运系统相结合；与港城协调发展相结合。

二是政府发挥积极作用。政府确定港口资源整合的战略发展方向，成立专门协调机构，牵头制定港口资源整合方案，协调各方利益诉求。发改、国资、财政、土地、港口等管理部门以及地方政府积极参与，共同协调推进。

三是发挥大港的龙头带动作用。以枢纽港或较大型港口为主体，发挥其龙头带动作用，通过行政、市场等方式实现对周边港口的控股整合，通过主枢纽港的资金、技术、管理溢出效应，提升区域港口整体服务效率，促进跨区域战略合作，打造港口一体化体系。

四是以国有港口企业资源整合为重点。发挥国有骨干港口企业的平台作用，通过资产划拨、股权投资、合资合作等方式，推动国有资产不同管理层级的国有港口企业整合，提高经营集约化水平，促进港口结构优化和服务功能拓展。政府通过市场化手段协调、推动非国有资产的整合。

五是港口资源整合方案达成共识。港口资源整合方案由政府牵头、龙头港口组织、相关港口参与，制定具有广泛共识的港口资源整合方案，明确整合的各项原则性问题。

六是政策资金支持。财政或国资平台安排资金用于调节和控制股权溢价和国资股比等事项，保持国资的控股地位。

七是引进战略投资者优化资本结构。引入战略投资者，充分利用其在商业模式设计、资本运作等方面的资源和优势，推动港口企业资本结构优化和业务重组。

三　目前广州港口资源整合的基本情况

2017 年 5 月 22 日，广东省第十二次党代会报告提出了广东省港口资源整合的战略部署。报告提出："以广州港、深圳港为龙头，优化全省港口资源配置，强化港口集疏运体系建设，打造两大世界级枢纽港区。"这是广东省委文件首次提出了广州港的龙头地位以及整合的战略目标。2017 年 6 月 28 日，广东省政府发布《关于印发广东省推进基础设施供给侧结构性改革实施方案的通知》提出："加快区域港口功能优化提升，以广州港、深圳港为核心加快港口整合，促进全省港口协同发展，形成分工合理的港口发展格

局，构建对接港澳、联通西江、服务泛珠的世界级港口群。”广东省政府进一步明确了以广州港为核心推进港口资源整合。

按照广东省第十二次党代会和广东省委、省政府的部署，广州积极整合珠江口内及珠江西岸港口资源的各项工作。目前广州与东莞、珠海等市签订了港口合作协议，提出了贯彻落实省委、省政府的部署，加强合作，共同推进港口资源整合。与中山、佛山等珠江口内及珠江西岸港口加快推进资源整合的各项工作。中山方面，2018 年 11 月 12 日，广州港出资 5.038 亿元取得了中山港主体企业中山港航集团 52.51% 的控股权，这标志着广东省港口资源整合工作取得实质性展开。佛山方面，广州港集团于 4 月 1 日开始正式承包经营九江战备码头，并进一步取得了佛山高明港区海口码头项目 40% 的股权。茂名方面，广州港集团在茂名港博贺新港区投资建设的 4 个 10 万吨级通用泊位已于 2017 年 10 月开工建设，计划 2019 年投产。

另外，2018 年 9 月 30 日，由广州、佛山、中山三市共同投资建设的南沙港区四期工程举行了开工动员仪式。南沙港区四期工程是粤港澳大湾区首个建设的大型自动化集装箱码头项目，也是广州港重点打造的龙头项目，年吞吐量 480 万标准箱。工程总投概算为 69.74 亿元，广州、佛山、中山三家股份占比分别为 65%、19%、16%。三市共建南沙四期集装箱码头，将改变佛山、中山两市没有大型海港码头的现状。三市的合作，通过发挥南沙港区与佛山、中山当地码头的联动作用，将南沙港区的航线服务和自贸试验区的政策红利延伸至佛山、中山，进一步降低当地企业的综合物流成本，同时推动与佛山、中山建立宽领域、多层次的合作关系，共同打造南沙港区枢纽，提升三市在粤港澳大湾区建设中的竞争力，促进区域经济共同发展。

四　广州推进港口资源整合的思路建议

按照广东省第十二次党代会及广东省委、省政府以广州港为龙头，整合珠江口内和珠江西岸港口资源的战略部署，加强与周边各港口城市的合作，大力推进港口整合。

（一）从大湾区建设的角度，打造世界级航运港区

以港口资源整合为契机，提升广州在粤港澳大湾区建设中的竞合实力。一是通过发挥广州港在资金、技术、管理方面的优势，形成对湾区港口的溢出和带动效应，提升港口资源规模化、集约化、专业化水平，提升港口服务能力和营运效益。二是通过港口资源整合，结合广州与湾区区域产业布局和结构特征，加强对港口和产业发展进行统一规划，合理错位，避免区域间港口的重复建设和同质化竞争，促进湾区产业布局优化调整。三是强化与周边港口合作，推动区域经济融合发展。整合珠江口内及珠江西岸港口资源，优化以广州港为核心的现代港口物流体系，提升广州对内陆经济腹地的影响力，强化对湾区各种生产要素的配置能力。推动广州港、深圳港、香港港的合作互动，积极谋求与和记黄埔、招商局港口等合作机会；利用香港国际航运中心优势和地位，推进广州高端航运服务业发展，助推广州商贸中心建设。总之，通过港口资源整合，积极提升广州城市发展的核心竞争力，打造广州世界级枢纽港区，促进粤港澳大湾区区域协调融合发展，增强其支持香港国际航运中心发展的能力。

（二）争取广东省委、省政府支持，主动推进港口资源整合

港口资源整合既是广州的发展机会，也是周边港口城市的发展机会。广州港要主动作为，分阶段有步骤推进港口资源整合。一是积极争取广东省委、省政府支持，以文件形式明确广州港作为整合主体的控股地位、整合范围、整合方式等原则。二是主动与周边各港加强合作，与各市达成发展共识，互利共赢。按照“成熟一个整合一个”的工作思路，有策略稳步推进港口资源整合。三是加强与中远海运集团等央企合作，吸引港资企业参与广州港建设、经营，增强广州港的整合实力。四是加快推进由广州、佛山、中山共同出资建设的南沙港区四期工程的建设。依托南沙港区，将广州的航线服务和自贸试验区的政策红利延伸至佛山、中山，并推动三市之间建立宽领域、多层次的合作关系，共同打造南沙港区枢纽。五是加强自身建设，巩固广州港“一港跨五市”的完整性和统一性。

（三）发挥龙头企业平台作用，打造超级港口运营商

龙头企业要积极巩固控股地位，以资本为纽带、以业务为依托整合港口物流产业链上各种资源，创新服务方式，打造具有全球影响力的超级港口运营商。一是整合后由龙头企业对区域港口资源进行统一经营、统一营销、统一宣传、统一品牌。二是通过资本连接不同的战略投资者，实现投资主体的多元化，形成利益共同体，并积极将产业链向上游和下游延伸。三是积极应用信息化、智能化技术，发挥平台经济功能，变革港口服务方式。通过服务方式创新和生产集约化，实现市场价值提升。四是主动对接“一带一路”沿线国家的港口基础设施、物流园区和临港产业建设，建立海外港口飞地，完善“前港、中园、后城”的合作模式，将物流链条积极向“一带一路”沿线延伸。

（四）再造港口产业流程，打造高效港口服务体系

以广州港为核心，再造港口产业流程，提高服务效率和水平，形成一个对外协作能力强、整体性高的港口服务体系。一是主枢纽港、支线港与喂给港的功能定位要更加明晰，运行要更加协调。二是要优化整合、统筹协调引航、调度、航道、锚地以及理货、拖轮等公共服务。三是优化整合集疏运网络，包括珠三角水网、陆网运输，完善海铁联运、江海联运、陆海联运。四是更加紧密地融合港口与腹地经济的关系，按照腹地经济需求和优化港口服务通径，按照港口功能优化、调整临港产业布局。五是建设一体化信息平台。推动枢纽港与其他港之间，港口与航运、货主、代理之间，港口与行业管理部门、口岸监管部门之间的建立数据公共平台与信息共享机制。

参考文献

中共广东省委办公厅：《胡春华在南沙自贸片区调研时的讲话（2017 年 2 月 27 日）》。

胡春华：《在中国共产党广东省第十二次代表大会上的报告》，2017 年 5 月 22 日。

广东省人民政府：《广东省人民政府关于印发广东省推进基础设施供给侧结构性改革实施方案的通知》，2017 年 6 月 28 日，http：//zwgk. gd. gov. cn/006939748/201707/t20170711_ 712865. html。

B.19

粤港澳大湾区建设背景下越秀区发展路径及对策研究

广州市越秀区发展和改革局课题组*

摘　要： 建设粤港澳大湾区这一重大国家战略，为广东省带来新的历史发展机遇，也为越秀区这样的中心老城区焕发新活力带来新的机遇。本文基于粤港澳大湾区建设背景下越秀区发展路径分析，深入研究越秀区的优势与劣势、机遇与挑战，从建设粤港澳大湾区科创之芯、建设具有国际竞争力的现代产业体系、打造粤港澳大湾区文化创新中心、打造国际一流的营商环境、市场一体化构建全面开放新格局、共建宜居宜业宜游生活圈、建设现代化交通运输体系、打造粤港澳大湾区优质生态环境8个方面提出越秀区对接国家战略、深度融入粤港澳大湾区建设的对策和建议。

关键词： 粤港澳大湾区　发展路径　广州越秀

一　基本内涵与建设背景

（一）基本内涵

湾区是“由于海洋（或湖泊）移动而形成的海岸凹入或海洋再入处”，

---

* 广州市越秀区发展和改革局课题组成员：练坚娟、张藜、贾梦丽。

一般指的是围绕沿海口岸分布的众多海港和城镇所构成的港口群和城镇群，由此衍生的经济效应被称为“湾区经济”。湾区经济生于沿海但由于凹入内陆而不等同于沿海经济，傍依城市群但由于共享水体而又有别于普通城市群经济。发展湾区经济有利于突破市县行政区域限制、整合区内经济链条，加强地区分工、实现集群效应。

粤港澳大湾区是指由香港、澳门两个特别行政区和广东省的广州、深圳、珠海、佛山、中山、东莞、肇庆、江门、惠州9市组成的城市群，是国家建设世界级城市群和参与全球竞争的重要空间载体，是与美国纽约湾区、旧金山湾区和日本东京湾区比肩的世界四大湾区之一。粤港澳大湾区面积达5.6万平方公里，2018年湾区人口约7000万，地区GDP达到10.87万亿美元，同比增长5.53%，汇集世界500强企业总部16家。粤港澳大湾区以占地面积不足全国的1%，人口数量不足全国总人口的5%，贡献了全国GDP的12.07%，是全国举足轻重的重要增长极。粤港澳大湾区拥有广州、深圳、东莞、珠海、香港5个亿吨级大港，产业布局完整，西岸以发展技术密集型的高端制造业为主、沿海以生态保护型的现代服务业为主、东岸则以知识密集型的新经济为主。未来金融业、服务业和高端制造业将成为“湾区名片”。

（二）建设背景

1. 国内背景

粤港澳大湾区建设是习近平总书记亲自谋划、亲自部署、亲自推动的重大国家战略，是新时代推动形成我国全面开放新格局的重大举措之一。2018年8月起，中央、省、市相继成立粤港澳大湾区建设领导小组，并组织召开领导小组全体会议研究部署推进大湾区建设。2018年10月，习近平总书记视察广东，强调要把粤港澳大湾区建设作为广东改革开放的大机遇、大文章，抓紧抓实办好。越秀区深入贯彻落实习近平总书记关于粤港澳大湾区建设的讲话精神，按照中央、省和市部署，于2018年9月成立了越秀区推进粤港澳大湾区建设领导小组，年内相继召开了两次领导小组全体会议，要求举

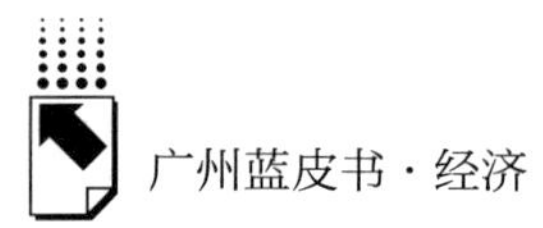

全区之力融入粤港澳大湾区建设，把大湾区建设作为改革开放再出发的重大战役、重中之重，携手港澳共建国际一流湾区和世界级城市群，共同打造高质量发展典范，共同造福三地人民。2019 年 2 月，《粤港澳大湾区发展规划纲要》正式印发，其标志着粤港澳大湾区建设进入全面铺开、纵深推进阶段。

2. 国际经验

三大世界级湾区分别为美国纽约湾区、旧金山湾区和日本东京湾区。其中纽约湾区涵盖 31 个县，总面积达 2.15 万平方千米，汇集世界 500 强企业总部 22 家。纽约湾区又称“金融湾区”，拥有纽约交易所和纳斯达克交易所，美国七大银行中的 6 家，世界金融、证券、期货及保险和外贸机构等近 3000 家机构总部均设于此。旧金山湾区涵盖 12 个县，面积达 1.79 万平方千米，汇集世界 500 强企业数量 28 家。旧金山湾区是“高科技湾区”，以互联网、电子科技等高新技术产业为主，拥有世界知名的硅谷以及 20 多所著名科技研究型大学，同时也是谷歌、苹果、英特尔、Facebook 等科技巨头企业全球总部所在地。东京湾区涵盖 10 个城市，面积约 3.68 万平方千米，世界 500 强企业总部数量 60 家。东京湾区是“产业湾区”，拥有京滨、京叶两大工业地带，是日本最大的工业城市群，主要以汽车、石化等制造业为主，钢铁、装备制造和游戏动漫、高新技术等产业也十分发达。

二　粤港澳大湾区建设背景下越秀区发展路径分析

按照国家部署要求，粤港澳三地提出：“共同将粤港澳大湾区建设成为更具活力的经济区、宜居宜业宜游的优质生活圈和内地与港澳深度合作的示范区，打造国际一流湾区和世界级城市群。”在推进粤港澳大湾区建设中，广东省致力于构建科技、产业创新中心和先进制造业、现代服务业基地，广州致力于打造粤港澳大湾区核心增长极、国家科技产业创新中心、枢纽型网络城市、国际交往中心。粤港澳一体化发展至今，要素流动重于城市建设，因而今后对越秀区而言，参与大湾区战略的重点是如何更有效地促进湾区要素的自由流动，立足现有资源禀赋，越秀区深度融入粤港澳大湾区建设，应集中优势资源，努力把越秀区建设成为粤港澳大湾区岭南文化交流门户、粤港澳大湾区科创之芯、粤港澳大湾区医疗卫生新高地、粤港澳大湾区基础教育窗口。

粤港澳大湾区岭南文化交流门户：立足广州打造粤港澳大湾区核心增长极、国际交往中心的要求，越秀区要充分发挥其作为“广府文化源地、千年商都核心、公共服务中心”的发展优势，立足湾区人文新交流和文化产业新发展，增加城市文化公共产品供给，把越秀建设成为人文湾区中全面建设有文化影响力和辐射力的岭南文化交流门户，以湾区国际都会圈旅游核心目的地为目标统筹文化氛围提升、旅游服务建设和文化创意产品开发，努力将越秀建设成为文商旅高度融合、文化产业链完整的湾区创新型文化名城。

粤港澳大湾区科创之芯：立足广州打造粤港澳大湾区核心增长极、国家科技产业创新中心、枢纽型网络城市的要求，越秀区要积极融入粤港澳大湾区以及广深科技创新走廊建设，构建融合产业与科技、空间与功能的“一廊三地五谷”大都市型创新生态布局，围绕IAB、NEM① 等科技创新产业谋划建设十大价值园区，强化越秀对科技创新基础性研发的吸引力和核心辐射力，推动越秀与大湾区科技创新成果转化服务的交互反馈，努力将越秀建设成为粤港澳大湾区科创之芯。

粤港澳大湾区医疗卫生新高地：立足广州打造粤港澳大湾区核心增长极、枢纽型网络城市的要求，越秀区要充分发挥作为华南地区公共医疗资源集中地的优势，依托广州健康医疗中心，探索设立大湾区医疗卫生合作试验区，拓展粤港澳优质医疗交流合作，推进立足湾区、辐射面覆盖整个东南亚的湾区精准医疗中心的建设，努力将越秀建设成为粤港澳大湾区医疗卫生新高地聚集地。

粤港澳大湾区基础教育窗口：立足广州打造粤港澳大湾区核心增长极、枢纽型网络城市的要求，越秀区要做优、做强、做大培正等教育集团管理运作模式，深化立体学区建设，以新理念、新举措推进大湾区基础教育资源整

---

① IAB和NEM产业，指新一代信息技术、人工智能、生物医药和新能源、新材料产业。

合，强化与港澳基础教育领域交流合作，推动粤港澳三地基础教育的平滑对接，努力把越秀教育办成一扇粤港澳大湾区的尖端基础教育窗口。

三　越秀区融入粤港澳大湾区建设的条件分析

（一）优势

1. 区位优势明显

越秀区作为中心老城区，地处市传统城市中轴线和新城市中轴线连接的中间区域，交通条件便利，集中有火车站，省、市汽车总站，流花车站，毗邻白云国际机场；内环路贯穿全区，有环市路、东风路等多条市级交通主干道；地铁一、二、五、六号线区内站点密集，快速轨道交通发达，形成了联通广州各区的、功能齐全的立体交通网络。

2. 经济实力雄厚

越秀区土地面积 33.8 平方公里，占全市比例不到 1/200，却创造了占全市 1/7 的经济总量。2018 年，越秀区经济密度达 97.09 亿元/平方公里，人均 GDP 为 28.02 万元，达到中等发达国家水平。《2018 年中国百强区发展白皮书》评比中，越秀在全国 968 个地级市市辖区中排名第 9。商业贸易发展中心地位稳固，持续居于全市领先地位。

3. 创新要素集聚

拥有国家、省、市各类科研机构 223 家，全市密集程度最高，共有孵化器 12 个，众创空间 11 个。拥有国家、省、市级重点实验室 66 家，聚集国家“省创新领军人才”等各类高层次人才 155 名。丰富的创新资源引领越秀取得一定的科创成果，2018 年，越秀区专利申请量和专利授权量分别增长 60% 和 97%，每万人发明专利拥有量超过 32 件，是全市平均水平的 1.2 倍，全年获得国家、省、市科技进步奖 62 项。

4. 文教卫底蕴厚重

越秀区作为广州古城中心，是广州乃至大湾区历史文化遗产最丰富、最集中的区域，拥有的国家文保单位和国家级“非遗”目录的总量和密度均为全省第一，被誉为“没有围墙的博物馆”。辖内共有12所百年名校，5所国家级示范性高中，省、市一级学校占全市85.5%。作为华南地区的医疗资源集中地，技术水平先进，医疗服务便利。2018年，健康医疗企业超过5000家，健康医疗产业实现增加值占全区GDP比重近10%。

（二）劣势

1. 空间载体不足

作为全市面积最小的区，越秀区产业用地仅占全区土地的12%，开发强度高达90%，发展空间瓶颈明显。大部分区域属规划控制范围，中心区内主要军政办公驻地及文物、历史建筑众多，区内建筑总量、高度等规划指标控制严格，部分文物、历史建筑周边退缩又导致项目无法开展。大部分楼宇在设计标准、配套设施等方面与新落成写字楼存在较大差距，难以满足优质客户对办公环境的要求。

2. 创新能力不足

越秀区R&D支出占GDP比重偏低，《2017年度广州高质量发展研究报告》[①] 中，越秀区的“科技创新”维度得分处于全市中游位置。其中，科技企业孵化器面积、科技成果指数和人才指数均低于全市平均水平。缺乏具有基础研究、突破前沿技术的大型骨干企业和创新力强的中小新经济企业，技术创新效益的释放不明显，创新转型中培育出的新增长点不够。

3. 招商成本高企

越秀区产业经营成本持续上涨，以土地价格、劳动力价格、租金价格为代表的要素成本持续攀升。当前，越秀区繁华地段办公租房均价高居各区之首，区内企业外迁趋势渐长，招商引资难度显著增大。成本高企削弱中心城区发展吸引力，优化成本提升竞争力迫在眉睫。

① 报告由南方都市报城市治理研究中心课题组编制。越秀区的“科技创新”维度得分仅30分，远低于第一名黄埔区的73分及第二名天河的72分。

（三）机遇

1. 粤港澳大湾区战略提供有利条件

粤港澳大湾区是我国参与国际竞合与扩大对外开放的新高地与最前线，大湾区发展规划就完善基础设施、促进产业融合、建设智慧城市、共建国际科技创新中心等提出了一系列重大任务，这些任务的逐步推进落实，对越秀区发挥总部经济优势、拓展产业合作空间、提升辐射带动能级、引领区域一体化发展提供了有利条件。

2. 扩大开放政策创造良好契机

国家实施深化扩大开放政策，大幅放宽市场准入和外资股比限制，广州顺势推出扩大金融开放10条政策措施，进一步降低高端服务业准入门槛，这对越秀区发挥金融、医疗、文化、教育等资源优势，引导更多外资高端服务机构落户和促进辖区优势服务企业“走出去”提供了良好契机。

3. 新一轮科技革命注入发展活力

世界新一轮科技革命从蓄势待发逐步进入群体迸发、多点突破阶段，数字产业高频创新，技术迭代加速升级，人工智能、精准医疗、区块链等技术日新月异。全球科技创新应用的不断突破，为越秀孵化、嫁接和培育“四新”经济，推动越秀建设粤港澳大湾区科创之芯提供动力，注入发展活力。

（四）挑战

1. 经济增长内生动力有待加强

能支撑、带动全局发展的龙头企业或规模企业较少且新增量不足，对经济增长拉动作用不够。部分银行由于业务发展和营商环境的需要有外迁意向，将削弱金融业发展优势，造成产值进一步下滑。新兴产业等新动能正在形成，但对经济增长的拉动力有限。

2. 城市间和城区间竞争加剧

广州各区乃至大湾区、全国范围内部分城区同质化竞争日益加剧，在企业资源、人才资源方面的“争夺战”日益激烈，越秀区空间资源制约和企业成本提高，导致优质产业资源的外流局面愈演愈烈，在吸引和留住国际高端人才、创新型人才等方面缺少有竞争力的政策，人才流失现象明显。

3. 制度化建设水平有待提升

世界产业变革和国际经贸秩序剧烈变动的形势对越秀区加快对外发展带来挑战，需要聚焦经济高质量发展，拓宽对外开放视野，建立良好的制度推动企业“走出去”。“一国两制”下，粤港澳地区社会制度、法律制度、关税区域不同的现状，也是越秀区发展面临的挑战，需要谋划提升市场互联互通水平，加快推动生产要素高效便捷流动。

四　越秀区深度融入粤港澳大湾区建设的对策建议

基于越秀区融入粤港澳大湾区建设的发展路径分析，立足现有资源禀赋基础，结合交通基础网络优化、重大项目等因素，越秀区将明确推进八大重点任务，增强越秀区服务粤港澳大湾区的功能能级。

（一）聚焦科技创新，建设粤港澳大湾区科创之芯

粤港澳大湾区建设的重要篇章是建设国际科技创新中心、建设全球科技创新高地和新兴产业重要策源地。越秀区要建设粤港澳大湾区科创之芯，就要积极参与“广州—深圳—香港—澳门”科技创新走廊建设，借鉴上海松江 G60 科创走廊经验，制定越秀新一轮科技创新产业规划，推进环市东路广州创新走廊加快建设，打造一批各具特色、优势明显、效益突出的“硅楼”。推动黄花岗科技园、花果山“互联网 +”传媒小镇、老广交 IP 硅谷等十大价值创新园区平台式建设、组团式发展。发挥国家商标品牌创新创业基地、国家版权贸易基地两个国家级基地的集聚效应，高标准打造大湾区知识产权保护高地，发挥好知识产权对创新驱动发展的支撑作用。探索推动辖内科研机构对外“产学研”一体化互动，支持港澳企业、高校、科研院所来越秀共建协同创新平台，推动粤港澳地区及国际研究机构的先进技术成果在越秀转移转化。

（二）聚焦高质量发展，建设具有国际竞争力的现代产业体系

立足人才、金融、技术等高端要素聚集优势，加强研究对接大湾区产业转型升级方向，聚集高端服务业重点领域和发展短板，抓好区域产业定位规划，推动商务服务等生产性服务业向专业化和价值链高端延伸发展，健康服务等生活性服务业向精细和高品质化转变，努力构建与大湾区其他城市错位发展、优势互补、协助配套的高端高质高新现代产业新体系。围绕大湾区国际金融枢纽建设，探索创建广东省数字普惠金融试验区、国家文化与金融合作示范区，加强跨境金融业务合作。依托丰富的医疗资源和基础，承接港澳地区高端医疗、精准医疗、中医药产业等的高端要素。瞄准人工智能、5G和移动互联网、量子通信等战略性新兴产业，培育壮大以周成虎院士团队、国科量子等为龙头的地理信息、量子通信产业集群。

（三）聚焦文商旅融合，打造粤港澳大湾区文化创新中心

粤港澳三地在历史、人口、语言、文化方面具有同一性，人文是大湾区交流合作最重要的无形力量。充分发挥越秀与港澳人缘相亲、地缘相近、文缘相同优势，以项目为导向，发挥好文化交流枢纽作用，加强同港澳在岭南文化、新闻、出版、文化创意等方面交流合作。策划提升“广州古城游”等精品旅游线路，提供景区 VR 全沉浸式历史文化体验，擦亮世界优秀旅游目的地品牌。以湾区国际都会圈旅游核心目的地为目标统筹推进旅游服务建设、文化氛围提升和文化创意产品开发，加快创建国家级文化产业示范园区、岭南历史文化全国知名品牌示范区，推进广州文化 IP 库、文投创工场等产业平台及项目，以重大产业平台引领文化产业集聚发展，推动文商旅深度融合发展，探索将越秀区打造成为文商旅高度融合、文化产业链完整的粤港澳大湾区文化创新中心。

（四）聚焦政务改革，打造国际一流的营商环境

借鉴北京、上海等经验做法，全面优化越秀营商环境各项指标，围绕施

工许可、开办企业、纳税、政务服务等领域核心指标，组织开展实施若干专项行动，大幅优化企业办事全流程，着力打造更多叫得响、立得住、群众认可的越秀营商环境改革品牌。全面推行行政审批五星“零跑动”、“最多跑一次”、新办企业一天办妥等越秀政务服务模式，以“放管服”改革激发高质量发展的市场活力。抓紧完善并兑现“钻石 29 条”“越秀金卡”等政策，吸引更多国内外市场主体到越秀投资兴业。着力打造质量越秀、标准越秀、品牌越秀、诚信越秀，争取率先建立覆盖全区的征信系统，打造一批具有国际影响力和竞争力的名企、名品、名牌。

（五）聚焦市场一体化，构建全面开放新格局

借鉴香港、澳门经验，加快构建与国际接轨的投资贸易相关制度规则，推广政策溢出效应，加快投资贸易自由化、便利化。全面推进外国人自助申报住宿登记工作和外管服务工作站建设，提升人员货物往来便利化水平。把参与粤港澳大湾区建设与参与“一带一路”合作有机结合起来，加强国际友好城区互动，不断深化与沿线重点国家和地区各领域的交流合作。主动对接外国驻穗领事馆，以越秀国际会展中心即将建成为契机，共同搭建国际商务平台，争取引进高端国际机构，承办国际会议活动。用好广东出台的“新外资十条”，发挥跨国公司及国际组织办事机构集聚的优势，建立战略合作，海外挂牌设点，在更高层次、更高水平上融入国际分工体系。

（六）聚焦优质公共服务，共建宜居宜业宜游生活圈

探索粤港澳三地特色课程建设，推动课程衔接和师资交流，缔结“姊妹中小学和幼儿园”，形成粤港澳中小学校联盟，推动粤港澳三地基础教育的平滑对接；组建七中教育集团，深化培正教育集团扩大化建设，打造大湾区尖端基础教育示范窗口。探索设立大湾区医疗卫生合作试验区，加强与港澳在包括全科医生在内的医学人才培养培训方面的合作交流，研究推动诊疗结果的异地互认，促进三地医疗卫生融合发展。加快精准医疗在科学研究、成果转化、临床应用、人员培训等方面与港澳的合作，逐步打造湾区精准医

疗中心。借助区内丰富的医疗卫生资源，探索建设面向包括港澳居民在内的综合社区和健康养老机构。加快机制创新、科技创新、合作模式创新，促进粤港澳人才流、信息流等集聚越秀。依托现有各级创业孵化基地，探索建立港澳青年来越秀就业创业合作示范平台。

（七）聚焦互联互通，建设现代化交通运输体系

基础设施互联互通是大湾区融合发展的前提，亦是粤港澳合作的重点领域，大湾区交通便利将带动经济融合、社会融合，民心融合。区内基础设施协调发展对推进区内物流、资金流、人流、信息流等生产要素自由流动，提高资源配置的效益和竞争力具有重要意义。按照零距离换乘、无缝化衔接目标，以广州火车站整体升级改造为全国现代化综合交通枢纽为契机，优化火车站地块空间布局及功能，完善重大交通基础设施，并以火车站为核心形成“1 小时通勤都市圈”，实现快速到达大湾区其他城市，打造辐射粤港澳大湾区的客运枢纽。优化提升信息基础设施，推进电子签名互认证书在公共服务、金融、商贸等领域应用，推进智慧城市建设，大力发展智慧交通、智慧能源、智慧市政、智慧社区。

（八）聚焦绿色发展，打造粤港澳大湾区优质生态环境

牢固树立和践行绿水青山就是金山银山的理念，以国家中心城市生态文明中心区为目标，深入实施品质城市提升“六大行动”，建成天蓝、地绿、水清的大湾区花园城区，形成人与自然和谐发展的国际大都市核心区新格局。深入实施水污染防治“河长制”“湖长制”。加快实施治水三年行动计划，推进黑臭水体环境综合整治。推进落实大气污染联防联控，统筹防治臭氧和细颗粒物（PM2.5）污染，强化餐饮业环保综合监管以及扬尘、“无燃煤区”等日常监管。鼓励创新绿色低碳发展模式，广泛开展绿色生活行动，推动居民在衣食住行游等方面加快向低碳、文明健康方式转变。加强城区绿道、森林湿地步道等公共慢行系统建设，鼓励低碳出行。

参考文献

中共中央、国务院:《粤港澳大湾区发展规划纲要》。

黄晓慧、邹开敏:《“一带一路”战略背景下的粤港澳大湾区文商旅融合发展》,《华南师范大学学报》2016 年第 4 期。

马向明、陈洋:《粤港澳大湾区:新阶段与新挑战》,《热带地理》2017 年第 6 期。

明晓川:《抓住粤港澳大湾区建设机遇　打造国际一流营商环境》,《佛山日报》2018 年 9 月 25 日,第 2 版。

毛明芳:《提前布局,深度对接粤港澳大湾区科技创新》,《湖南日报》2019 年 2 月 19 日,第 10 版。

B.20
荔湾区民宿产业发展现状及对策研究

陈丹凤*

摘　要： 荔湾区拥有丰厚的历史文化遗存和文商旅资源，是最能体现广州城市历史文化特色的区域，具备发展精品特色民宿的先天有利条件，可以为广州打造国际旅游目的地和国际交往中心增添光彩。本文在实地调研荔湾区有代表性的民宿的基础上，探讨荔湾区民宿产业发展的难点和前景，分析了荔湾区民宿产业发展现状和存在的主要问题，提出了要结合荔湾区的历史传承、区域文化、时代要求发展民宿产业，并建议从民宿开发、谋划格局、治理监管、市场力量、服务指导 5 个方面进一步促进荔湾区民宿产业发展。

关键词： 民宿产业　文化旅游　广州荔湾

近年来，随着国内旅游消费市场的升级和人们旅游观念的更新，作为一种新颖的、独具特色的旅游产业，民宿异军突起，形态和内涵日益丰富。其利用自有住宅，结合本地人文环境、自然景观、生态资源及生产、生活方式，为出行者提供了休闲惬意的住宿场所。体验民宿已经成为相当部分的城市人群向往的一种生活方式，推动民宿逐步上升为一种全新的市场消费力量。

---

* 陈丹凤，广州市荔湾区科技工业商务和信息化局综合规划科（法规科）科长，广东鲁迅研究学会会员。

荔湾区凝聚着岭南文化的灵魂和精髓，沉淀着丰厚的文商旅资源，为打造精品化城市民宿、发展高质量民宿产业提供了良好的平台。按照中央城市工作会议关于“统筹空间、规模、产业三大结构，提高城市工作全局性”“统筹生产、生活、生态三大布局，提高城市发展的宜居性”的精神，荔湾区始终坚持不惜一切代价，像爱惜自己的生命一样保护好永庆坊等历史街区，修复街区面貌、优化生态环境，并依托文化底蕴和市场需求，探索引入民宿产业，逐步形成荔湾旅游资源的新优势以及文商旅活化提升的新业态。

一　荔湾区民宿产业的发展现状

荔湾，既是具有深厚文化底蕴的老城区，又是一个正在蓬勃发展的现代化中心城区。荔湾区凝聚着岭南文化的灵魂和精髓，沉淀着丰厚的文商旅资源，为打造精品化城市民宿、发展高质量民宿产业提供了良好的平台。目前，荔湾区正在大力提升城市公共服务，推动产业与传统城市人文融合发展，建设历史文化底蕴深厚、岭南特色鲜明的宜居宜商宜游的广州城市会客厅，并依托文化底蕴和市场需求，探索引入民宿产业，逐步形成荔湾旅游资源的新优势以及文商旅活化提升的新业态。

荔湾是广州市唯一拥有“一江三岸、百里河涌”的城区，地理区位优越，区内水陆交通四通八达，便捷的交通有助于形成特色鲜明的民宿建筑群。据不完全统计，2018 年荔湾区民宿房源共有 30 多家，主要集中在荔湾区北片传统文化商旅活化提升区一带，既能凝聚浓郁的西关风情，又各具创意和特色，其中不乏精品之作，深受游客特别是年轻人的喜爱，日常入住率为 50% ~80% 。

（一）文化旅游资源丰富，城市民宿形态多元

历史上荔湾是广州最繁华之地，秦汉时已有码头联通海内外，唐宋年间白鹅潭已成广州古代对外通商口岸，明代设有怀远驿，清代设有十三行，乾隆至道光年间十三行独揽中国海上对外贸易经营权，“一口通商”独揽中国

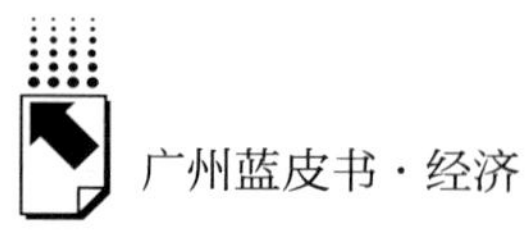

外贸持续达 85 年之久，是中国对外通商与文化交流的重要口岸，实现了东西文化的第一次大融合。

荔湾拥有一批广州文化地标和文化符号：达摩禅宗的“西来初地”、千年道教庙宇“仁威祖庙”、明代海外贸易管理机构“怀远驿”、全国重点文物保护单位和岭南建筑艺术宝库“陈家祠”、清代唯一的外贸通商口岸“十三行”、欧陆风情历史建筑群“沙面”、岭南一代名园“海山仙馆”、粤剧艺术圣地“八和会馆”、全国最早的丝织行业协会“锦纶会馆”、“中国历史文化名街”——沙面街等。

荔湾区旅游业已成为广州市旅游市场的重要组成部分，在老城区打造精品化的城市民宿，是住宿业中除酒店、普通旅馆之外的有效补充。目前，这里集中了“西关文化、十三行文化、欧陆风情、水秀花香”等文化旅游品牌，为荔湾民宿产业奠定了坚实基础，增添了创新动力，使荔湾的民宿形态呈现多元趋势。

（二）文商旅融合发展，打造产业新名片

荔湾区按照“以文带旅，文旅兴商，商旅承文”的总体思路，发挥历史风貌建筑、非物质文化遗产以及自然生态、滨水临江等资源优势，发掘历史文化资源、人文价值和商业价值，深度开发文化体验旅游。依托荔枝湾、十三行、沙面、陈家祠、西关大屋、永庆坊、粤剧艺术博物馆等文化符号和名片，完善特色文化商业街区格局，修缮名人故居，保护非物质文化遗产。充分利用历史文化资源，运用“文化 +”模式，深入推进文商旅创新融合发展，强化文化地标和特色商圈的旅游和信息功能。深度挖掘历史文化、宗教文化、民俗文化等文化精髓，实现由原来较单一的观光旅游向深度观光游览、文化体验旅游转变，重塑西关文化旅游品牌，提升荔湾旅游产业核心竞争力。

对于消费者而言，民宿产品区别于标准化住宿产品的地方在于不仅实现“住”的功能，同时通过营造环境氛围和提供个性化服务使消费者身心舒展，感受有别于日常生活的旅游体验。荔湾区于 2017 年出台了《广州市荔

湾区传统文化商旅活化提升区建设工作方案》，通过更新活化历史街区，注重文明传承、文化延续，加强留住荔湾特有的地域环境、文化特色、建筑风格等“基因”，结合荔湾的历史传承、区域文化、时代要求发展旅游产业，展现、传承和活化荔湾文化旅游资源，全面提升城区文化品位和产业品质，打造荔湾的城市精神。深入推进文商旅创新融合发展，重塑西关文化商贸旅游品牌，打造特色旅游产品。精品民宿的发展，有效弥补了荔湾酒店业欠发达的短板，且随着产业链延伸，住宿、向导、特产销售、休闲娱乐等服务不断深化完善，民宿产业逐渐成为荔湾文化旅游的新名片。

（三）西关风情浓郁，文化体验强烈

个性化经营是荔湾民宿的主要特征。在建筑和装修风格上，它们充分展现了浓郁的西关风情，雕琢着城市记忆的纹理。在经营方向上，它们提供了琴棋书画诗酒茶以及共享厨房、互动娱乐等体验式项目，给游客营造温馨亲切的氛围，深入体验“西关人家”的感觉。2017 年恩宁路永庆坊片区从北京路、黄埔古港中脱颖而出，被列入国家建设部传统历史文化街区挖掘和保护利用的全国十大试点区之一。

目前荔湾区以恩宁路永庆坊为平台，打造了几类独具特色的民宿精品：第一类侧重探索院落式建筑遗产西关大屋的“复活”之路，设计主体风格突出广府文化元素，展示老西关生活，同时辅以“民宿 +”复合业态经营，民宿一楼对外提供茶馆或咖啡馆等配套服务。第二类在风格上以原木家私、匠人原创家具、获奖作品家具为主，主推屋顶花园、共享厨房、休闲书吧，提供住宿、聚会、餐饮、小型会议等服务，整体古朴素雅，温馨舒适。第三类在设计上融合少数民族元素，比如中式与藏式元素混搭，民宿内兼具销售饰品、唐卡、藏香盒等藏饰文玩。此外，在广州现存最完整的古民居建筑群之一聚龙村，也有民宿的影子，里面的民宿既打造了“可居住博物馆”，让百年老屋保留了原有清末民初风貌，也拥有集休闲、娱乐、购物于一体的公共活动空间，赋予其符合现代都市需求的功能性和舒适性。荔湾区现有的主要民宿代表为以下 4 家。

“归觅”品牌民宿。投资主体为广州市归觅民宿商务服务有限公司，注册资本400万元。该民宿现已建成“归觅·茶房＆精品民宿”“归觅·花坞咖啡馆＆精品民宿”，以“民宿＋”复合业态经营，一楼的茶馆/咖啡馆为民宿提供配套服务。归觅民宿两个项目都由曾获得素有“设计界奥斯卡”之称的德国IF设计大奖的本土设计师何永明主笔设计。“归觅·花坞（泮塘店）”和“归觅·茶房（永庆坊店）”分别坐落在广州荔湾景区和永庆坊内，合计共11间客房，设计上突出广府文化元素，以“琴棋书画诗香茶”展示老西关生活。其中，“归觅·花坞”探索了院落式建筑遗产西关大屋的“复活”之路。

源汀宅院。位于荔湾区芳村大道东聚兴大街大冲口涌北岸的聚龙村，距今有近130年历史，是广州现存最完整的古民居建筑群之一，2018年成为广州市旅游文化特色村创建单位之一。源汀宅院位于聚龙村内的两座历史建筑当中，其中，位于知名商人“邝伍臣故居”的源汀5号院是拥有6间客房的“可居住博物馆”，源汀12号院是集休闲娱乐购物于一体的公共活动空间。源汀宅院以维波楼老家具的故事为核心灵魂，既让百年老屋保留了原有清末民初风貌，又赋予了其符合现代都市需求的舒适性、功能性。

“433生活”民宿。位于荔湾首个“老城新生”微改造文创小镇——永庆坊内，可俯视粤剧艺术博物馆。民宿内含屋顶花园、共享厨房、休闲书吧，拥有西关文化复式家庭房、榻榻米温馨亲子房、阳光花园舒适大圆床房3间客房，可提供住宿、聚会、餐饮、举办会议等服务。经营者为设计师，家居以原木家私、匠人原创家具、获奖作品家具为主，整体古朴素雅，温馨舒适。

“五藏源”民宿。其同样位于永庆坊内，景区内景点密集，500米内坐拥粤剧艺术博物馆、李小龙故居、詹天佑故居、西关大宅门、广州基督教十甫堂、小画舫斋旧址等，周边是广州美食老字号一条街。建筑面积400多平方米，拥有10间客房。经营者是一名藏族文化爱好者，设计上融合藏式与中式元素，店内销售饰品、唐卡、藏香盒等藏饰文玩。

二　荔湾区民宿产业发展存在的问题

现阶段，荔湾区的民宿产业发展尚在起步探索阶段，尽管在历史文化底蕴、交通通达度上具备一定优势，但相对于浙江莫干山、乌镇以及深圳、厦门等城区民宿业的快速发展，仍存在一些亟待解决的问题。

（一）起步晚、规模小、经营成本高

荔湾现有的民宿大多是2017年后开始经营，相对莫干山和乌镇等地区已经成型的民宿产业，以及广州市其他兄弟区的民宿发展情况，荔湾区民宿产业起步较晚，存在规模小、分布散、品牌薄弱等问题。目前荔湾的民宿经营模式是“公司+业户”型，经营者投资成本高，主要由三个原因导致：一是荔湾的老房子年代久远，周边环境、房屋形态一般，改造修缮成本高，布草洗涤管理投入大，进行大规模的精品民宿建设需大量资金支持。二是在荔湾以商务住宿为主的大环境下，民宿市场供过于求，经营难度较大。三是市场宣传推广仍不到位，成本回收缓慢。

（二）产业发展缺乏行业标准，相关政策滞后

民宿作为旅游产业的一种新载体，目前仍缺乏与之相对应的法律法规和管理细则，难以对整个行业进行有效监管。根据现行旅业管理要求，旅业执照（特种行业许可）须由公安治安大队针对具备商业性质的建筑进行消防验收后发放。荔湾区现有的民宿主要由民宅改造，民宅需转为临时商业性质后才能申领旅业执照，导致民宿经营者处于一种想办证却无法办理的尴尬局面，在承担昂贵的租金与修缮保护费用的同时，还需承担一定的法律风险，严重打击了创业者的积极性。

（三）传统建筑保护与开发难度大，存在安全隐患

民宿的改造和开发必须重视传统建筑的历史文化价值，力求在保留原貌

的基础上加固修复，而不是对建筑改头换面，更不是破坏建筑、造成环境污染。荔湾民宿主要由传统老房子改造而成，多为砖木结构，一方面耐火等级低，疏散出口不足，这对工作人员的基本消防技能和房屋消防安全管理提出了高要求；另一方面广州湿热多雨的气候，容易造成木质结构受潮，损害传统建筑，造成“二次伤害”。此外，由于行业监管机制不完善，对民宿的安全监管缺乏力度。

三 荔湾区民宿产业的发展建议

2018 年 10 月 24 日，习近平总书记视察荔湾区永庆坊时，沿街察看了旧城改造、历史文化建筑修缮保护情况，指出城市规划和建设要高度重视历史文化保护，不急功近利，不大拆大建，要突出地方特色，注重人居环境改善，注重文明传承、文化延续，更多采用微改造这种“绣花”功夫，让城市留下记忆，让人们记住乡愁。当前，荔湾区正着力打造传统文化商旅活化提升区，在推进恩宁路永庆坊等片区旧城改造中要充分贯彻落实习近平总书记的重要讲话精神，加强对城市的空间立体性、平面协调性、风貌整体性、文脉延续性等方面的规划和管控，留住荔湾特有的地域环境、文化特色、建筑风格等“基因”。要结合荔湾的历史传承、区域文化、时代要求发展民宿产业，以具有广州西关元素和岭南文化内涵的民宿，展现、传承和活化荔湾文化资源，打造荔湾的城市精神。

（一）坚持嵌入式发展，以微改造的“绣花”功夫开发民宿

坚持嵌入式发展是实现民宿可持续发展的重中之重。嵌入式开发是指在保证传统建筑可持续发展的前提下，使旅游产品的建设点状嵌入、插花式引入，总体保留原始风貌，是一种保护性开发。荔湾民宿改造应尊重建筑原本的风貌肌理，在不破坏建筑原貌的情况下，拓展开发民宿体验项目，带领游客深入体会传统建筑之美。相关职能部门也要积极引导企业，深入研究发展路径和盈利模式，注重挖掘文化内涵，走出一条

传承与创新并举、观光与体验并存、深度旅游与休闲度假统筹兼顾的可持续发展之路。

（二）以高站位谋划产业格局，促进民宿产业高质量发展

重视荔湾民宿产业发展定位的研究和规划，充分发挥恩宁路、宝源路、多宝路、龙津西路、昌华苑、聚龙古村、沙面等传统街区深厚的人文历史资源，鼓励街道发动居民参与开发“老街游”旅游产业，有规划有组织地引入民宿、文创、特色餐饮等产业，构建集食、住、行、游、购、娱于一体的“西关老街风情”特色旅游区街，引导民宿规模化、规范化、高标准、高质量发展。推行先行先试，优先把景区内的精品民宿作为试点单位，鼓励经营者开发完善民宿文创产品，不断提升服务品质，树立品牌形象；同时结合荔湾南片区 21 条旧村庄的更新改造工作，精准选点，重点打造民宿示范点，形成旅游集聚点。

（三）加强治理监管，实现民宿产业管理规范化

积极主动研究，理顺管理思路，明确管理权职，加强民宿行业的行政指导、管理和服务。一是推动建立健全民宿管理机构机制，一方面研究制定民宿行业标准，严格控制民宿经营资格、服务内容；另一方面针对消防、特种行业经营等领域，研究出台便利市场准入、加强事中事后监管的管理办法。二是制定鼓励发展精品酒店、个性民宿的专项政策，鼓励利用传统特色建筑开办精品酒店、个性民宿，并在财政支持、基础建设、品牌打造、人才引进、投融资管理等方面加强政策保障。三是引导建立民宿行业组织，加强自律管理与服务，有助于实现信息、经验的沟通分享，进一步规范落实产业规划，发挥民宿组织在提高行业自律、提升经营素质、维护市场秩序、治理环境污染、协助政府管理等方面的作用，推动民宿产业实现可持续健康发展。

（四）撬动市场力量，实现民宿产业运营专业化

在发挥好政府作用的同时，使市场在资源配置中起决定性作用，也是

推进民宿产业供给侧结构性改革的一个重点。一是强化龙头带动，提升发展品质，选择试点区域与国内外的旅游、房地产等相关龙头企业合作开发运营，或是引导金融资本介入，引入专业化、国际化、标准化、融合化的路径，形成示范效应。二是探索“民宿+互联网+N”的新发展模式，立足区情实际，打破传统营销模式，与市场力量共同打造信息互联互通的民宿网络平台，畅通App、微信公众号、网站等渠道，将民宿与荔湾旅游路线进行整合，与景点门票、餐饮、电影、伴手礼等一体化打包销售，满足消费者的多元需求，进一步拉伸民宿产业链。三是加强民宿行业专业人才培养，探索建立统一的民宿人才保障机制。通过与协会、企业合作组织举办论坛、座谈会，与高校合作开办民宿专业课程，提高经营者和从业者的服务水平和技能，为民宿经营管理人员提供更好的成长平台，吸引有关专业人才落户荔湾；通过政策和资金支持，争取高端设计管理人才的智力支持，提升民宿的专业化水平。四是加强区域民宿品牌宣传推广，邀请媒体采访、策划传播事件、组织专家学者考察、召开中小型沙龙等方式，对荔湾民宿发展的特色、亮点和前景进行立体化传播，不断提高品牌知晓度、美誉度。

（五）加强服务指导，实现民宿产业发展精准化

结合实际情况，明确具体的行业管理部门，组建管理架构，确定管理模式，建立审批机制和投诉机制，制定相关政策和管理办法，绘制精准路径，推动民宿产业提升发展，为荔湾经济发展打造新的增长点。一是指导制定专业化、商业化的发展项目，组织开展民宿业主和服务人员的经营理念、管理服务、技能竞赛、安全生产、法律法规等方面知识和技能培训，提高服务质量和经营档次。二是加强与知名旅游公司的合作，利用旅游企业的财力、智力以及营销策划经验，进行专业招引和开发，提升民宿产业整体品质。三是加强服务质量管理，相关部门要加强对民宿产业的服务质量、食品卫生、消防安全等的监管，确保民宿产业有序健康发展，实现诚信经营，提升民宿产业知名度，打造民宿产业品牌，促进荔湾经济高质量发展。

参考文献

广州市荔湾区文化广电新闻出版局：《广州市荔湾区传统文化商旅活化提升区建设工作方案》（内部资料）。

广州市归觅民宿商务服务有限公司：《广州市归觅民宿商务服务有限公司简介》（内部资料）。

广州聚龙村源汀宅院：《广州聚龙村源汀宅院简介》（内部资料）。

广州永庆坊433生活民宿：《广州永庆坊433生活民宿简介》（内部资料）。

广州五藏源精品民宿：《广州五藏源精品民宿简介》（内部资料）。

B.21
白云区建设现代化国际化营商环境的专题调研报告

广州市白云区发展和改革局调研组*

摘　要： 本文围绕白云区现代化国际化营商环境建设，在实地调研的基础上，分析了近年来白云区推进营商环境建设情况和存在的主要问题，借鉴学习先进地区营商环境建设的主要经验和做法，从建立较强的制度供给、提供便捷的政务服务、推出领先的优惠政策等方面入手，提出了构建现代化国际化营商环境的优化思路，并建议在加强顶层设计、提升法治水平、完善政务服务和提高惠企水平四个方面进一步推进白云区现代化国际化营商环境建设。

关键词： 现代化国际化营商环境　营商环境建设经验　广州白云

一　白云区推进营商环境建设情况

2018 年 11 月 22～23 日，广州白云区建设现代化国际化营商环境专题调研组先后实地考察了珠海市横琴新区、广州南沙区、深圳前海深港合作区、广州黄埔区。同时，全面梳理了白云区内营商环境建设情况。目前，白云区已初步形成了以公平正义的法治环境、高效透明的政务环境、竞争有序

* 课题组成员：伍伟强，广州市白云区发展和改革局局长；文宇，广州市白云区发展和改革局副局长；陶冶、刘勇、廖洋、陈思航、郭嘉燊，广州市白云区发展和改革局。

的市场环境和互利共赢的开放环境为发展目标导向的营商环境建设体系。具体情况如下。

（一）打破传统服务模式，实现企业办事“一窗受理，集成服务”

快速推进集成政务服务改革。已正式实施“一窗受理，集成服务”模式，由原来按部门分设窗口受理模式转变为“进一扇门、到一个窗、办多家事”集成服务受理模式，实现企业自主选择办理时间，只到一个窗口就可以办多个部门的多项业务，大大提高了企业办事便利度。同时，实现了受理与审批分离、前台与后台分离、审批与监管分离，使受理审批更加阳光透明。

（二）深化涉企事项审批服务标准化工作，推广网上办事，不断提升办事群众及企业的获得感

做好“十统一”梳理编制工作。全区各部门梳理、清单编制进度已达100%，包括行政许可、公共服务、行政处罚、行政征收、行政确认等各类事项，并已在广东省政务服务网公示。截至2018年末，白云区可实现网上在线申办的许可服务类事项共有634个。推进行政审批标准化管理。白云区19个纳入综合受理的部门的617份标准化综合受理清单已完成编制审定并投入使用，明确了政务服务事项的办理标准及办理流程，将政务服务事项名称、办理条件、依据、材料等要素予以细化优化，保证各个办理环节都遵循唯一标准，大幅压减自由裁量空间，以标准化促进规范化、便捷化。

（三）打破区域、部门限制，开创特色便企服务，不断提升政务服务水平

推广“一站式”定制政务服务，努力推行“一件事跑一次”。以申请IPO企业要到多个部门办理守法经营证明为突破口，建立了“一站式”办理守法经营证明工作机制，从跑多个部门变成只需跑一个部门，办事材料由多套缩减至一套，办证时间缩短至原来的1/3。深化“跨城通办”服务。白云

区与佛山南海、三水区深化区域协作，目前，可在区政务服务中心实体大厅服务窗口办理的白云—南海跨城通办事项共33项，白云—三水跨城通办事项38项。

（四）深化商事登记制度改革，创新方式促进注册登记制度便利化，优化企业服务

一是提升办事大厅环境。积极增设受理窗口，在原8个受理窗口基础上增设14个受理服务窗口，增加每日放号总量至740个，为全市第二，将预约时间控制在1个工作日左右，较之前预约等候高峰期减少了十几个工作日。设立换照、外资、登记等专项业务专窗，推动企业加快完成相关手续办理，抓紧落户发展提供便利服务。二是推进商事登记便利化。实施容缺受理机制，对欠缺一般资料的，先审批后补正。实施企业名称自主申报和住所（经营场所）自主申报。推广网上注册登记，积极向企业推荐通过网上进行注册登记的便利化，安排专职受理员负责，积极推进网上注册登记工作。三是加强企业服务。拓宽“绿色通道”企业受惠面，优化办理流程，扩大“绿色通道”服务范围，优先受理，并由专人全程跟踪办理。指导符合简易注销程序的企业申请通过简易注销程序进行注销，极大地节约了企业退出市场的时间、人力、物力成本，为市场主体退出市场提供便利化服务。

（五）积极推进企业注册登记审批权限纵向下沉，横向扩大，进一步优化企业服务

推动建设区政务服务中心与镇街市场和质量监督管理所“点面受理”模式，完成9个市场和质量监督管理所企业注册登记审批权限下放工作。2018年，全区22个基层所中14个可办理内资企业注册登记业务。配合市工商局开通“银商通”业务，今年已开通第三批银行网点无偿代办工商注册登记业务，区内82家银行网点可无偿代办内资有限公司、股份有限公司和分公司设立登记业务。

（六）加快推进全程电子化登记管理，提高企业办事效率和政府管理效率

稳步推广“互联网 + 商事登记”服务模式。2017 年底全面推广全程电子化商事登记，实现全程电子化登记对各类商事主体、商事登记业务的全覆盖以及与市网上办事大厅的无缝对接。

二　白云区营商环境建设存在的问题和差距

（一）缺乏亮点和抓手

从调研的先进地区营商环境建设来看，各地区都有自己的“名片”，例如深圳前海“名片”是法定机构为主导的市场化政府治理、黄埔区则是“广东省营商环境改革创新实验区”，白云区营商环境建设还处于追赶先进地区的阶段，缺乏政策支持和平台抓手，并未凸显特有的营商环境优势，营商环境改革创新力度不够。

（二）市场秩序有待加强

一是社会信用体系建设有待加强，存在守信激励和失信惩戒机制尚不健全，“双公示”信用信息数据质量有待提高等问题。二是对企业在知识产权保护、申请仲裁服务、办理破产等过程中合法权益的保护有待加强。三是由于白云区市场主体数量较多，地域范围广，各执法部门监管的方式不一，力度有所差异，多部门联合“双随机”抽查有待加强。四是行政执法与刑事执法衔接有待加强，单位部门之间管治合力还不够，存在造假分子可利用空间。

（三）政务服务能力有待提升

一是网上政务服务能力有待加强。目前白云区审批服务事项已进驻省政务服务网，634 个许可服务事项可提供在线申办服务，但是部分政务服务事

项未能真正实现“全流程网办”，还需到现场办理。二是审批服务便捷性有待提升。“门口办”“就近办”“马上办”等事项还是相对较少；智慧政务自助终端可办理事项相对较少，布设尚未覆盖全部村居。三是电子证照签发和应用有待提升。部分申请事项中涉及营业执照、身份证明、职业资格证书等证照类材料，但目前能投入使用的电子证照类型为15类，尚不足以满足实际需要。

三 先进地区营商环境建设的主要经验和做法

珠海横琴新区、广州南沙区、深圳前海深港合作区、广州黄埔区发展迅速并取得了较好的建设成果，其营商环境改革方面功不可没，主要的做法值得借鉴和学习，具体如下。

（一）建立了较强的制度供给

以制度创新破解企业经营中的“痛点”“堵点”“难点”问题，打造企业投资“引力场”。

黄埔区积极争创“省营商环境改革创新实验区”。2018年6月，广东省委全面深化改革领导小组正式批复广州黄埔区建设“广东省营商环境改革创新实验区”。随后，黄埔区对照世界银行营商环境评价体系制定专项行动方案，围绕优化企业开办、获得电力、跨境贸易等指标出台系列配套文件，进一步提升改善全区各项营商环境指标水平。黄埔区还主动加强与中央部委的沟通，积极争创“国家级营商环境改革创新实验区”，并联合中科院研究建立全国首个区级营商环境评价指标体系。

前海区创新建立高效的管理体制。前海在开发建设中着力实践集约化管理新模式，确立精简高效的企业化管理、市场化运作模式，构建流程最佳、环节最少、实践最短、服务最优的并联审批服务模式，创新整合了“政府职能＋前海法定机构＋蛇口企业机构”三方力量，实现以精简的行政编制高效撬动片区建设发展的目标，形成共建共治共享的政府治理新格局，为高效开发开放提供了强大动力。

前海、黄埔区注重营造公平透明的法治环境。前海合作区出台了《前海中国特色社会主义法治建设示范区规划纲要（2017～2020)》，成立了前海法治建设示范区推进工作领导小组。最高人民法院第一巡回法庭、“一中心两基地”① 落户前海，挂牌成立深圳国际仲裁院。在全国首创庭前会议制度、港籍陪审员制度，适用香港法律在前海审判经济纠纷案件。推动《联合国贸法会仲裁规则》在中国落地，组建全国唯一的自贸区仲裁联盟。成立“中非联合仲裁深圳中心”“深圳知识产权保护中心”，探索构建司法、仲裁、调解三位一体的国际化商事争议解决和知识产权维权体系。黄埔区作为全国唯一的知识产权运用和保护综合改革试验区，聚集了广州知识产权法院、国家知识产权局专利审查协作广东中心、广州知识产权仲裁院等专业机构64家，成为国内知识产权要素最齐全、链条最完整的区域。

（二）提供了便捷的政务服务

在谋划营商环境改革初始就从国际视野明确标杆，注重打造高效便捷的政务服务。

开展环境评价。南沙区政府委托国际知名的毕马威会计师事务所，按照世界银行标准，围绕企业的开办、登记财产、获得信贷、办理破产共11个方面对南沙区营商环境开展评价，找出与世界先进地区的差距。

设立专门审批机构。黄埔区、南沙区设立了行政审批局，集中承接多个部门审批职能，力争达到只进一扇门、只盖一个章，推动事前审批与事中事后监管相分离，行政审批与技术审查相分离，大幅压减行政审批时间。

开通办理跨区域业务。南沙区、黄埔区设立跨地区、跨省、跨境业务一站式企业服务平台。截至目前，南沙区可以办理珠三角9市业务，黄埔区可实现全省23个地市业务办理和港澳业务咨询服务。此外，南沙区还合作搭建

① 一中心两基地：中国港澳台和外国法律查明研究中心、最高人民法院港澳台和外国法律查明研究基地和最高人民法院港澳台和外国法律查明基地。

"跨境通""国际营商通"综合服务平台，通过银行、商会网点，为投资者提供广州南沙新区（自贸区）商事登记服务、境外投资服务、国际金融服务、投资咨询服务、政策兑现服务等各项服务，方便海外企业投资落户南沙。

运用最新技术手段。黄埔区、南沙区建设了先进的政务服务中心，并运用大量最新高科技手段提供优质的政务服务。例如黄埔区政务服务中心设置了"一窗式"集成服务改革事项清单二维码，把全区各个职能部门改革事项服务二维码集中展示，方便群众扫码使用。

（三）推出了领先的优惠政策

珠海横琴新区、广州南沙区、深圳前海深港合作区、广州黄埔区不仅积极争取国家政策支持，还研究出台了系列特色政策。加强税收优惠，横琴新区为吸引港澳高端人才到横琴发展，对在横琴工作的香港、澳门居民个人所得税差额进行补贴。加强产业扶持，南沙区印发"1+1+10"产业政策体系文件（主要包括1个纲领性文件、1个产业发展资金管理办法和10个产业政策），让企业通过其中一项专项政策就能获得落户、增资、研发、经营、上市等全生命周期扶持，并且建立了政策统一兑现机制，在政务中心设立专窗，实现政策兑现"一口受理、内部流转、集成服务、限时办结"。推进改革优化，前海加快推进强区放权和简政放权改革，承接了省市下放的147项行政管理事项。此外，前海还积极开展人才所得税退税工作，个税补贴累计1.35亿元。加强惠企帮扶，黄埔区推出破解民营企业融资难融资贵，全面减轻企业税费负担的民营经济"十八条"，以及人才、知识产权两个"美玉十条""金镶玉"政策组合拳，深受企业好评。

四　白云区进一步推进营商环境建设的思路建议

（一）加强顶层设计

一是深化机构改革。以深化党和国家机构改革为契机，进一步深化以公平正义的法治环境、高效透明的政务环境、竞争有序的市场环境和互利共赢的开放环境为发展目标导向的营商环境建设体系改革，整合各监管部门职能，建立协调统一的大监管体系。

二是形成优化营商环境大接访机制。落实区领导挂点联系服务企业工作，建立部门领导下政务办事窗口制度，开展暖企走访活动，完善与企业的常态化联系机制。

三是加强诚信政府建设。把政府诚信作为优化营商环境的重要内容，建立健全“政府承诺＋社会监督＋失信问责”机制，治理“新官不理旧账”问题。

四是组织开展营商环境评价。构建营商环境评价机制，开展全区营商环境评价，编制《白云区营商环境报告》，对标国际先进地区寻找差距。

五是增强政策制定实施的科学性和透明性。建立健全企业参与涉企政策制定机制，制定政府重大经济决策主动向企业和行业协会商会问计求策的操作办法，完善与企业的常态化联系机制。

六是增强企业信心。构建亲清新型政商关系，健全全区领导干部联系服务企业制度，坚决杜绝不作为、慢作为、乱作为、乱收费、吃拿卡要以及随意摊派、故意刁难、漠视企业利益等行为。

七是加强宣传解读。举办系列宣传活动，提高白云营商环境显示度、美誉度和影响力，公开透明配置公共资源，及时发布重大产业布局、重要基础设施建设、重大投资项目计划、国有产权交易、工程建设项目招标投标等信息，营造良好的营商环境氛围。

（二）提升法治水平

一是建设知识产权保护强区。加强知识产权保护的宣传与引导，鼓励企业主动应诉与维权。增强区内企业的品牌意识，创建知名企业与驰名商标。健全知识产权维权援助和涉外应对机制，积极构建多部门有机协调的多元产权纠纷解决机制。

二是加快信用体系建设。加大信息共享力度，建立行政许可和行政处罚台账。进一步强化“双公示”信息公开的时效性，提高信用信息数据质量。落实政务服务大厅全面查询公共信用信息机制，对失信主体加强信用监管，实现信用联合奖惩“一张单”，落实信用联合惩戒工作。

三是全面实行公平竞争审查制度。进一步推动公平竞争审查制度全面落实，加快推进全区现行有效的涉及市场主体经济活动的规范性文件和其他政策性措施的梳理和清理工作。深入开展不利于民营经济发展的规范性文件清理工作，积极为民营企业发展提供坚实的法治保障。

四是建立以信用为基础的事中事后监管机制。完善企业经营异常名录、严重违法失信企业名单管理制度和信用修复机制。推动市场监管领域“双随机”监管全覆盖，加快推进跨部门联合“双随机”抽查。

五是组织开展招投标专项治理。消除在招标过程中对民营企业、合资企业和外商独资企业的各种限制和壁垒。

六是坚决治理“红顶中介”。清理和取消区域性、行业性或部门间的中介服务机构执业限制、限额管理。

（三）完善政务服务

一是全面开展“不跑少跑，一次办好”政务服务改革。全面开展审批事项梳理，推行能减则减、能免则免的审批服务制度改革。深化“互联网+政务服务”，推行网上办、自助办、就近办、马上办、帮你办，实现不跑少跑。以企业开办为重点，强推并联审批、联合审批，切实推行一次办好。加强标准化建设，实行规范管理，提升政务服务水平。健全全区政务服务体系，强化政务服务队伍，进一步完善“一窗受理、集成服务”，强化镇街、村居政务服务能力，加强区级政务服务队伍力量。

二是推进综合受理“一表单”一站式申办系统升级服务。进一步拓展主题定制服务范围，新增建设10个主题应用，对17类企业开办所涉及的区级政务服务事项进行全面梳理、优化、导办，推进落实“跑一个部门、到一个窗口，交一套材料、填一个表单”就可完成相关主题类别企业开办所需的多个证照办理。

三是深化“多证合一”“证照分离”改革，推行开办企业“一网通办、并行办理”服务模式。加快推进外资商事服务“穗港通”“穗澳通”。

四是加快建立电子证照系统。加快建立本区的电子证照系统，加大电子证照的签发和推广应用力度，进一步推动精简办事材料和促进全流程网办。

五是全力推进“数字政府”建设。加快推进大数据中心和服务应用体系建设，加快集政务、警务、城管、教育、安监等一体的智慧白云建设。统筹推进通信保障和管线整治工作，全面完善信息基础设施。推进区政务云建设，持续开展政务系统上云。推进政务大数据云平台建设，夯实白云区数据共享基础，完善政务数据管理制度，编制政务大数据行动方案，明确数据管理方向。

（四）提高惠企水平

一是建立惠企政策兑现机制。建立惠企政策全区统一兑现机制，依托“智慧白云”建设线上申报审核系统，设立线下专属窗口接受政策申报，实现优惠政策兑现“一口受理、内部流转、集成服务、限时办结”。

二是加强对企业和项目的融资服务。充分发挥好白云基金的引领带动作用，支持白云金控与区内外龙头企业开展合作，主动发起和运营各类产业直投基金、财政引导基金。支持风险投资、股权投资企业发展，促进股权资本、债权资本和社会公众资本服务白云区企业。

三是拓宽中小企业融资渠道。支持白云金控做大做强，鼓励白云金控进行资本运作，逐步拓展小额贷款、融资担保、融资租赁等地方性金融机构牌照和资质，服务中小企业，发展普惠金融，探索设立政策性融资担保公司，发挥好政府在风险分担方面的作用。

四是建设服务企业金融平台。加快筹建白云区产业金融服务中心，加强与白云区广州科技金融服务中心白云区分中心的业务合作，推动两者融合发展，加大科创企业扶持力度，构建起覆盖全区的综合金融服务平台。

五是进一步降低企业运行成本。认真落实各项税收优惠政策，动态调整涉企收费目录清单，加强对水、电、气、暖等行业的价格监管，切实为企业减负。引导物流业发展，降低物流成本。

六是打造宜业宜居的人才发展环境。充分发挥广州科技、教育、文化、医疗等资源丰富优势，为在白云区的各类人才提供安居保障、子女教育、医疗保障、配偶就业、交通出行等“上管老、下管小”的组合式暖心服务。

参考文献

国务院：《进一步深化中国（广东）自由贸易试验区改革开放方案》（国发〔2018〕13号），2018年5月4日。

广州白云区政务服务数据管理局：2018年度工作总结（内部资料），2018年12月。

广州白云区市场监督管理局：2018年度工作总结（内部资料），2018年12月。

深圳前海合作区：《前海产业促进政策摘编》，2018年3月。

广州南沙新区：《中国（广东）自贸区南沙新区片区政务服务改革创新工作情况》，2018年11月。

珠海横琴新区：《中国（广东）自由贸易试验区珠海横琴新区片区主要政策汇编》，2015年9月。

珠海横琴新区：《各级政策汇总》，2018年1月。

横琴新区自贸办：《全国自由贸易试验区总体方案和条例汇编》，2017年4月。

Abstract

Annual Report on Economic Development of Guangzhou (*2019*), is one of Guangzhou Blue Book Series Books, compiled by the Guangzhou Academy of Social Sciences (GZASS), is about the analysis and prediction of Guangzhou's economy and the related study of major thematic, accomplished by experts and scholars from research institutes, universities and government departments. There are totally 21 reports in this Blue Book, divided intofive parts, are general report, special analysis, industrial economy, regional economy and special edition on 40-year-reform and opening up respectively.

In 2018, Guangzhou's economy growth was steady with progress and changes. GDP reached 2. 29 trillion RMB with an increase of 6. 2% . The growth of the manufacturing sector slowed slightly, while the growth of the service sector remained stable. Investment growth accelerated dramatically, exports dropped significantly, and consumption growth remained basically stable. Looking ahead to 2019, the world economy will continue to recovery, but the growth would slow down. Prudent and neutral monetary policy and positive fiscal policy will continue to be complemented, reform and open up will be comprehensively deepened, high-quality development will be promoted, China's economy is expected to remain a steady growth, while still facing some great challenges and risks. Considering various factors, Guangzhou economy is predicted to remain stable in 2019, a growth rate in the 6. 2 – 6. 8% range this year estimated by the Research Group's model.

Keywords: Economic Growth; Urban Economy; Guangzhou Economy

Contents

Ⅰ General Report

Abstract: In 2018, Guangzhou's economy growth was steady with progress and changes. GDP reached 2. 29 trillion RMB with an increase of 6. 2% . The growth of the manufacturing sector slowed slightly, while the growth of the service sector remained stable. Investment growth accelerated dramatically, exports dropped significantly, and consumption growth remained basically stable. Looking ahead to 2019, the world economy will continue to recovery, but the growth would slow down. Prudent and neutral monetary policy and positive fiscal policy will continue to be complemented, reform and open up will be comprehensively deepened, high-quality development will be promoted, China's economy is expected to remain a steady growth, while still facing some great challenges and risks. Considering various factors, Guangzhou economy is predicted to remain stable in 2019, a growth rate in the 6. 2 –6. 8 % range this year estimated by the Research Group's model.

Keywords: Economic Growth; Urban Economy; Guangzhou Economy

Ⅱ Special Edition on 40 -year-reform and opening up

Abstract: At the congress to celebrate the 40th anniversary of the reform and opening-up policy, General Secretary Xi Jinping profoundly pointed out that the reform and opening-up policy is an important magic weapon for the party and the people to keep pace with the times in great strides. It is the only way to adhere to and develop socialism with Chinese characteristics. It is not only the key measure to determine the destiny of contemporary China, but also a key measure to realize the two centenary goals and to realize the great rejuvenation of the Chinese nation. In the past 40 years, under the correct leadership of the Central Committee and the Provincial CPC Committee, Guangzhou has been in a position to seize opportunities for development and striving to promote rapid economic development and urban transformation and upgrading, thus providing a vivid practice to explore the path of socialism with Chinese characteristics, carrying out a beneficial exploration to adhere to and develop socialism with Chinese characteristics in the new era. By comprehensively summarizing, this paper systematically reviews the social development and economy achievements and experience enlightenment of Guangzhou reform and opening-up in the past 40 years. It puts forward some suggestions for promoting the reform and opening-up policy and setting out again in Guangzhou in the new era.

Keywords: Reform and Opening-up Policy; Economy Reform; Social Development

Abstract: Guangzhou has been an important port of foreign trade and the commercial center of south China since ancient times. This paper analyzed the development of Guangzhou domestic consumer market during the period of 40 years. It summarized the main characteristics of the four development stages of reform and opening up: exploration stage, development stage, rapid market expansion stage, and market consolidation and promotion stage. Since the reform and opening up in China, the basic role of Guangzhou consumption was growing more and more, with new forms and new momentum rapid growth, increasing business economic benefits and social benefits.

Keywords: Reform and Opening-up; Consumer Market; Guangzhou

Abstract: As the earliest foreign trade port in China, Guangzhou has long been at the forefront of opening up. In the 40 years of reform and opening up, Guangzhou has actively used the pioneering and early-testing national policies, giving full play to the location advantages of neighboring Hong Kong-Macao and many overseas Chinese, aiming at "excellent, superior, high quality and high efficiency", and rapidly layout the international market, vigorously cultivate new foreign kinetic energy, Actively promote the entry of foreign capital, broaden foreign economic cooperation, and achieve outstanding achievements in foreign economic and trade development.

accounted for 48.0% of the output value of above scale industry, and unit added value energy consumption of above scale industrial decreased by 6.5%. In 2019, Guangzhou will adhere to the comprehensive implementation of the Thought of General Secretary Xi JinPing's important speech about Guangdong and a series of important instructions for Guangdong work, seize the major opportunities for the construction of Guangdong-Hong Kong-Macao Greater Bay Area, deepen the implementation of the "advanced manufacturing strong city" strategy, and fully construct Guangzhou The new pillar of the modern industrial system, to take the lead in achieving high-quality development, and rank top in the country in building a modern economic system.

Keywords: Industrial Development; Information Technology; Guangzhou

B.7 Review of Guangzhou Commerce Circulation Industry in 2018 and Outlook of 2019

Ou Jiangbo, Wu Jing / 107

Abstract: In 2018, the wholesale and retail industry in Guangzhou was stable totally, while the growth of transportation industry fell back, the import and export fell back obviously, and the investment attraction situation was quite well. Looking ahead to 2019, with the deepening of reform and opening-up, the continuous optimization of business environment, accelerating the e-commerce development, the upgrading of consumption trend, and so on, commerce and trade circulation faces good development environment. The paper suggests to promote further development of commerce in Guangzhou from a higher level all-round opening, cultivation and development of new form, keeping the steady growth of the consumer market, inhancement of policy support and so on.

Keywords: Commerce Circulation; Consumption; Guangzhou

B. 8 Analysis of Guangzhou Real Estate Market in 2018 and Prospect of 2019

Ou Jiangbo, Fan Baozhu and Tang Bihai / 120

Abstract: In 2018, Guangzhou insisted to the position that "the house was used to live, not used for speculation", continued to optimize the real estate regulation and control policies, the real estate market operation was basically stable. The transaction area of the new commercial house remained stable, but the transaction volume of the houses in stock decreased. Looking forward to 2019, the real estate market regulation policies of Guangzhou will maintain continuity and stability, the overall market conditions are expected to remain basically the same as in 2018. It is expected that the new commercial housing market will have sufficient supply and the transaction volume will remain basically stable, the transaction volume of the houses in stock may be increase slightly.

Keywords: Real Estate Market; Analytical Prediction; Guangzhou

B. 9 Analysis of Supply and Demand of Guangzhou's Human Resources Market in 2018 and Prospects for 2019

Survey and Assessment Team of Guangzhou Human Resources Market Supply and Demand Information / 135

Abstract: In 2018, the supply and demand situation of human resources market in Guangzhou take on the following characteristics: First, compared with the same period of last year, the total supply and demand is basically stable. Second, the situation of tight supply has intensified, and the rate of people seeking has risen; manufacturing industry, real estate and scientific research, technical services and geological prospecting industry are the top three industries in which the proportion of employment demand has risen. Third, the growth of human resources service institutions is remarkable, especially the growth of private human resources service institutions. Fourth, the proportion of on-the job employees in this city and towns has increased; migrant workers who have worked in Guangzhou for 7 years or more account for nearly 50% of the total number of migrant workers. Fifth, the trend of employment of enterprises has not changed, and the proportion of employees with high education has continued to rise. Sixth, the gap of employment in enterprises has narrowed. Looking forward to 2019, we should innovate ideas to promote the healthy development of new formats; increasing training and fill up the shortage of skills; policy-driven to promote enterprise transformation and upgrading; promoting " double innovation" to promote higher quality employment; taking targeted measures for assistance to enhance market balance ability; integrating double-line to build a unified recruitment platform.

Keywords: Human Resources Market; Study on Supply and Demand; Guangzhou

Ⅳ Industrial Economy

Abstract: At present, the Guangzhou economy is at the critical period of transforming the development mode, optimizing the structure, and switching economic growth impetus. The construction of a modern industrial system is not only the responsibility of Guangzhou as an important central city, but also an inevitable requirement for cultivating new advantages of Guangzhou's industrial competition and promoting economic development towards high quality. The article deeply analyzes the basic conditions and shortcomings of Guangzhou industrial system, and proposes countermeasures from five aspects: cultivating and expanding pillar industries, accelerating the application and transformation of innovation, promoting the agglomeration of advanced production factors, optimizing the industrial development environment, and exerting the positive role of FDI.

Keywords: Modern Industrial System; High Quality Development; Transformation and Upgrading

B. 11 The Research of Guangzhou's Industrial Development Strategy and Countermeasures under the Background of Guangdong-Hong Kong-Macao Greater Bay Area Construction

Wang Yuyin / 167

Abstract: Guangdong-Hong Kong-Macao Greater Bay Area aims to build a world-class urban agglomeration, and industrial development is a top priority. As the core engine of Guangdong-Hong Kong-Macao Greater Bay Area, Guangzhou should give full play to the leading role of the nation's central cities, to comprehensively enhance the functions of international business center, comprehensive transportation hub, and science and education cultural center, to build a modern industrial system with international competitiveness, to create a Appreciate the outstanding enterprises in the world, and raise the city's visibility and reputation.

Keywords: Guangdong-Hong Kong-Macao Greater Bay Area; industrial development Strategy; Guangzhou

B. 12 Countermeasure Research on Accelerating the Development of Big Data Industry in Guangzhou

Liang Rui, *Fan Mingxiang* / 182

Abstract: In recent years, Guangzhou has vigorously implemented the big data development strategy and laid a solid foundation. However, there are also problems, such as not smooth in data aggregation, sharing and opening, lack of leading enterprises and professional talents, and so on. To deal with these problems, Guangzhou should actively join the layout of nation's and province's development strategies, lead the construction of the big data center of Guangdong, -Hong Kong-Macao Greater Bay Area , and grasp the three principles of "strengthening and avoiding shortcomings, adapting to local conditions and looking forward to the layout", focusing on the three key factors, including "data resources, data applications, data industry" , to promote the industry by application, and to promote application by industies, to push the deep integration of big data technologies, products, services and solutions with the real economy, and to create a pioneering and demonstration zone for digital economic development.

Keywords: Big Data Industry; Data Resources; Data Appluation; Guangzhou

B. 13 The Consumer Survey Report of New Energy Vehicles in Guangzhou

Abstract: In order to meet the demands of consumers, and to promote the development of Guangzhou's New energy vehicle industry and New energy vehicle wide application, Guangzhou Consumers Commission launched a survey of new energy automobile consumption. The survey mainly focus on three aspects: the use of new energy vehicles, vehicle evaluation and charging facilities construction. The survey results show that consumers'overall evaluation of the performance-to-price ratio of new energy vehicles is not high, and the problems of mileage attenuation, Battery endurance and charging technology are more prominent in related technology. In the construction of charging facilities, there are still some problems, such as small quantity, unreasonable distribution and unbalanced regional distribution. Based on the investigation, the investigation team believes that Guangzhou also needs to increase input in technology research and development, supporting facilities construction, policies and regulations, market mechanism construction, market publicity and other aspects.

Keywords: New Energy Vehicle; Consumption Survey; Guangzhou

Abstract: Strengthening new economy corporations is an important way to develop the new economy and add new drivers of development. Firstly, this paper introduces the selection background of Fast Company "China's top 50 innovative companies" in business; and then analyzes the advantages of strong innovation, fast growth, strong development momentum, large industry influence and the insufficient of weak management, excessive dependence on capital and many uncertain factors of the enterprises in Guangzhou, which had been selected as "China's best innovation company 50" in recent years; find out the needs and difficulties of new economy enterprises in innovation atmosphere, talents, capital, policy implementation and other aspects; and finally, on this basis, puts forward specific policy suggestions such as focus on creating the atmosphere and optimizing the innovation environment, build development platform and innovate work emphasis, strengthen services and attract innovative talents, accelerate venture capital development and mend capital shortage, strengthen follow-up and implementation and ensure policy effectiveness, extrude problem-oriented and categorize policies to solve problems.

Keywords: New Economy Enterprise; Innovation Atmosphere; Innovation Capital; Innovative Talents

B. 15　Research on the Current Situation Analysis and Development Thinking of Guangzhou Brand Construction

Zhang Depeng, Deng Wei, Zhang Shijian and Huang Rong / 223

Abstract: In the era of brand competition, the level of urban brand construction, the number of enterprise brands and the influence of brands have become an important symbol to measure the economic competitiveness of a country and a region. In recent years, the Guangzhou Municipal Government has launched brand-building policies and measures, so as to realize that urban brand and enterprise brand complement each other and promote each other, and achieved certain results. However, there are still some problems in the brand construction of Guangzhou, such as the imperfect policy system, the improvement of the brand development method and the environment of brand construction and so on Therefore, this paper analyzes the actual situation of Guangzhou brand construction from the two aspects of urban brand and enterprise brand, and puts forward the future development ideas for Guangzhou brand construction.

Keywords: Brand Construction; Urban Brand; Enterprise Brand; Government Measures

V　Regional Economy

B. 16　Study of Some Strategies for Promoting the Construction of Guangzhou-Shenzhen Science and Technology Innovation Corridor in Guangzhou

Guo Haoyu, Liao Qijing and Wang Jianjun etc. / 234

Abstract: Building the Guangzhou-Shenzhen Science and Technology Innovation Corridor gives a strong support for implementing the National Strategy of Innovation-Driven Development and achieving Guangdong's "Four in the

Forefront of the Country". Guangzhou has great advantages in resources of science, education and innovation and transportation infrastructure, but it is still weak in the public service, etc. The joint-force for driving the progression of the corridor still needs to be strengthened. This paper puts forward the improvement strategies in the areas of regional cooperative development, industrial development, spatial pattern, mixed land use, transportation mode, landscape environment and service facilities, and promotes the construction of the Guangzhou-Shenzhen-Hong Kong－Macao Science and Technology Innovation Corridor.

Keywords: Strategy of Innovation-Driven Development; Science and Technology Innovation Corridor; Guangzhou

Abstract: With the development of Shenzhen Exhibition New City and the construction of the world's largest exhibition hall, the pattern of Guangzhou's exhibition industry in Guangdong-Hong Kong-Macao Greater Bay Area may have been broken. The Guangzhou Exhibition Industry once again stood at an important development node. Facing with the more balanced development of the exhibition industry in the future, Guangzhou should learn from the lowest total cost strategy of enterprise competition, accelerate the pace of industrial restructuring of the exhibition industry, and consolidate the competitive base in Guangdong-Hong Kong-Macao Greater Bay Area. Some specific practices include adjusting the layout of the exhibition industry, optimizing the development environment of the exhibition industry, continuously improving the exhibition industry chain, accelerating the integration of exhibitions and regional industries, and comprehensively promoting the development of the exhibition.

Keywords: Exhibition; Exhibition Venue; Guangzhou; Guangdong-Hong Kong-Macao Greater Bay Area

Abstract: This paper analyses the necessity and advantages of promoting the integration of port resources, introduces the general situation of port resources integration in other provinces and cities, and summarizes the main experience. The countermeasures and suggestions for speeding up the integration of port resources in our city are put forward as follows: building a world-class shipping port area from the perspective of the construction of Greater Bay Area; striving for the support of provincial Party committees and governments to actively promote the integration of port resources; giving full play to the role of leading enterprises as platforms to build super port operators; reengineering the port industry process and building an efficient port service system.

Keywords: Guangdong-Hong Kong-Macao Greater Bay Area; Port Resource Conformity; Guangzhou Port

Abstract: The construction of Guangdong, Hong Kong and Macao Dawan

District, a major national strategy, has brought new opportunities for the historical development of Guangdong Province, as well as new opportunities for the revitalization of the old central urban areas such as Yuexiu District. Based on the analysis of the development path of Yuexiu District under the background of the construction of Guangdong, Hong Kong and Macao Dawan District, this paper deeply studies the advantages and disadvantages, opportunities and challenges of Yuexiu District, and constructs a comprehensive open new pattern from the aspects of building the core of scientific innovation, building a modern industrial system with international competitiveness, building a cultural innovation center of Guangdong, Hong Kong and Macao Dawan District, building an international first-class business environment, and market integration. The bureau, the construction of livable, professional and tourist life circle, the construction of modern transportation system, and the construction of high-quality ecological environment in Dawan District of Guangdong, Hong Kong and Macao put forward the national strategy of Yuexiu District docking, and the countermeasures and suggestions of participating in the construction of Dawan District of Guangdong, Hong Kong and Macao in depth.

Keywords: Guangdong-Hong Kong-Macao Greater Bay Area; Development Path; Guangzhou Yuexiu

Abstract: The District of Liwan is rich in historical and cultural heritages and relics as well as cultural, commercial and tourist resources, and represents best the Cantonese soul of urban history and culture. Endowed with favorable conditions to develop featured boutique homestays, Liwan will contribute to the construction of an international tourist destination and international exchange center in Guangzhou. This paper, on the basis of investigating on-site the representative homestays, discussed the difficulties and prospects in the development of Liwan's homestay services, analyzed the status quo and key problems in homestay service development, proposed combining the development of the homestay service with Liwan's historical heritage, local culture and the requirements of times, and suggested promoting Liwan's homestay service development through homestay exploitation, layout planning, governance and regulation, market participation and service guidance.

Keywords: Homestay Industry; Culture & Tourism; Guangzhou Liwan

Abstract: Focusing on the construction of modern and international business environment in Baiyun District, this paper, on the basis of investigation and research, analyses the situation of promoting the construction of business environment in Baiyun District in recent years, summarizes the good experience and existing problems, draws lessons from the main experiences and practices of the construction of business environment in advanced areas, from the aspects of establishing strong system supply, providing convenient government service and introducing leading preferential policies. Beginning with this, the paper puts forward the idea of optimizing the construction of modern international business environment, and suggests further promoting the construction of modern international business environment in Baiyun District in four aspects: strengthening top-level design, improving the level of rule of law, improving government services and improving the level of beneficiary enterprises.

Keywords: Modern and International Business Environment; Experience in Business Environment Building; Guangzhou Baiyun

权威报告 · 一手数据 · 特色资源

皮书数据库

ANNUAL REPORT(YEARBOOK) DATABASE

当代中国经济与社会发展高端智库平台

所获荣誉

- 2016年，入选“‘十三五’国家重点电子出版物出版规划骨干工程”
- 2015年，荣获“搜索中国正能量 点赞2015”“创新中国科技创新奖”
- 2013年，荣获“中国出版政府奖 · 网络出版物奖”提名奖
- 连续多年荣获中国数字出版博览会“数字出版 · 优秀品牌”奖

成为会员

通过网址www.pishu.com.cn访问皮书数据库网站或下载皮书数据库APP，进行手机号码验证或邮箱验证即可成为皮书数据库会员。

会员福利

- 已注册用户购书后可免费获赠100元皮书数据库充值卡。刮开充值卡涂层获取充值密码，登录并进入“会员中心”—“在线充值”—“充值卡充值”，充值成功即可购买和查看数据库内容。
- 会员福利最终解释权归社会科学文献出版社所有。

数据库服务热线：400-008-6695
数据库服务QQ：2475522410
数据库服务邮箱：database@ssap.cn
图书销售热线：010-59367070/7028
图书服务QQ：1265056568
图书服务邮箱：duzhe@ssap.cn

社会科学文献出版社 SOCIAL SCIENCES ACADEMIC PRESS (CHINA) 皮书系列
卡号：854932236641
密码：

中国社会发展数据库（下设 12 个子库）

全面整合国内外中国社会发展研究成果，汇聚独家统计数据、深度分析报告，涉及社会、人口、政治、教育、法律等 12 个领域，为了解中国社会发展动态、跟踪社会核心热点、分析社会发展趋势提供一站式资源搜索和数据分析与挖掘服务。

中国经济发展数据库（下设 12 个子库）

基于“皮书系列”中涉及中国经济发展的研究资料构建，内容涵盖宏观经济、农业经济、工业经济、产业经济等 12 个重点经济领域，为实时掌控经济运行态势、把握经济发展规律、洞察经济形势、进行经济决策提供参考和依据。

中国行业发展数据库（下设 17 个子库）

以中国国民经济行业分类为依据，覆盖金融业、旅游、医疗卫生、交通运输、能源矿产等 100 多个行业，跟踪分析国民经济相关行业市场运行状况和政策导向，汇集行业发展前沿资讯，为投资、从业及各种经济决策提供理论基础和实践指导。

中国区域发展数据库（下设 6 个子库）

对中国特定区域内的经济、社会、文化等领域现状与发展情况进行深度分析和预测，研究层级至县及县以下行政区，涉及地区、区域经济体、城市、农村等不同维度。为地方经济社会宏观态势研究、发展经验研究、案例分析提供数据服务。

中国文化传媒数据库（下设 18 个子库）

汇聚文化传媒领域专家观点、热点资讯，梳理国内外中国文化发展相关学术研究成果、一手统计数据，涵盖文化产业、新闻传播、电影娱乐、文学艺术、群众文化等 18 个重点研究领域。为文化传媒研究提供相关数据、研究报告和综合分析服务。

世界经济与国际关系数据库（下设 6 个子库）

立足“皮书系列”世界经济、国际关系相关学术资源，整合世界经济、国际政治、世界文化与科技、全球性问题、国际组织与国际法、区域研究 6 大领域研究成果，为世界经济与国际关系研究提供全方位数据分析，为决策和形势研判提供参考。

法律声明

“皮书系列”（含蓝皮书、绿皮书、黄皮书）之品牌由社会科学文献出版社最早使用并持续至今，现已被中国图书市场所熟知。“皮书系列”的相关商标已在中华人民共和国国家工商行政管理总局商标局注册，如LOGO（ ）、皮书、Pishu、经济蓝皮书、社会蓝皮书等。“皮书系列”图书的注册商标专用权及封面设计、版式设计的著作权均为社会科学文献出版社所有。未经社会科学文献出版社书面授权许可，任何使用与“皮书系列”图书注册商标、封面设计、版式设计相同或者近似的文字、图形或其组合的行为均系侵权行为。

经作者授权，本书的专有出版权及信息网络传播权等为社会科学文献出版社享有。未经社会科学文献出版社书面授权许可，任何就本书内容的复制、发行或以数字形式进行网络传播的行为均系侵权行为。

社会科学文献出版社将通过法律途径追究上述侵权行为的法律责任，维护自身合法权益。

欢迎社会各界人士对侵犯社会科学文献出版社上述权利的侵权行为进行举报。电话：010-59367121，电子邮箱：fawubu@ssap.cn。

社会科学文献出版社